国家社会科学基金教育学重大（点）课题
“我国基础教育未来发展新特征研究”成果

"十三五"国家重点图书出版规划项目

"我国基础教育未来发展新特征研究"系列

之二"追梦者的探索：读懂学校的变革性实践"系列论丛

裴娣娜 主编

勇毅笃行 大志大成

——北京市第三十五中学课程建设与学校发展研究

朱建民 等◎著

教育科学出版社

·北 京·

论丛总序

基于学校课程建设的实践探索

——中国基础教育学校个性化发展之路

随着我国社会现代发展进程的推进，中国基础教育改革进入实质性的根本转型时期，处在一个走自主创新道路的关键转折点，目标是构建中国气派的基础教育未来发展的实践形态。要实现这一目标，必须走出传统范式，寻求新的解释系统，真正切入理论的原点和实践的原点，重新认识面向未来的中国基础教育改革与发展的若干基本问题，唯有如此，才能真正构建立于世界之林的21世纪中国基础教育改革与发展的当代形态，并实现理论创新和方法创新。

“追梦者的探索：读懂学校的变革性实践”研究论丛，是国家社会科学基金教育学重大（点）课题“我国基础教育未来发展新特征研究”的成果之一。此课题研究成果共包括三个系列的研究论著，其他两个系列是：“基础教育区域性主体功能区发展战略”研究论丛和“学习力与学科课程建设”研究论丛。在课题研究过程中，由15所高等师范院校、16个区域性教育行政部门、100所中小学，组成跨学科、跨学校、理论工作者与实践工作者相结合的优势互补的科研群体，为揭示我国基础教育改革与发展的内在机制及其当代形态，经过近五年的艰苦探索，构建了中国基础教育发展的“三力模型”。这三个系列正是依据“三力模型”中的决策力、领导力和学习力分专题研究成果的集结，是我国教育工作者对基础教育未来发展所做的理性思考。

本论丛作为课题研究成果的第二系列，以学校领导力与学校个性化发展为中心议题，集中反映了项目成员校通过课程建设实现学校个性化办学方面的实践探索。论丛中的每一本研究报告翔实地记录了项目成员校走过的课程改革发展之路，呈现了每个学校独特的办学特色。这些学校的办学理念、课程改革的思路和举措，是经过时间积淀和实践检验的，是带有原创性且具有中国本土气息的生动丰富的创造。我们试图通过这一系列来自中小学实践探索的研究报告，为进一步探讨学校改革发展实践模式或理论模型的建构奠定坚实的基础。因此，我们将研究定位于“读懂学校的变革性实践”。

一、项目研究的重点及内容

学校领导力作为学校改革与创新的内在要素，是通过目标和价值系统、育人模式系统、制度与管理系统和资源系统等学校办学的核心要素展现的。其中课程是学校育人系统的核心，课程建设和实施水平体现着学校人才培养质量和办学特色，是学校实现培养目标的基本途径和根本保证。基于课程居于当前国家教育现代化发展核心地位的现实，我们的研究以校长课程领导力以及学校课程顶层设计为中心议题，以促进学校个性化发展为目标，尝试站在学校领导力高度对近五年课程改革的进程及初步认识进行反思总结。因此，本论丛有着独特的时空定位，即限定在学校领导力背景下学校课程的改革与发展。

我们以专题研究的问题为主线，构建本论丛中各书写作的框架。论丛从历史、现实和未来三个视角把握总体，专题研究报告内容框架基本由以下几个核心要点组成：（1）学校现代发展面临的矛盾、问题与困惑；（2）学校办学理念与培养目标；（3）学校课程的顶层设计；（4）学科课程群的构建及内容选择；（5）课堂教学改革，以及精品课程的建设；（6）课程建设的制度与管理；（7）课程资源的开发及应用；（8）课程领导力与教师的课程创生。在此基础上结合各校实际写出各自的研究重点、风采与特色。如何通过课程建设实现学校的个性化发展，这是根本立论点，也是各个研究报告撰写的重点和难点。

二、项目研究的共识与思考

我们以课程顶层设计与学校个性化发展为研究中心议题，依托北京市、四川省成都市、河南省郑州市、四川省阿坝藏族羌族自治州理县以及浙江省的项目成员单位及项目校的改革实践，在理论探讨和实践指导两方面获得了诸多认识成果。

（一）对课程领导力概念内涵的剖析

校长课程领导力，指按照一定的办学定位、培养目标进行学校课程开发建设，实现全面提升学校教育质量的能力，是一个校级团队决策、引领、组织学校的课程实践，从而实现培养人、发展人和学校发展目标的能力。校长课程领导力是一种沟通、协调、凝聚的能力，又表现为敏锐地发现问题、诊断问题并及时解决问题的能力，同时表现为驾驭、调节权力因素和非权力因素的能力。

（二）现代学校课程观的内涵及课程设计的基本原则

通过研究，我们揭示了“以人为本”“多元文化”“自主选择”是学校课程改革发展的三个核心价值，是统领学校课程改革的三个基本观念；提出了重基础、高质量，多样化、有特色，分层次、可选择的课程设计基本原则，强调从本校实际出发，体现基础性、实践性、选择性、整合性和时代性。我们认为，学校课程设计方案质量水平的标准根本在于能否体现学校办学鲜明的个性化发展特征，体现高发展性、高学术性、高选择性和高开放性特点。

（三）形成学校课程整体构建的六要素基本模式

这六要素指：学校发展理念及培养目标；学校课程结构体系；学科课程建设与课程内容的调整；课堂教学改革的思路和举措；课程建设的制度和管理（学分制、选课制、走班制、弹性学时制、评价制……）；课程的政策与条件保障。与之相应，我们提出了构建高质量学校课程体系的标准。

（四）构建学校课程结构体系的基本思路和策略

依据学校培养目标，通过课程顶层设计，对各种类型的课程进行整合，建构纵横结合、便于学生自主选择学习的立体开放课程结构体系，按照以下思路组成课程结构体系的基本框架。

纵向上，将国家规定的课程进行整合后，形成几大课程领域。

横向上，按照学生学习水平分为三个层次：面向全体学生的基础类课程；面向部分学生的分层拓展类课程；面向个别学生的研究、特长类课程

（高中阶段还应考虑专业方向）。

体现整合、选择、开放和减法，是这一课程结构体系的特色。

（五）课程实施的高位思路和明晰举措

我们将学科课程建设及知识内容的调整、课堂教学改革，以及建设适合学生自主选择学习的教育资源基地和学习资源系统作为课程实施的重点。通过知识模块重组、内容合并与增删，以及学科群的搭建，分层推进，形成学科系列并找到每门课存在的生命力，提高教学质量。通过课堂教学改革研究域的再界定和实践探索，形成各校有特色的课堂教学改革思路和举措，同时形成教师教学风格和特色。

（六）体现学生自主选择、自我负责的课程建设的制度与管理

重新认识学校课程建设各种制度的价值功能，将其从学校办学的制度保障提升为课程建设的重要内容，从利用制度来规训、制约，转向立足学生，为学生自主选择和自主学习搭建平台。这是近年来随课程改革的深化发展而开拓的一个新的研究领域。目前争论的主要问题有：学分制的实施是真学分还是假学分问题；各教育年段课程开设与考试关系问题；对以“班”为核心要素的传统教学组织形式的挑战问题；等等。

本论丛的撰写是一个大工程，不仅推动了学校对自我办学理念举措的反思，而且为基础教育未来发展、学科课程理论的建设提供了丰富坚实的思想资源。研究具有开拓意义，研究成果具有原创性。

三、论丛撰写的特色

本论丛的问世前后历时五年，是一个不断探索、不断思考的过程。

我们认识到，要保证本论丛近三十本研究报告的质量，重要的问题是如何对丰富生动的实践研究成果进行梳理和升华，而不是材料的堆积和罗列。这就需要处理好整理继承与超越发展、理论的概括提升与实际问题的阐述解释、共性与个性、科学化与规范化等关系。我们要求每一个研究报告的撰写，努力体现以下特点：立论点高，代表改革前沿；有新视角，尽可能将事实经验进行理性思考和提升；重点突出，特色鲜明，立足现实，内容翔实丰富；具有规范性和可读性。

随着国家教育改革的深化推进，学校作为办学主体，面临前所未有的生存和发展的压力。变革的时代要求学校通过变革进行根本性的转型。本论丛的出版，实际上是为我国学校教育的改革发展提供了一个交流、探讨的平台，为我国中小学教育家型的校长们提供了一个发展和展示自我的平台。

各研究报告的撰写，体现了以下特色。

（1）创新性。呈现了各校进行课程改革的高位战略思想，呈现了各校改革实践中的创新亮点。

（2）草根性。每一部学校研究报告均由各校独立完成，没有一丝一毫的文化包装，均是经过了一个艰难的反复修改提升的过程，是用“心”写出来的，是学校领导和老师们的智慧创造。

（3）个性特色。各校的研究报告力显学校发展的差异性和个性。我们认为，教育改革与创新需要宽容和理解，没有差异性就没有丰富性，而研究结论是否合理，实践是最终的检验，所以我们对校长们的独特看法持包容态度，尽量给各位校长创设自主发挥的空间。

值本论丛出版之际，感谢每位校长的敬业和执着、尽责和付出。感谢顾明远先生领衔的专家团队，陪伴我们走过了五年的风风雨雨，倾全力给予我们关心、指导和帮助。感谢全国教育科学规划领导小组批准立项和给予指导。

本论丛的出版得到了教育科学出版社李东总编辑的真切关注和大力支持，孙袁华、刘灿、刘明堂三位主任付出了巨大的辛劳，各册责任编辑尽心尽力，对书稿从内容到形式都提出了弥足珍贵的意见，谨在此致以诚挚敬意和谢意！

项目首席　裴娣娜

2015 年 10 月 10 日于求是书屋

本　书　序

志成之路

2018年，是北京市第三十五中学（简称“三十五中”）建校95周年，也是我担任三十五中校长的第11个年头。经过几代人的努力，今天的三十五中形成了科技、人文和艺术三大教育特色，因教育综合改革而知名，正在成长为一所有中国特色、中国风格、中国气派的现代学校。回望学校走过的改革之路，正是一条有志竟成、大志大成之路。

2008年1月，我受命到三十五中担任校长。当时高中部位于1928年起“定居”的小口袋胡同，它给我三点突出感受：底蕴深厚，校舍老旧，身陷重围——三十五中前身为北平志成中学，由北京高等师范学校（简称“北高师”）9位毕业生在李大钊、邓萃英等社会贤达的支持下于1923年创建，培养出宋平、王光英、王光美、邓稼先、王岐山等国家栋梁。但由于地处寸土寸金的西单地区，左邻右舍都是强手，一段时间里学校面临着搬迁的问题，因校舍、设备无法更新而日渐落后。学校有全面育人的传统，教师们爱岗敬业，但在升学竞争中因区域校际竞争激烈而在第七名上下徘徊，甚至被有些媒体列为一流三类学校。显然，这并不是三十五中人甘心的定位。

如何将学校的深厚文化底蕴转化为变革发展的动力？如何带领学校突破升学竞争的圈子，打造独一无二的竞争力？这是我就任三十五中校长时给自己和领导班子提出的两个问题。

不忘初心，方得始终。悠久的办学历史和丰富的教育故事是三十五中宝贵的教育资源和精神财富。志成中学建校之初确立了办学宗旨——“改变民族落后，发展教育事业，培养栋梁之材，有志者事竟成”，这个初心成为“校魂”。坚守初心，我们提炼出“志成教育：立志·成人”的办学理念，学校、教师、学生一起重温初心、确立志向。当教师有了为中华之崛起而教书育人的责任担当，当学生有了为中华之崛起而学习成人的远大志向，学校就有了创新前行的不竭力量。

跳出教育看教育，跳出教育发展教育，一直是我思考问题的方式。当时的三十五中家底不算丰厚，要想快速“破局”，必须抓住一切可能的机会，寻找并整合社会力量，为学校发展提供新的“杠杆”。幸运的是，我遇到并抓住了三个难得的机遇。

第一个机遇是温家宝总理到学校调研。2009 年 9 月 4 日，温总理为制定《国家中长期教育改革和发展规划纲要（2010—2020 年）》到三十五中调研，在座谈会上他提出“为什么现在我们的学校总是培养不出杰出人才?”“我们一直在强调素质教育，为什么成效还不够明显?”，并指出“我们的教育还不适应经济社会发展的要求，不适应国家对人才培养的要求”。这两个问题和两个“不适应”切中当前中国教育之痛，深深地触动了我，我们在反思与追问中确立了学校改革发展的方向，明晰了办学价值体系。以求解“总理之问”为旗帜，三十五中争取各界支持，迈开科技创新教育的步伐，探索课程变革与育人模式创新。

第二个机遇是学校搬迁。学校在小口袋胡同“定居”80 余年，一草一木都密布故事、关联记忆，搬迁令大家情感上有太多难舍。服从区域发展大局，我们将搬迁作为机遇，梳理激活历史，系统规划发展，重点打造优势。从建筑风格的选择到校门样式的设计，从每个建筑的功用到每套桌椅的安排……，我们主动参与、积极筹划，千方百计争取支持，一砖一瓦把学校建成理想的模样。在这里，我们彰显了中国特色、中国风格、中国气派，打造了科技、人文、艺术等教育平台，构建了选课走班的软硬件平台。

第三个机遇是成立国际部。2011 年我们着手申办国际部，一方面是想为越来越多的有出国留学需求的学生提供服务，另一方面是想打开一扇与国际教育深入交流的窗口，为学校改革发展添注新的活力。我们认为教育国际化绝不是西方化，而应该追求中西合璧，所以我校国际部没有照搬其他国际组织的课程，而是与美国优秀中学合作，探索建立自己的中西融合的课程体系。我们将国际部定位为“三十五中课改的试验田”“新课程的孵化器”“优秀教师的研修基地”，率先开展课程、教学、评价等全面变革，总结出的成果经验辐射移植到初中部和高中部。

机遇总是垂青那些有准备的人。围绕创新人才培养和素质教育成效两个问题，我们充分挖掘每个机遇中蕴藏的能量，整合各界力量丰富学校教育资源，创办“六年一贯”、科技创新、国际课程以及贯通培养等多元人才培养项目，加强科技、人文、艺术、健康、生涯教育等特色课程建设，走出了多样化、特色化办学之路。

而所有这些努力，都是为了靠近我们的教育理想——为每个学生提供“私人定制”的教育。我们认为，现代教育一定是个性化教育，尊重每个生命个体的独特性，并为这种独特性的实现创造条件，帮助每个学生成为更好的自己。在打造突出基础性、选择性、整合性的课程体系的基础上，我们还基于课程创新进行制度重建，推行学部制、走班制、学分制、导师制、学长制“五制”改革，力求实现课程与指导的“私人定制”，助推学生自主、全面而有个性的发展。

本书比较系统地展示了我校近些年在课程建设和学校发展方面走过的道路。全书共分为十章。第一章是办学历史的梳理，回望三十五中的办学之路，剖析这是一所怎样的学校；第二章是办学价值的阐释，力图说明三十五中想成为怎样的学校、培养怎样的学生、走怎样的道路；第三章是课程体系的概述，阐释学校如何进行指向育人目标的课程顶层设计；第四章是关于学科课程建设，介绍学校学科课程建设的思路及策略；第五章是关于特色课程打造，试图还原科技、人文、艺术三大教育高地的建设过程；第六章是关于课堂教学改革，着重介绍留白课堂的理念及实施；第七章是关于基于课程创新的制度重建，重点阐释“五制”综合改革的思考与实践；第八章是关于生涯教育的构建，突出促进学生自主发展的视角；第九章是关于教师队伍建设，介绍为适应变革需求而重构教师学习的做法；第十章是校长领导力的解剖，谈谈我的办学故事和体会。

我们诚挚地将多年的思考、实践与同行分享，但探索难免存在不足，许多观点也有值得商榷之处，真诚地希望得到专家和教育同仁的批评、指正，帮助我们更好地完善提升。

在此，特别感谢北京师范大学裴娣娜教授、《比较教育研究》鲍东明主编和中国教育科学研究院孙智昌研究员对本书编撰给予的指导与帮助。2012 年裴娣娜教授为调研课程改革来到我们位于旧址的高中部，自此对我校课改和发展给予关注与支持。正是在她的鼓励与帮助下，我们决定编撰出版本书。本书虽然由我主笔，但其中大部分内容的撰写都是由三十五中的各位领导分头主抓并组织团队完成的，这里无法一一列举他们的名字，一并致谢！

勇毅笃行，大志大成。胸怀为中华之崛起而教书育人的使命感与责任感，我们将继续坚定信念，创新前行。谨以此书作为北京市第三十五中学建校 95 周年的献礼，同时献给行进在教育改革发展路上的一线教育工作者。

朱建民

2018 年 4 月

目　录

Contents

[第一章]

志成百年
初心未变

北京市第三十五中学的前身，是创办于1923年的北京志成中学校，建校始就确立了“改变民族落后，发展教育事业，培养栋梁之材，有志者事竟成”的办学宗旨。志成中学校是当时中国先进知识分子为探索中国社会改革和进步的出路，吸收西方现代教育思想在中国开展的探索实践。

这种“为中华之崛起而教书育人”的初衷，成为传承百年的志成初心。从志成中学校，到新生中学，到今天的三十五中，我们始终坚守着最初的理想与信念，追寻着教育的价值与使命，形成了学校的特色与品牌。我们自豪地看到，中华人民共和国的革命史、建设史、改革史上一些绕不开的沉甸甸、亮灿灿的名字，和这所学校交织在一起。

时至今日，载着桃李的芬芳，立足丰厚的底蕴，三十五中走进大改革、大发展的教育大时代，行进在办有中国特色、中国风格、中国气派的现代学校的新征途上。重新梳理历史，我们将聆听到怎样的回音？我们将铭记哪些烙在我们血脉中的印记？

一、创建平民学校　养成健全国民

辛亥革命推翻了清朝统治，结束了长达两千多年的封建统治，但军阀混战，列强争霸，中华民族依然处在水深火热之中。针对北洋军阀政府的专制统治和复古主义逆流，思想文化领域兴起了一场反帝反封建的新文化运动。“新文化运动所倡导的民主、科学精神，批判和清算了封建专制教育及其复辟回潮，促进了教育观念的变革，并推进以改善教育、改进社会为宗旨的各种教育思想和教育运动的兴起。”（孙培青，2009）北京志成中学校就诞生在这样的时代背景中。

面对当时众多孩子尤其是平民孩子无学可上的社会现状，9位风华正茂的大学毕业生，在15位教育贤达的支持下，胸怀以教育培养健全国民、推动社会进步的理想，吸收新文化运动精神和西方现代教育思想，克服重重困难举办志成中学校，探索现代教育。

（一）9位北高师毕业生联创志成，志在平民教育

20世纪20年代，又一波西学东渐的大潮涌起，教育首当其冲，改革旧教育制度、创办新式学校、引用新教学理念的呼声高涨。一时间，平民

教育、实用教育、职业教育、科学教育和乡村教育等各种思潮泛起。

但现实是残酷的。乱世古城，尽管政府三令五申，学龄儿童不分男女必须入学接受学校教育，但其时教员已经数月拿不到薪水，教育部罢工，教师罢教，学校罢课，学生辍学，而且许多百姓食不果腹，没有余钱送孩子到学校去读书。

1923 年 4 月 20 日——国立北平师范大学平民学校四周年纪念日，北京高等师范学校毕业生吴鑑、初诰、杨泽民、凌锡濂等商议，决定创办中学，接纳当时师大平民学校高小毕业生，并招收其他学生。北高师当时是平民主义思潮非常活跃的地方，作为该校毕业生的创办者们深受这种思潮的影响，提出了“根据教育机会均等精神，贫者免费，富者纳费，企图消灭现代教育为资产阶级独占之社会病态”的办学初衷，希望给更多平民子女提供入学接受教育的机会。志成中学校是北京市首批平民学校之一。

5 月上旬，几位创办人商议借用师大教室，先办志成夏令学校，按国文、英文、数学、理化、史地、博物分科。7 月 1 日，志成夏令学校开学，分为初、中、高三级，每级分甲乙班，共六班，学生四百余人，创办人担任除史地课外其他各科主任。9 月，杨泽民、吴鑑、初诰等 9 位同学创办了北京志成中学校。

1923 年 8 月，志成中学校公布了《北京志成中学校简章》①。《简章》在“总则”中指出：“本校以‘实施中等教育，养成健全国民’为宗旨。”“本校在教育部及京师学务局立案，与其他公立中学校有同等之资格。”全文包括“组织，编制，学科，成绩考查，学年、学期、休业日，入学、退学、休学、毕业，缺席、奖励、惩戒，纳费”八个方面，并公布了由 24 人组成的董事会名单。

1923 年 8 月 12 日，北京《晨报》以“大有望之志成中学”为题，报道了学校的筹办情况，特别列举了学校董事，如李大钊、吴弱男、邓萃英、陈宝泉、严修、张瑾、张伯苓、王道元、沈步洲、王文培、查良钊、王桐龄、李泰棻、孙凤藻等教育界名流，并预言“将来该校前途，必有可观也”②。

---

① 载于《北京师大周刊》第 210 期，1923 年 11 月 18 日。

② 摘自北京《晨报》，1923 年 8 月 12 日。

1923 年 9 月 1 日上午，志成中学校举行开学典礼及始业式，莅临董事、教职员、学生家长及学生共 200 余人，始业式热烈而有序。

（二）李大钊等 15 位教育名流担任校董，提升办学格局

作为一所由高校毕业生联合创办的学校，资金是一大难题。于是，创办人聘请特别赞助人李大钊、严修、邓萃英、张伯苓、王道元等 15 位社会贤达、教育名流担任学校董事，共同组成有 24 人的董事会。

志成中学校之所以在艰苦条件下能办起来并坚持下去取得长足发展，与李大钊、邓萃英等建校董事的影响、指导和支持是分不开的。15 位教育名流的加入，不仅提升了学校的知名度和影响力，而且帮助学校募捐资金和解决办学场所等。9 位创办人每人捐大洋 100 元，李大钊先生暗中捐助大洋 900 元，这 1800 元大洋给志成中学校的开办奠定了经济基础。

15 位教育名流对志成中学校更大的影响在于思想引领，他们的先进思想渗入志成中学校的办学理念——

李大钊先生是 20 世纪初中国的先进思想播火者，中国共产党的创始人之一，伟大的马克思主义教育家。作为学识渊博、勇于开拓的著名学者，李大钊先生没有放松对教育事业的关注、对青年人的引领，提出“学校造人才，为改造社会；读书为做事，不是为做官”。“铁肩担道义，妙手著文章”，李大钊先生书写过这副对联，是他光辉一生的真实写照。他胸怀强烈的爱国之心与对社会、对人民的高度责任感，把自己的学识与拯救国家和民族的命运紧紧联系在一起。为追求民族独立和人民解放而奋斗抗争，紧跟历史发展和时代进步潮流不断探索。这些精神成为志成中学校办学理念的灵魂。

作为志成中学校的首任董事长，教育大家陈宝泉是我国伟大的爱国者和教育近代化进程中的拓荒者。陈宝泉曾任北高师校长长达 9 年，是志成中学校 9 位创办人的良师益友，带领志成董事会确立了“诚、真、勇、毅”的校训。陈宝泉极为重视提高教师素养，提出小学教师是“国民教育之母”，中学及中学以上教师为“人才教育之母”，在办学过程中他极力主张名师办学、以名师培育人才，甚至主张可选派教师到国外游学、游历，真正处理好继承祖国传统和学习外国经验的关系。他的这种主张指导着志成中学校从开办之初就注重高薪聘请名师，对教师要求甚高、把关极

严，创办人轮流出国深造，为学校发展奠定良好基础。

从陈宝泉手中接棒董事长并持续任职至 1948 年的邓萃英先生誓言“专心从事教育”并用毕生实践之。他坚信教育为神圣事业，人才为立国之本、要使中国转弱为强，转贫为富，国民必须接受教育，国家必须培养出健全的国民。他多次出手帮助学校摆脱困境，以全人格教育思想奠定学校全面育人基调。

张伯苓先生不仅是著名的教育家，也是民国以来历届全运会的总裁判长，他曾预言“奥运盛事举办之日就是我中华腾飞之时”，教育必须“德、智、体、美四育并讲”。张伯苓先生的这种理念也被带进志成中学校。为培养健全国民，志成中学校办学伊始就重视体育课，重视各种体育活动及校园体育文化建设，很快志成中学校就成为社会普遍认同的体育强校。

……

正是在 15 位教育名流的引领下，志成中学校确立了“改变民族落后，发展教育事业，培养栋梁之材，有志者事竟成”的办学宗旨。办学宗旨紧扣时代主题，对志成中学校平民教育的价值追求进行了拓展和提升，强调了教育社会性和人文性的双重价值，更具普世性和恒久性。“为中华之崛起而教书育人”，这是我们对志成初心的总结。

（三）广招学生优选师资，数迁校址添办女部

志成中学校首届招生于 1923 年 8 月 7 日开始，17、18 两日，在师大举行了入学考试。有 160 余人前往应试，后录取初中二年级学生 30 余名、一年级学生 40 余名。9 月 3 日正式上课后，有要求再试者屡屡登门。不得已，又定于 9 月 30 日举行第二次入学考试，参加考试的有 40 余人，录取 20 余人，分别插入一、二年级。一年级有学生 55 人，二年级有学生 48 人，全校共 103 人，学制为三・三制①。

志成中学校以低收费向广大贫苦人家的孩子敞开大门，与此同时却高薪聘请名师，绝大部分教师都是北高师毕业生。建校时教师有公民科 2 人、国文 3 人、英文 2 人、数学 3 人、历史 2 人、地理 2 人（其中 1 人兼历史）、理化 1 人、博物 2 人、乐歌 1 人（兼）、图画 1 人、体育 2 人，共

① 三・三制即指学制为初中三年、高中三年。

19 人。至 1932 年，学校已有专职教员 28 人。例如中国水声事业的奠基人、中国著名物理学家、中国科学院资深院士汪德昭先生，1928 年师大毕业后曾在志成中学校兼课，教授高中三年级的物理和高等数学，深受学生欢迎。汪德昭先生及其夫人李惠年还是志成中学校歌的作曲者。为节省开支，创办人虽然都在志成中学校任职上课却不拿工资，而是在校外兼职，挣得些许收入来维持生计。

建校初期，学校开设了公民科、国文、英文、数学、历史、地理、理化、博物、乐歌、图画、体育 11 门课程。学校注重知识教学，也注重文体活动的开展，老校友们都说志成中学校是“广收，严教，入学易，升级难”。

志成中学校最初的校址位于西城机织卫三号。创办人多方寻觅、几经周折后确定的机织卫三号，坐落在京城内西侧，交通便利，共有光线充足的宽敞房屋 40 余间，且布局合理，非常适合学校之用。除教室、寝室、办公室、接待室外，食堂、厨房、茶房都一一安排，为了便于学生自由活动，增加课外阅读知识，还特设了两间游艺室和一个书报阅览处。

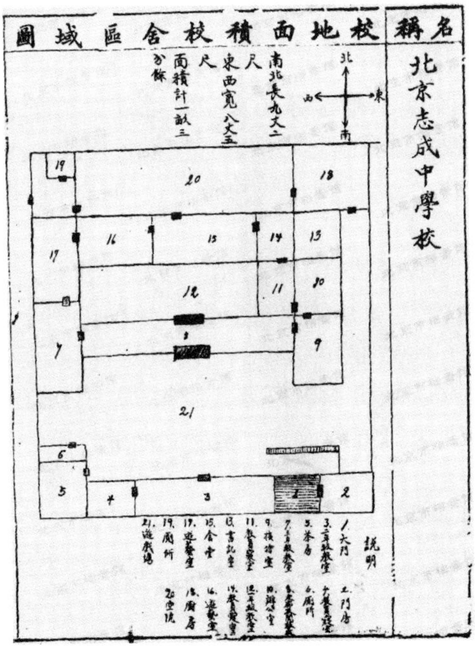

图 1-1　北京西城机织卫三号校址

表 1-1　志成中学校呈报立案事项表

位置及设立之缘起		校址在北京西城机织卫三号 北京高等师范学校毕业同志杨泽民、吴鑑、李澄、初诰、邵开绪、陈文华、焦蕴华、阎玉振、凌锡濂等鉴于北京文化素昌求学者日益众多，而旧有学校供不应求，特于“民国”十二年八月筹办北京志成中学校于西城机织卫，租赁房屋一所以作校舍，是年九月一日成立，十四年秋因生徒增多后，另赁房屋一处于附近鸡毛胡同作学生寄宿舍之用
学生额定	级数	共计三班
	人数	共一百二十一人
学生纳费额		每人每学年纳学费四十八元，体育费二元
开校年月		“民国”十二年九月
经费及维持之方法		常年经费及临时费约八千元，大部分来自学费及体育费，其余由董事分担

注：摘自北京市档案馆档案《北京志成中学校呈报立案事项图表和简章及京师学务局的指令》。

1925 年 6 月，志成中学校就开办学校所呈报的立案事项得到京师学务局的批准并予以立案。京师学务局在立案批复中给予志成中学校很高评价：“经局派员查视，该校校舍宏敞，一切设备均甚整齐，教授多采新法，管理亦颇谨严，各生气象活泼，举动整肃，局征管训得法，似应准予立案，以资鼓舞。”

因生源扩大，原校舍狭窄不敷应用，1925 年 9 月，志成中学校设立了广宁伯街分校。1926 年 6 月，与机织卫二号民正中学合并。1927 年春，因机织卫三号房租昂贵致拖欠而涉讼，不得已全部搬至机织卫二号。为解校舍拥挤之困，董事会成员积极筹划，当年 10 月学校又迁至宣武门外储库营四川会馆。校址搬迁导致部分学生离家远了，学生人数骤减近半。生源骤减带来资金骤减，学校周转失灵，颇有无米为炊之险。1928 年 8 月，经过董事会成员的多番斡旋，学校迁入河北同乡会所属的蚕业讲习所所在地——西城小口袋胡同 19 号，校址问题终于彻底解决。

在定居小口袋胡同后，第二年开始扩招插班生，录取新生后，学生人数由 83 人增至 184 人。学校正式申报添办高中获准，继而又决议添办女部，开启了高初兼有、男女兼有的新纪元。1929 年 7、8 两月连续两次招考新生，高中有女生 9 名，初高中共有 16 个教学班、学生 530 人。1931 年 9 月，全校学生总数达到 1275 人，共计 23 个教学班。1932 年，全校共有学生 1557 人，26 个教学班。

（四）定标准严管理倡自主，养成健全国民

志成中学校在《简章》“总则”中指出“本校以‘实施中等教育，养成健全国民’为宗旨”。那么，健全国民应具备哪些素质，学校如何培养学生具备这些素质？细读志成中学校的那些“标准”，能给今天的我们许多启示。

1. 明晰育人目标——制定《训育标准》和《教授标准》

育人目标对学校各项工作起着统领作用，志成中学校在建校之初就确立了“养成健全国民”的育人目标。那么，如何培养学生具备健全国民的素质呢？志成中学校董事们制定了《训育标准》①，为教育者和学生自身指明了努力的具体方向——

（1）对己的方面：

① 健全的精神；健全的身体。

② 自尊；自治；自奋；自立。

③ 服从理性；维护正义。

④ 勤、俭、勇、干的习惯。

（2）对人的方面：

① 公德心；责任心。

② 敬人；爱人；和人；化人。

③ 互助的精神；牺牲的态度。

④ 诚、忍、恕的习惯。

（3）对物的方面：

① 观察的态度。

② 审美的观念。

③ 爱护的心地。

④ 善用的技能。

---

① 载于《北京师大周刊》第209 期第六版，1923 年 11 月 11 日。

《训育标准》划分为对己、对人、对物三个层面，与现在国际通行的核心素养中强调个人与自己、个人与他人、个人与自然三种情境关系，有着异曲同工之妙，侧面证明了志成中学校育人目标的先进性和科学性。

主办人还认识到，培养学生的关键在教师，尤其是在课堂，所以特别制定了《教授标准》①：

（1）教材方面：

① 供给生活必需的常识。

② 培植正当人生观。

③ 要活教材，不要死教材。

④ 多重实用，不重理论。

（2）教法方面：

① 提醒研究问题的兴趣。

② 养成研究问题的态度。

③ 显示研究问题的方法。

④ 培植研究问题的工具。

志成中学校要“培养健全国民”，因而把学生的行为规范培养、人格品质提升作为学校训育的重要组成部分，其所确立的相关“标准”穿越百年，时至今日仍颇有可取之处。学校通过严要求来达成高标准，一切从严，包括学生的言行举止、行动坐卧，教员都会随时详加指导，使其生活品质趋于高尚。

2. 保障教育效度——制定详备管理制度

志成中学校自成立之日起就“广收严教”，制定详备的规章制度并严格管理，以建立良好的学校秩序。如操行评定、成绩考核，还有教室、寝室、图书馆、实验室等各项办事细则以及奖惩条例等诸多方面，既是要求，也是一种行为约束。

（1）训育方面要求②：

① 注重三大团队训练。

② 执行各项要求，需实行严格训练。

③ 实行监导自习。寄宿学生自习缺课、旷课者，都按正课缺席、旷

① 载于《北京师大周刊》第 209 期第六版，1923 年 11 月 11 日。

② 载于《北京师大周刊》第 209 期第六版，1923 年 11 月 11 日。

课条例办理。

④ 训育部人员参加学生课外活动，以身作则，注重人格的潜移默化。

⑤ 训教合一。训育主任、副主任及舍监都兼一个班或两个班的级任（即班主任），并兼授课。

⑥ 对住在公寓的学生，训育主任、副主任时常前往巡查。

⑦ 在班级管理上实行教师管理。切实执行教室规则，各班设自治委员 2 人，协助值周生维持秩序。各班设级任 1 人，负责班级的全面工作，并指导学生学会自治。

⑧ 宿舍管理，按寝室、自习室规则管理，并在各宿舍区设舍监 1 人，训育副主任 1 人，负责本宿舍区的全面管理工作。

（2）学生品德方面训练内容和要求：

① 思想正确，明白个人责任，认识社会环境。

② 精神自治，艰苦耐劳，奋勇进取。

③ 态度亲爱精诚，光明磊落，服从理性。

④ 生活秩序简单，服从团体纪律。

（3）课程方面：

① 注重各科平时月考。

② 注重国文作文、英文作文和数学演算。每学期严格检查学生三科练习簿，欠缺不齐者，不给学分。

③ 注重物理、化学、生物三种实验。

④ 同年级各班英、数、理化等科每学期举行会考一次，以互相促进，共同提高。

⑤ 每学期期中，将学生平时考试不及格科目的成绩函告家长，从而共同督促学生的学习。

⑥ 在学习上，老师指导学生预习各门功课，教学上采取启发式，促使学生自主学习。老师还与学生共同组织各种研究会，探讨各种问题。

（4）图书阅览：

① 要求学生必须阅读书籍，以养成良好的阅读习惯。

② 由各班级任每周检查学生笔记一次。每个学生每周必须到图书馆一次，以读书笔记和图书馆阅读单为凭。

（5）考勤：

① 自习课与正课一样要求，不迟到不早退，请假有家长盖章并签名

的假条，事假要提前申请批准方为有效。

② 考勤与操行评定挂钩，每节课点名，每天统计汇报级任，每周统计汇报教务会。

③ 旷课 3 课时记大过一次，9 课时等于三大过，立即除名。（不能通融，此规定在志成中学校 20 余年连续坚持不断）

④国文、英文、算学不及格者必须补考，补考后有一门仍不及格者，留级。

（6）奖励勤苦优良学生的办法：

①初三毕业生成绩优良，在校内会考成绩平均分列前十名，升入本校高中免费三年，但在高中每学期成绩各科都必须及格，且平均分 80 分以上，才能获得这一奖励。

②每学期学业、操行、体育三项均列甲等，奖五元书券；只学业、操行或只学业、体育两项列甲等，奖四元书券；仅学业一项列甲等，奖三元书券。甲等分数为 90 分以上。

3. 倡导学生自主——学生自治会组织活动

学校首个自治会的成立是在校领导、教职员的帮助下建立的。自治会分总务、学生、纪律、健康、交际等各部，每部下设二至三个股，分工明确，各负其责。自治会开展多项活动，如：

每月出版《志成月刊》一册，内容分别有学习大事纪要、时事论评、论坛、社会科学、自然科学、文艺、漫画、摄影等。

组织排球队、篮球队等各种球队；成立国乐社，练习笙、管、笛、箫、南弦、月琴、琵琶等；设立俱乐部，有乒乓球、象棋、围棋、军棋、京剧、无线电播音机，以及其他类游艺项目。

在参与自治会组织的各项活动中，学生们身心愉悦，陶冶了情操，启迪了心智，提高了审美情趣，强化了公德心。学生干部通过组织丰富多彩的活动，大大提高了实践能力、管理水平，尤其是交流能力与协作能力，增强了为师生服务的意识与责任心，自治自立的能力得到了锤炼。

志成中学校出高薪聘名师，对学生广收严教，既重视基础知识教学，又注重从实践、体育、艺术等方面锻炼学生，培养的学生具有求知、进取、严谨、务实的特点。在严格管理的大环境中，自治会的工作活跃了学校的气氛，严活相济之下，构建出了那个时代里朝气蓬勃的校园新生活。水到渠成中教学成果显著，志成中学校高水准的办学获得了社会的普遍认可和赞誉，因此不乏学生从其他学校转学到志成中学校读书。

志成中学校创办人拟定了四项公约：①学校一切财产为公共所有，不属于任何个人；②主办人有协助、支持学校的义务，在校内授课不拿工资，可在校外兼课；③学校由主办人轮流担任校长，任期一年；④学校一切积累不为私用，留着今后送几个人去留学，为将来创办志成大学做准备。他们克服种种困难谋求学校发展的历程，正是对“有志者事竟成”的最好诠释。而志成中学校制定训育标准、教授标准以及成立学生自治会等举措，都闪耀着现代教育思想的光芒。

二、为国育才重传承 全面育人成特色

志成中学校董会确立的建校宗旨——“改变民族落后，发展教育事业，培养栋梁之材，有志者事竟成”，一直指引着学校的发展方向。近百年的发展历程中，学校先后更名为北平新生中学、北京市第三十五中学，但“为中华之崛起而教书育人”的情怀从未改变。

如何兼顾教育的社会性和人文性，培养社会所需的栋梁之材？这是三十五中坚持探索求解的命题。在不同的时期，我们秉承“有志者事竟成”的志成精神，努力承担学校的社会责任、把握教育教学中心、坚持落实全面育人、与时俱进改革创新，把学校发展成为一所“全面育人，办有特色”的市级示范性学校。

（一）办“特班”建分校 教育抗战爱国（1931—1948 年）

1931 年 9 月 18 日，日本挑起“九一八”事变，悍然发动侵华战争，东三省很快沦陷。1937 年 7 月 7 日，“卢沟桥事变”爆发，日本全面侵华战争开始，7 月 29 日北平沦陷。中华民族全面抗战开始，抗日救亡的浪潮席卷全国。志成中学校的师生积极投入抗日救国的洪流中，举办“特班”免费招收东北流亡学生，建立救国飞机基金，在四川建立志成分校，对抗日军属子女实行免费和半免费政策……

华北沦陷后，日寇为实现继续侵略、永久统治中国的野心，对北平教育实施了奴化政策。志成中学校千方百计抵制愚民政策和奴化教育，通过多种途径开展抗战爱国教育。同时，学校坚持教育教学的高标准，教师们

自编教材，组织丰富的课外活动，多科教学水平在北平名列前茅。

1. 开展抗战教育，组织东北流亡学生“特班”

“九一八”事变后，大批东北学生涌入关内，志成中学校在丰盛胡同办起“特班”，免费救助、招收东北流亡学生 80 余名。学校应对国难，开设军事及政治课程，包括军事技术、军事实习及女生救护、汽车、无线电通信、公安、公民课等。对学生进行抗日救国青年义勇军的训练，参加“北平私立中学抗日雪耻会”。志成学子加入“一二·九”运动游行的队伍。

北平沦陷后，学校大量师生流散或转往大后方。1937 年 10 月，志成中学校勉力开学，学生由原来的 2400 多人直降到 500 多人。丰盛胡同 5 号被敌伪强行占领，女校移至丁字街临时校舍上课。

日寇对北平教育实施奴化政策。强制学校一律使用日伪编订的教科书；强迫学生每周三课时学习日语，英语从三课时改为两课时；将公民课程篡改为“修身课”；国文课本将有关抗日、爱国、民族的东西统统删掉，加进去为反动势力歌功颂德、颠倒黑白的内容；地理课本严令将教材中关系到中日问题及东三省的部分全部删去；数理化课程大幅度降低难度……日寇宪兵队以及伪警察局屡次派员来校检查实施情况。

志成中学校的进步师生努力抵制愚民政策，抵制奴化教育。例如，尽管“修身课”列入课表，但学校先后安排英语、数学、国文教员任课，“挂羊头卖狗肉”。国文教员讲课时，结合社会现状加以发挥，抓住作文课培养和激发学生的民族自尊心、自信心及爱国情感。鉴于敌伪检查监视极为森严，教员在题材形式上多用神话、科幻、寓言体之类，运用比喻、借代的修辞方法，再加上象征、渲染等的写作手法，如出《落叶致本校书》《说猪》《晦日送穷鬼文》等作文题。地理教员在课堂上详细讲述了东三省的矿藏、森林等富饶资源，帮学生深刻认识日本帝国主义的侵略本质，激发青年人对祖国的责任感、挽救民族的使命感。当时多位教员因“出格”教育受到伪教育当局警告，但老师们仍然顶风行动、不改初衷。

学校建立救国飞机基金捐款并持续多年，这些捐款经过学校基金会决议，还用于购买钢盔支援前方抗战将士，购买手套、耳套等物资送往前线。还成立慰劳伤兵委员会，经常组织师生捐款，购买慰劳品，赴北平各伤兵医院慰问伤兵等。

2. 创办四川分校，学生投身抗战

北平沦陷后，志成中学校时任校长吴鑑被日寇四处捉拿。他 1937 年底离开北平后辗转来到重庆，仍坚持教育理想，于 1939 年着手筹办北平志成中学四川分校。同年，在重庆市江津县杜市乡中道堂办起志成分校①，1940 年 7 月开始招生，除北平本校南迁学生百余人外，以江津县当地村落学生为主，因入学起点低、费用低，农民子弟入学甚至可以以粮食作为学费，前来应试者超过千人。到 1942 年，学生数已达 980 人。此时，设在巴县鱼洞溪的保定培德中学停办，学生合并到志成中学四川分校，吴鑑校长将杜市乡中道堂高中迁到鱼洞溪培德中学原址。1944 年，为谋求永久设分校于四川，于重庆市内香国寺任家花园购地四亩，又购房一所，租房两所，建重庆江北分校，借此机会各校各部合校为一。当时志成中学四川分校课程设置齐全，有英语教学优势，以普通话教学，且学生可以住校，所以闻名远近，在校学生数已逾 2000 人。

志成中学四川分校坚持因陋就简、精兵简政、精打细算，师生学习、生活条件极端艰苦，但坚持对抗日军属子女实行免费和半免费政策，坚持高薪聘请优秀教师，坚持全面育人的传统，教育教学成绩显著。据重庆大学十七周年“校庆特刊”所载，“去秋重大录取新生原校统计表”，志成中学 21 人被录取，位列全省第五名，重庆市第二名。

为树立学生的民族自尊心、自豪感与抗日爱国思想，志成中学四川分校每天早晚必升降旗，每周六下午必举行总理纪念周②。1941 年 1 月 1 日，北平志成中学四川分校学生向全国发起“中学生号”献机运动，通电热情洋溢：“敌寇势穷，业成强弩之末。空军建设实为首要之图！望全国同学及各界同胞，发扬民族精神，毁家纾难，恢复锦绣之河山！”各中小学学生率先响应，发起筹献“中国儿童号”飞机。

1944 年冬天，四川省江津县志成杜市分校的同学看到各地相继沦陷的消息后，喊出“效法班超，投笔从戎，誓与日寇血战到底”的口号，肖

---

① 该分校后来与别的学校合并，并有两次搬迁校址，与北平志成中学四川分校不同。

② 总理纪念周是志成中学四川分校师生举行的纪念孙中山先生的思想教育活动。主要内容为总结一周工作，提出下周要求，读校训，唱校歌，诵读总理遗嘱，以及其他活动。

朝镛等同学毅然参加了学生青年远征军，开赴缅甸、印度去对日作战。有的同学参加青年军201师，接受军事训练，等待国家调遣。未参加正规部队仍留在学校的学生，纷纷组成了进行长期游击战争的连队。

3. 教师自编教材，设计课外活动

在社会动荡的大环境下，志成中学校的教师们仍然致力精研业务、静心教书。初、高中各学科除军训、伦理、公民外，其他各科均有教师为教材编著者、编译者，有专著、著作或译著者约占教员人数的三分之一。如张国璘先生著《生物学》，徐晋铭、王希庆、王棠合编《生物学》，吴其作（吴新斋）编《国学常识》以及与王孔武合著《国学》，与朱意防（朱奉闲）合著《儒道贯》，靳德峻著《国文法》，王鹤清、魏元雄、程庭合编《数学》，杨哲民翻译英文小说……学生使用的教材大多出自本校教师之手，这些教材是对当时学校所开设课程的补充和延伸。

教师渊博的学识、儒者的风度、课堂教学的艺术魅力与尽心尽力的责任心，令志成中学校的学生们取得了卓越的成绩。1934 年 6 月北平市高三、初三毕业会考中，志成中学校语文学科初中排名全市第二、高中排名全市第七。1939 年的全市高中三年级数理化三科会考中，志成中学校的学生有 3 人进入全市前 10 名。

当时，国文、英文两门课周周有作文，而且一节课当堂完成，教师篇篇批改，近乎苛刻的训练使学生终身受益。教员们组织、指导、评议各种演说、评论活动，例如国语演说竞赛、抗日征文竞赛、初中“科学与迷信”评论、高中关于“科学”的讲演等。每次活动都是全体学生参加，层层比赛选拔，最后对优胜者进行表彰、奖励。教员们对基础知识教得非常扎实，专门编写了《错别字表》小册子。此外，编著了《高中语文读本》（一至六册）《高中国学常识》《初中国文选》等多部，给予学生大量阅读资料及具体指导。日积月累，学生视野开阔、重视课外阅读成了志成中学校的基因。

爱国教育极大地激发了学生的民族情感、家国情怀，他们对国家苦难感受至深，从而更加努力地投身学习。数据显示，这个时期也是志成校史上英才辈出的时期。曾任中共中央政治局常委、中共中央组织部部长的宋平，中科院资深院士、中国水文地质与工程地质的创始人之一贾福海，两弹元勋邓稼先，抗日空战英雄王光复……都曾在这个时期就读于志成中学校。

老师们给学生的评语优美恰切，令学生终生难忘。例如邓昌黎在校时的评语是："忍耐辛苦，压下野马样的心。这十七岁的人，永远在默默地发掘着那些伟大的、艰涩的科学思想。"而老师给邓昌国的评语是："他的梵哑铃炼动给我们青春的意志——幽美的旋律如同他的性格，像早春湖水样的平静与柔和。"

（二）校名更迭理念更新　形成特色位列重点（1949—1980年）

新中国建立后，教育领域面临的一个主要任务就是如何对待旧教育、旧学校，如何发展适合国情的新教育。1949年12月23—31日，教育部召开第一次全国教育工作会议，提出建设新教育要以老解放区新教育经验为基础，吸收旧教育某些有用的经验，借助苏联教育的先进经验。为了加强教育与政治经济的联系，中共中央、国务院于1958年9月发布的《关于教育工作的指示》中明确提出："党的教育工作方针，是教育为无产阶级的政治服务，教育与生产劳动结合。"同时指出"教育的目的，是培养有社会主义觉悟的有文化的劳动者"。

在此时期，志成中学校经过合并重组，先更名为北平新生中学，1952年定名北京市第三十五中学。学校进行体制和思想改革，积极学习苏联教育教学的先进经验，后在朱丹副校长的带领下摸索出一套具有三十五中特色的教育教学模式，在北京市起到引领作用。1953年，三十五中被北京市确定为18所重点学校之一。

1. 两度重组更名，从私立变公立

北平和平解放后不久，北平军管会、教育局联合组成的工作组于1949年3月底进入北平志成中学校，后又派政治教师协助工作组工作，朱丹同志于4月初来校任政治教师。5月20日宣布"代管"，即学校的领导权被政府接管，学校的收费、招生一律不变，合并了志成男校、志成女校、中国大学附属中学、法勤中学、惠童女子职业中学五所学校，更名为"新生中学"。新生中学学生有3000余人，时为北平市的一所大学校。

由于新生中学过大，校舍分散，难于管理，1950年暑期，经市教育局批准，三地分设三校，即新生中学（原志成男校）、新生女中（原志成女校）、新英中学（原中国大学附属中学），各设组织领导机构分别进行管理。

1952 年暑期后全市所有私立中学统一由政府收管，改成市立中学：北京新生中学为北京市第三十五中学；北京新生女中为北京市第九女子中学，“文化大革命”后期改为北京丰盛中学，后与北京教育学院西城分院附属中学合并，更名为北京教育学院附属中学，现为三十五中教育集团成员校。

2. 学习苏联教育理论，建立教研组与备课组

1952 年秋，温寒江同志被时任北京市市长彭真任命为三十五中首任校长，并兼任党支部书记。1953 年起学校的工作中心开始转移，以“全面发展，因材施教”为宗旨，从抓政治运动转移到抓教育教学工作。当时学校执行国家规定学制，初中三年高中三年。1952 年秋季新学期开始，各年级统一使用人民教育出版社编辑出版的新教材，理科教材（数学、物理、化学）基本上是苏联相应教材的翻版。

学习苏联教育和教学的先进经验是当时的中心任务。行政干部和教研组长听苏联专家崔可夫的苏联教育情况讲座，回校每天早上 7：00 集体学习讨论，并向全体教师传达，给每位教师发放印有“普希金教育理论”的小册子。各科教师学习苏联教学理念、教学原则、教学方法，如教学的可接受性原则、直观性原则、启发式教学原则等；启发提问式教学方法、在复习旧知识基础上讲授新课方法等。教师们学习领会并实践探索苏联教学经验里的“五环节教学法”（五个环节：组织教学；复习提问；讲授新课；归纳总结；布置作业）和评定学生成绩的“五级计分法”（5 分为满分，4 分为优良，3 分为及格，2 分为不及格，1 分为最差）。三十五中的教师集体到北京的苏联中学去参观访问，了解了苏联学校的“十年一贯制”教学情况和教学设施，开阔了视野，认识到教学工作不能只凭经验，还需要很多科学理论来指导。

与此同时，学校紧抓教学管理，组建学科教研组，成立语文组、数学组、外语组（包括俄语和英语）、理化生组、史地政组、音体美组。在校长支持下各学科同年级的备课小组也建立起来，称作备课组，这也是三十五中在教学管理上的一个创造发明。

3. 精研课堂教学，形成特色模式

朱丹从 1950 年到 1966 年在三十五中负责教学管理，后又于 1975 年到 1980 年主管教学。他带领干部不断学习和钻研教育理论，经常深入教育教学第一线，调查研究的同时及时总结经验，形成了具有三十五中特色的一整套教学模式和经验，在市、区也颇有影响。

教师备课的基本要求体现为“十七字方针”，即“三点、三的、三实际、三基本、一灵活、纵横联系”。“三点”是重点突出、难点分散、疑点讲明。“三的”是指教学大纲的目的、教材单元（或章节）的目的以及课时教学的目的。“三实际”是指教材的实际、学生的实际、当前社会的实际。“三基本”是指基本知识、基本概念、基本训练（也就是知识运用的能力）。教师讲课必须抓住基本，以通俗易懂的方式讲透、讲清。“一灵活”是指要注意培养学生的自学能力、观察能力、思维能力、审题能力、解题能力、实验能力等，让学生灵活掌握所学的知识。“纵横联系”中“纵”是指纵向联系，每个学科的内容上下、前后都有联系，讲课要考虑新旧知识的联系；“横”是指横向联系，各个学科之间的知识内容彼此照应。

教师在课堂上对学生教育把握“五字原则”，即“爱、关、严、辅、培”。其含义是爱护学生、关心学生、严格要求学生、认真辅导学生、培养学生看书写字的能力。

处理好课堂教学上的“六个关系”：一是处理好德、智、体的关系；二是处理好讲和练的关系；三是处理好新旧知识的关系；四是处理好尖子学生与一般学生的关系；五是处理好留作业与批改作业的关系；六是处理好教与学的关系。

扎实掌握教师课堂教学上的“五项基本功”，即“讲、写、作、画、演”。“讲”要求教学语言准确、精练、生动、逻辑性强、有启发性；“写”就是写字，课堂的板书；“作”指的是动作、教态；“画”指的是给学生画出图表、物体形态或状态；“演”就是演示，理化学科是演示实验，数学有黑板上的演算，还有语文的朗诵、外语的发音口型、音乐的范唱等。

1977年以后，学校的工作中心重新转移到教学上来。为准备1977年和1978年的两届高考，喻秀芳校长在朱丹配合下做了大量工作，其中包括调整毕业班级的教师配备、增加毕业班级的晚自习时间，并让各学科教师到校指导，要求任课教师在下午规定时间内辅导学生，每月听取教师对毕业班级学习情况的分析，定期了解学生学习中的问题和意见，组织和安排好毕业班级的考试练习和模拟高考训练，等等。1977年、1978年两届学生高考录取总人数和录取率都进入西城区前三名。1978 年，三十五中被西城区定为区重点中学，学校载誉走进改革开放的新时代。

4. 课外活动活跃，种类多成绩棒

20 世纪 50 年代，在三十五中南院一端的天桥左侧，有一道令学生们驻足的“风景线”——展示学校丰富多彩的课余活动的布告栏。篮球、足球、田径为传统优势项目，其中篮球活动在学生中最为普及、最有影响力；航海舢板队、摩托车小组、跳伞队、哑铃操队、游泳队、藤圈队等校园活动相当活跃；舞蹈队、合唱团、曲艺团、京剧社等文艺社团也很活跃。

1955 年，为响应党的向科学进军的号召，学校请来以清华大学领头的大学生来帮助学生开展课外活动。没有老师的介入，所有课外活动小组都是学生自发地组织安排，自主学习。

航海舢板队是参加人数最多的一个社团，在北京市也很有名气，1955 年学校代表队在中学生舢板比赛中和单人皮划艇接力赛中均夺得冠军。航模小组参加全市中学生比赛也曾获得第一名。摩托车小组的负责同学在校内校外开展培训工作，例如受邀给北京市工会系统的 200 多名摩托车手讲授摩托车原理知识。

学生们还自发筹建起民乐队，并且将活动开展得有声有色。在三十五中读了 6 年、毕业于 1960 年的李燕南见证了民乐队的发展：“那时国家百废待兴，学校经费困难，没有支持乐队活动的专项开支，只有几件不知是什么年代留下来的民族乐器。报考国乐队需要自带乐器，于是有的同学寻亲访友去借，有的同学自制。当年见一位高中同学用一高筒铁罐头盒，插上旧琴杆，制成了一把音色奇妙的二胡。”民乐队极大地锻炼了学生们的自理能力。无论是乐谱版本，还是买不起的乐器、演出服、谱架、折椅，他们都靠到专业民乐团借；无论在什么地方排练、演出，从没有家长陪伴接送，没有水、饭招待……持一封由学校开具的介绍信，学生们经常光顾广播民乐团、实验歌剧院、海政文工团等大小单位，锻炼出一股闯劲儿和良好的沟通、说服能力。

这个时期成为三十五中课外活动的大发展时期，承继学校创办时就注重全面教育的传统，学生课外活动类型丰富、参与广泛、成绩突出，成为学校的一大特色。得益于这些“课堂中学不到的东西”，课外活动中的活跃分子在工作中取得了相当好的成绩，许多学生还回母校致谢，表示学校培养学生独立自主能力和持续提升能力令他们终身受用。

5. 指定外事接待，广迎四海宾客

1972 年，三十五中被指定为西城区外事接待单位，从此各国外宾经常来校参观、访问。1972 年美国总统尼克松访华期间，随行的美国记者代表团曾来校听课、采访。非洲毛里塔尼亚的国家元首夫人、美国总统福特的随行人员和记者、德国总理施密特的随行人员、新西兰教育部部长等都曾来校访问。日本创价学会的池田大作、松冈洋子，以及陈省身、牛满江等中央请来的客人也曾来校参观。

自 1972 年到 1983 年，学校共接待了来自五大洲的客人 578 批，总人数超过 1 万，其中以来自日本、美国的外宾及华侨为最多。外宾参观后，纷纷赞扬："能在这所学校内听到这样生动有水平的课，确实是一种享受。""学生们活跃而有秩序，教师在课堂上有讲、有问、有演示，真让我不忍离开这所学校。"

在外事接待工作中，师生增长了见识，锻炼了能力，开阔了视野，给一批批客人留下了美好的印象，我们的朋友遍及五大洲。自此，学校在对外开放方面树立起品牌，并一直延续到今天。

（三）深化课堂教学改革　探索素质教育之路（1981—2007 年）

20 世纪 80 年代的中国社会，百废俱兴，朝气蓬勃，"向科学进军""把失去的时间夺回来"是各行各业的普遍心态。随着改革开放的深入，教育事业迅速发展。特别是邓小平同志关于教育"三个面向"的指示，对学校教育提出了一系列新的重大课题。三十五中人以饱满的热情，加强理论学习，改变教育观念，重视改革创新，教育教学水平稳步提高。

1999 年 6 月，第三次全国教育工作会议做出了《中共中央国务院关于深化教育改革，全面推进素质教育的决定》。"什么是素质教育""如何由应试教育向素质教育转轨"等问题摆在了广大教育工作者面前。三十五中也开始了对素质教育的全面规划、探索和实践，形成了突出"三点""三性"的德育工作新格局。

1. 更新教育教学理念，加强课堂教学设计

面对社会环境的变化和教育定位的变化，三十五中通过各种方式促进

教师教育思想观念的转变。学校组织学习《现代教学论引论》《现代教学价值体系论》等理论书籍，要求教师们带着“改什么”“怎么改”等问题有针对性地学习。通过学习，教师们普遍认识到，要从以教师为中心变为以学生为主体、教师为主导，从“选拔适合教育的学生”到“创造适合学生的教育”。

针对课堂教学存在的“满堂灌”现象，教师讲知识多、教方法少，教案不完备、不规范等弊病，1986 年，学校进行了“加强课堂教学过程控制——课堂教学设计”的改革尝试，鼓励教师要根据教材实际、学生实际以及育人目的，本着“学法”来设计“教法”。教学设计依据布卢姆“目标教学”整体优化的理论，确定认知领域的“识记、理解、运用、创新”四个层次，这样分层目标明确、认知领域梯度分明。教学中，强调要以广度带深度，注意知识的横向联系；强调知识形成的过程，注重知识概念的由来和发展，培养学生由此及彼的思维能力和知识迁移的能力；注意培养学生多角度地去观察问题和分析问题。此项改革成果收录在 1988 年国家教委主编的《中国教育年鉴》中。有外地学校慕名来取经，我校还在北京举办的全国教师培训班上做过经验介绍。

为了贯彻和巩固新的教育教学思想观念，提高教育教学水平，学校要求每位教师根据自己的教育教学实践，每学年写一份“教学设计”和一篇论文，由学校送到区里和市里参加评奖。学校每年都有许多教师获奖。

2. 构建素质教育整体框架，着重“三点三性”

在推进素质教育的过程中，三十五中开始了对素质教育的全面规划、探索和实践。时任三十五中校长郝日达提出要构建“以教学为中心，课内外相结合，以家庭、社会为依托”的素质教育整体框架，坚持抓“两全”（全面贯彻党的教育方针，全面提高教育质量），促“两特”（全面育人，办有特色；全面发展，学有特长），争创市级“全面育人，办有特色”的示范学校。

学校贯彻全员德育的思想，实行学校、年级、班级三级管理，教职员工全员参加，各负其责，围绕素质教育，着眼“四个方面”（即《中学德育大纲》、德育内容、德育渠道和德育队伍建设），形成了以“三点”（即养成教育、爱国主义教育和法制教育）为工作内容、“三性”（即教育过程中学生的主体性、层次性和教育的实践性）为工作原则，学校、家庭、社会三位一体的德育工作新格局。

在围绕素质教育开展的德育工作中，三十五中重点培养学生学会做人、学会求知、学会办事、学会健身。通过养成教育，提高学生的思想道德素质，使他们做到爱国爱校、关心集体、尊敬师长、敬老爱幼、勤奋好学、遵纪守法，具有良好的心理素质和分辨是非的能力。

3. 丰富校本课程设置，制定“三化”教学原则

在构建素质教育整体框架的过程中，学校有计划地进行课堂教学和课程设置改革，力争使教育质量稳定在市区中学较高的水平上。1997 年 10 月，学校召开第二届教学工作研讨会，主题为“深化教学改革，提高课堂教学质量，实现课堂教学素质化改革目标”。会上提出课堂教学是素质教育的主渠道，实现课堂教学素质化改革的首要问题是教学目标素质化和进一步优化教学过程。

开设近 20 门选修课和活动课，助力学生个性特长发展。1992 年，我校开始在课程设置方面进行改革，除开设国家教委规定的必修课外，陆续试开了劳技课和英文打字、计算机、工艺、武术、韵律操、电工无线电、水质分析、遗传工程等近 20 门选修课和活动课，并把选修课、活动课纳入课表，每周安排两课时。选修课开阔了学生们的眼界，增长了学生们的才干，并且为进一步的课程改革奠定了良好的基础。

控制教学过程，制定了课堂“三化”的教学原则。定量化：一定的知识信息量与能力指标，保证每节课的容量和质量；高效化：要在一定的时间内创造符合教学内容的教学情境，提高课堂教学效率；最佳化：优化教学过程，学生对知识信息的接受、加工处理、储存、运用要达到最佳的效果，提高课堂教学效率。“三化”原则指导着备课、授课和反馈等整个教学过程。

在教学过程中，教师是主导，学生是主体。教师的主导是要营造一种“民主、平等、合作、创新”的课堂氛围，要“导趣”“导思”“导学”。教法要因科而定，因课而定。我校构建了在教师指导下，学生主动获取信息、积极思维，真正体现学生主体地位的教学模式。

设计有利于学生智力发展的教学内容成为课堂教学的主要任务。注重探索学科思维方法教学，培养学生的学科素养，优化学生的思维品质，提高学生的思维能力。

注重营造有助于学生心理健康发展的和谐氛围。教师经常采用小组学习讨论的形式，促进学生之间的交流，通过教师指导、点拨和群体学习增进师生间交流，用道具、实物、声像景观、电教手段创设声音、形象、文字的立体教学环境，使学生受到强烈的情景感染，产生共鸣，受到积极的情感激励——这成为我校课堂教学中普遍采用的教学方法。

广泛应用现代电教媒体，优化课堂教学手段是我校教学改革的突出特点。

4. 抓住机遇，创建北京市示范高中①

1998 年，北京市正式启动示范性高中建设工程。在这一年，三十五中研究制定跨世纪五年规划，明确提出争创北京市示范高中的八大示范工程，把示范校建设正式纳入学校发展规划。

2002 年 10 月，学校向市教委正式提交了《示范高中软件建设方案》，标志着被正式纳入市区示范高中建设评审序列。由此，学校示范校建设工程全面启动。以创建北京市示范高中为目标，深化学校内部体制改革，推动新一轮课程改革，成为学校之后几年的核心任务。

示范高中的创建过程是不断学习、思考、实践、总结、提高的过程，是深化教育改革和课程改革，提高学校办学质量和效益，形成鲜明的办学特色，促进学校全面和谐发展的过程，是凝聚全校师生心血，在机遇和挑战中不断开创学校工作新局面的过程，是传承“有志者事竟成”的志成精神，并不断丰富其内涵、再创新辉煌的过程。

2005 年，三十五中被正式确定为“北京市示范性普通高中”，这一荣誉凝聚着三十五中几代人拼搏奋斗的心血，是三十五中人坚持走改革创新发展之路的必然结果，是学校全面实施素质教育、提高办学质量与效益得到的充分肯定。

（四）探索人才培养新模式　创建中国气派新学校（2008—2018 年）

随着千禧年的到来，世界翻开新的篇章。信息技术的发展加速了人类的联系，“地球村”的概念为越来越多的人所感知、接受。改革开放的持续推进，中国逐渐走进世界舞台的中央。

一方面，学校教育的社会环境发生剧烈变化；另一方面，学校教育的

① 完整说法为“北京市示范性普通高中”，不过业界通常简称为“北京市示范高中”。

内容和模式等却呈现模式化、划一性。如何把握社会变化的脉搏，跳出应试教育的怪圈，推进学校的转型性变革？三十五中以改革创新来应对问题与挑战。

1. 积极求解“总理之问”，确立办学价值系统

2009 年 9 月 4 日，是三十五中校史中特别值得铭记的一天。当天，时任国务院总理温家宝和时任国务委员刘延东一行，为制定《国家中长期教育改革和发展规划纲要（2010—2020 年）》（以下简称《规划纲要》）到三十五中调研。温总理深入课堂听了 5 节课，课间与师生互动交流，中午还与学生在食堂共进午餐。

下午举行的教师座谈会上，温总理在讲话中数次借“钱学森之问”提出“为什么现在我们的学校总是培养不出杰出人才?”，还提出“我们一直在强调素质教育，为什么成效还不够明显?”，同时明确指出“我们的教育还不适应经济社会发展的要求，不适应国家对人才培养的要求”。

温总理提出的这两个问题和两个“不适应”，切中当前中国教育之痛，是当代教育工作者无法回避的命题，也指引着三十五中改革发展的方向，全校师生以积极行动求解“总理之问”。

讲话中，温总理希望教育工作者“办出具有中国特色、中国风格、中国气派的现代化教育”，三十五中由此重新确立了办学价值系统：办学目标——创办有中国特色、中国风格、中国气派的现代学校；办学理念——志成教育：立志·成人；育人目标——培养具有中华民族的文化底蕴和中国情怀、具有国际视野、具有正义感与责任心、具有适应社会的能力、具有科学精神和探究意识的创新型人才；办学方略——万类霜天竞自由；育人举措——“五证教育”，即每个学生毕业时争取拿到志愿者经历证书、诚信证书、体育技能证书、才艺证书、科技创新证书。

2. 适应社会发展需求，探索多元育人途径

如何为学生全面而有个性的发展奠基，同时满足未来社会发展和国家建设的需要，兼顾教育的人文性与社会性？三十五中秉承开放教育理念，整合社会各界资源，探索实施多元办学——2008 年开展六年一贯制课程改革项目，整合融通初高中六年课程，并开发特色课程，培养具有伟大的责任心和伟大的创造力的拔尖创新型人才。

为探索创新人才培养模式，2010 年 5 月 12 日，三十五中和中国科学院京区科学技术协会（简称“中科院京区科协”）签订协议，联合创办“科技创新人才早期培养班”。由此，教育界与科技界联手，基于学生发展需求设计科技特色课程，突破传统课堂边界，引领学生在学习与实践中拓展科学视野、提升科学素养、锻炼创新能力。2011 年 9 月 7 日，时任国务委员刘延东给我校回信，肯定了三十五中在更新教育理念、创新培养模式、深化教学改革等方面的积极探索和实践。

全球化时代迫切需要国际化人才，教育国际化成为一种必然需求。2012 年三十五中成立国际部，计划用 10 年左右时间开发一套符合中国国情和时代特征、拥有中国独立知识产权、获得国际社会认可的中西合璧的国际高中课程。国际部成立后在课程架构、教学方式、评价方式等方面先行试点，努力探索兼容中西教育优势的国际化人才培养模式。

为适应国家和首都经济社会发展、产业转型升级需要，探索培养高端技术技能人才的新路径，2015 年，三十五中参与跟北京电子科技职业学院合作办学的“2（高中）3（高职）2（本科）”贯通培养项目。我们将三十五中高中多年积累的课改经验和育人模式引入项目，为学生打下扎实的学科基础，积淀厚实的文化底蕴。

多样办学方式既是适应社会发展需求的选择，也为学生提供了多样的成长路径。这成为三十五中独一无二的办学风景。

3. 抓住校舍搬迁机遇，追求课程环境融合

2015 年 3 月，三十五中正式由西城区小口袋胡同 19 号搬迁至西城区赵登禹路 8 号。新校区整体建筑凸显青砖、灰瓦、红柱的中国风，是一所典型的具有中国特色、中国风格、中国气派的现代化学校——这也是我们从一开始就确立的建设目标。

新校园在设计布局上连接着学校的过去和未来——

顶部镂空雕刻着校训“诚、真、勇、毅、勤、美、严、实”的正门，题写着“把三十五中办成有中国特色、中国风格、中国气派的现代学校”的三江石，以及从老校区复建过来、内设校史馆的志成楼，形成了“志成轴”，续写着三十五中的文化血脉。

科学、人文与艺术三大教育平台，支撑着三十五中的未来：学校与中科院、北京航空航天大学等合作建设十大高端科学探究实验室，并开发出配套课程；建有北京金帆音乐厅，这是全国唯一一座建在中学、拥有管风琴的音乐厅；保留八道湾胡同 11 号鲁迅兄弟旧居，并成立鲁迅书院，作为人文社科教育基地。

课程是学校的核心竞争力。依托十大高端科学探究实验室开发的科技与创新类课程，依托北京金帆音乐厅开发的艺术与审美类课程，依托鲁迅书院开发的人文与社会类课程，依托体育馆开发的体育与健康类课程，依托生涯教育与素质拓展中心开展的生涯教育与素质拓展类课程，依托志成书画院和国学馆开发的国学类课程……环境与课程融合，为学生成长提供肥沃的土壤。

4. 推行“五制”改革，探索个性化育人模式

为实现育人目标，学校引导学生立志，帮助学生成人，以丰富的教育资源供给，给予学生选择权，保障学生主体性，促进其自主发展。随着课程改革的深入，2013 年开始在高中启动“五制”教育教学管理模式改革，包括走班制、学部制、学分制、导师制、学长制，努力让每个学生都能得到最适合的教育和个性化的发展。

其中，走班制是指学生基于不同的兴趣、程度和目标自主选择课程，组成教学班，到不同教室上课。学部制是指设立高一、高二、高三和六年一贯制课改项目学部，实行学部主任负责制。学分制是指以学分记录学生成长的轨迹，以学分导引学生发展的方向。导师制是指每位教师担任 7—10 名学生的导师，扮演学业指导师、心理疏导师、生涯规划师。学长制是指由高年级优秀学生担任学长，以自身经验帮助学弟学妹适应高中生活、指引发展道路，同时促进学生的社会化。

通过“五制”，每个学生都可以根据兴趣特长和学习程度自主选择多元的课程，形成个性化课表并走班上课，从而锻炼自主规划、自主学习、自我管理的能力。同时，可以在导师的引领下找到发展方向，在学长的帮助下适应高中生活。由此，学会选择和负责，实现自主发展、个性发展。

三、炼志成精神　明志成之路

“立在过去的世界上，寻出来的新世界，是真的，实的，脚踏实地可以达到的。”李大钊先生把历史比作“时”在人生世界上建筑起来的一座高楼，登之愈高，无限的未来世界，才能看得愈加清楚。（周文玖，1998）三十五中的百年历程，我们要站到怎样的高度去审视，又能看清楚什么？

当代著名作家、北京大学中文系教授曹文轩先生曾说，未经凝视的世界，是毫无意义的。所以，在纵向的梳理办学历史后，我们在回望中聚焦志成的那颗心、那些人、那种情。这样的凝视之下，三十五中到底是怎样的一所学校？将近百年的历程能给教育者、办学者带来哪些启示？

（一）志成心

时间是衰减影响的元素，但也是沉淀文化的过程。历史对人的影响往往是潜在的，是文化性、精神性的，从志成中学校到三十五中跨越的近百年，塑造着我们不变的志成初心和不断丰富、强化的志成精神。

“改变民族落后，发展教育事业，培养栋梁之材，有志者事竟成”的办学宗旨是志成精神的源头，包含了办学志向、教育使命、培养目标和学校精神：“改变民族落后”的精神源头可以追溯于中国优秀读书人“修身齐家治国平天下”的家国情怀与文化血脉；“发展教育事业”把个人素质与民族竞争力联系起来，强调了教育担当天下的使命；“培养栋梁之材”是志成奠基者们为达成教育理想所确定的育人目标；“有志者事竟成”既是勉励志成人“发展教育事业”“改变民族落后”“有志竟成”，也是鞭策志成学子立志成“栋梁”“有志竟成”。

《志成中学校歌》中唱道：“心理建设，能知能行，有志事竟成。志成中学，乐育群英，致世界光明。愿我青年，努力奋斗，作民族干城。做建设者，做科学家，有志竟成。大道之行，天下为公，世界趋大同。民族落后，理想成空，何能成霸雄。愿我同学，志为贤能，民族日益隆。并肩列强，有志竟成，世界大同。并肩列强，我武维扬，民族其永昌。锻我体格，志壮气刚，组织坚如钢。志成同学，国耻勿忘，开疆追汉唐。国威既张，扶弱抑强，民族永昌。”境界之高、格局之大、志向之远，可见一斑。

“为中华民族之崛起而教书育人”，志成办学者的家国情怀对志成学子感染至深，再历经抗日战争、抗美援朝的两次烽火淬炼，家国情怀深深地烙印在志成人心中。

（二）志成人

什么样的学校对学生施加什么样的影响。真正认识一所学校，就要看它培养出了什么人，这些人有什么样的特性。

志成学子英才辈出：科技领域有中国著名耳鼻咽喉科专家和创始人之一、中国工程院院士姜泗长，“两弹元勋”、中国科学院院士邓稼先，中国水文地质、工程地质的创始人之一、中国科学院院士贾福海，中国科学院院士、微生物学家李季伦，我国作物种质资源学科奠基人之一、中国科学院院士董玉琛，高能物理加速器专家邓昌黎等；政治领域有中共中央政治局原常委、中共中央组织部原部长宋平，全国人大常委会原副委员长、全国政协原副主席王光英，全国人大常委会原副委员长、中共中央政治局原委员、中共北京市委原书记李锡铭，中国第一位原子物理女硕士、刘少奇主席夫人王光美，现任国家副主席王岐山，江苏省原省长李学勇，第十三届全国政协常务委员、社会和法制委员会副主任尹蔚民等；军事领域有抗日空战英雄王光复，航空英雄、开国大典受阅飞行队队员阎磊，海军少将、海军某基地原副司令员过传义，广州军区副参谋长、少将孔见等；文化教育领域有中国文物博物馆事业的主要开拓者和奠基人之一、新中国成立后首任国家文物局局长王冶秋，故宫博物院院长单霁翔，国家教育咨询委员会委员、国家总督学顾问陶西平，中国科学院研究生院生物系教授、博导田维熙等；艺术领域有国画大师娄师白，著名表演艺术家、相声大师马季，著名导演王潮歌、青年钢琴家田佳鑫等；商业领域有中信公司原董事长王军，印尼金光集团董事长兼总裁黄志源，北京华远地产股份有限公司原董事长任志强，天脉聚源（北京）传媒科技有限公司董事长伍昕等；体育领域有 2004 年雅典奥运会摔跤冠军王旭，2008 年北京奥运会女子柔道 57 公斤级铜牌得主许岩等。

两弹元勋、著名核物理学家、中国核武器研制工作的开拓者和奠基者邓稼先，1935 年考入志成中学校，1948 年留学美国普渡大学，仅一年多就修满学分并通过博士论文答辩，26 岁获得博士学位。他心系祖国，不顾美国政府的盛情挽留，毕业当年毅然回国，参与中国第一颗原子弹、第一颗氢弹的研制和试验工作，为中国核武器理论的创立、核武器工业的发展做出了不可磨灭的贡献。他身先士卒，在一次航投试验时原子弹坠地摔裂，最明白放射性危害的他，却抢上去把摔破的原子弹碎片拿到手里仔细检验；他自己去装雷管，并首次以院长的权威向周围的人下命令：“你们还年轻，你们不能去！”他泰然赴死，医生强迫他住院并通知他已因接触放射性物质而患癌，躺倒在病床上，面对自己妻子以及国防部长张爱萍的安慰，他平静地说：“我知道这一天会来的，但没想到它来得这样快。”

物理学家、高能物理加速器专家邓昌黎，1939—1942 年就读于志成中学校，是首位获得美国物理学会最高荣誉——“罗伯特·威尔逊奖”的华人物理学家。他不忘祖国，长期关心和支持国内加速器事业的发展，为北京正负电子对撞机的设计研制做出了巨大贡献，两次受到邓小平同志的接见。

中国第一位原子物理女硕士、刘少奇主席夫人王光美，1936—1939 年就读于志成中学校，是当时北平市中学生数理化会考前三甲的唯一一位女生，是闻名北平“数学三王”中的“女王”。她立志救国，在美国两所著名大学分别通知她尽快办理留学读博手续之际，25 岁的她选择了延安。她忠贞不渝，在 8 亿多人高喊“打倒刘少奇”时，她坚如磐石地站在丈夫身边，批斗会上看到刘少奇被打倒在地，她不顾一切地爬过去，紧紧地拉住丈夫的手。

国家副主席王岐山 1961—1967 年就读于三十五中，在校期间学习成绩优秀，并热心担任低年级辅导员。他临危受命，防范化解广东金融风险、抗击北京“非典”、应对国际金融危机和欧债危机，哪里有需要他就出现在哪里，被誉为“救火队长”。他不畏强权，主政中纪委后，整肃党纪国法，把许多曾经不可一世的“大老虎”关入笼中，改善了党风政风，重塑了社会生态，是人民心中的“打虎英雄”。

邓稼先、邓昌黎、王光美、王岐山是志成学子的优秀代表，他们身上集中体现着“诚、真、勇、毅”的共性：对祖国忠诚、对事业热诚、对他人真诚，研究学问、做事做人务实求真，面对困难勇于承担，追求理想百折不挠。他们，既是志成精神的传承者，也是志成精神的丰富者。

（三）志成情

教育是心灵温暖心灵、精神砥砺精神的事业，志成教育的力量当然也源于此。

前文提及的邓昌黎和王光美，都是兄弟（妹）数人接连在志成读书，并且成长为杰出人才，留下“三王四邓”的佳话。其中，“三王”是王光复（抗日空战英雄、抗战时期中国空军王牌飞行员）、王光英（曾任全国人大常委会副委员长、全国政协副主席）、王光美（中国第一位原子物理女硕士、刘少奇主席夫人）三兄妹，“四邓”是建校董事邓萃英的四个儿子邓建中、邓昌明、邓昌国（著名音乐家）、邓昌黎（物理学家，高等物理加速器专家）。

他们都对母校充满感恩和关切。王光美高龄参加学校 85 周年校庆；王光英为学校捐建了世纪碑；邓昌国公开说“在志成中学我度过了最值得回忆的一段岁月”；邓昌黎 2012 年 7 月回访三十五中学，欣然题写“志成中学”四个大字，还为学弟学妹讲述校史。

曾任中共中央政治局常委、中共中央组织部部长的宋平同志 1931—1934 年就读于志成中学校高中，他在三十五中建校 90 周年之际深情寄语道贺，他关心母校建设，不顾年迈为母校青年教师和学生讲党课。2014 年 4 月 20 日，1967 届高二（4）班校友、时任中共中央政治局常委、中央纪委书记的王岐山同志，在三十五中即将搬迁之际，于百忙之中特地回到母校，看望学校领导、老师和校友，与大家亲切交谈，合影留念，表达了对母校、对老师、对校友深深的感激和怀念之情。王岐山对母校怀有深厚感情，此前还参加了 80 周年校庆和离退休老教师春节团拜会等。

1964—1967 年就读于三十五中的任志强同志，在他的自传《野心优雅》中深深怀念昔日的校园生活，“再接下来就是王岐山了，当时他上高二，他是陪伴我们时间最长的辅导员”，“初中的辅导员对我们来说就像大哥哥，他们并不是什么精神上的导师，但却可以用比初中生更多的阅历帮助我们独立思考。满 15 岁之后我要退出少先队了，岐山找我谈话，让我写申请，申请加入共青团”。任志强不忘母校培养，年年捐资支持学校办学。

这就是志成教育的一大特色，它莫大的影响力中还富含着情感黏度。

（四）志成精神

一个组织、一所学校崇高的精神内核成型了，它就拥有了优质的基因。这一基因在稳定的发展时期通过“遗传”促使着学校组织不断地突破自我、超越自我。回顾学校 95 年办学历程，我们可以在办学实践过程中和培养的毕业生身上看到那些“基因”，这就是我们的志成精神——“责任担当，开放包容，敢为人先，有志竟成”。

“改变民族落后，发展教育事业，培养栋梁之材，有志者事竟成”，志成中学校创办之初确立的办学宗旨，鲜明地体现了志成创办者的责任担当。志成人一直没有忘记这样的初心，在不同的历史时期都以学生成长和祖国需要为使命。时至今日，我常常在教师会上对大家说："作为教育工作者，责任重大，一手托起千家万户的希望，一手托起祖国民族的未来。"正是基于对学校教育使命的承担，三十五中近年来顶着各种压力、突破种种困境，寻找学校发展的新道路。

作为北京市最早的平民学校，志成中学校的建立深受美国杜威民主主义教育思想的影响，这是中国教育以更为开放的姿态面对世界多元文化之举。全球化和信息化时代，三十五中以开放包容的心态，创办国际部，探索国际教育的中国道路；主动打开学校的"门"，推倒学校的"墙"，吸引更多资源参与学校治理和课程建设，为学生成长提供更为真实和具有生态性的环境。

根植内心的责任担当和包容开放，令我们能够不断根据社会发展，与时俱进守正出新。20 世纪 70 年代用"目标教学""情感教育""学科能力培养""课堂教学素质化改革"等课题带动改革，从点到面进一步寻求提升；80 年代"加强课堂教学过程控制——课堂教学设计"改革成效显著，引来众多"取经者"；90 年代素质教育开始成为教育教学改革的主题；而今致力于培养拔尖创新人才、创建现代学校……志成人一直敢为人先、勇于改革，以提供更好的教育服务为追求。

"有志者事竟成"是校名的出处，也是我们建校 95 年的信仰。志成初创就是一段可歌可泣的有志者事竟成的范本，9 位高校毕业生面临资金、校舍等诸多难题，屡次被迫迁址仍然不改初衷；新时期三十五中为了营造学生全面而个性化发展的环境，在资源匮乏的条件下，整合资源借船出海，打造科技、人文、艺术、生涯教育以及体育等校本课程。

正是因为对志成精神的继承与弘扬，三十五中近些年取得了显著的发展成效。自 2010 年后，三十五中成为国家级教改项目"拔尖创新人才培养模式探索"试点校、中国科学技术协会"中学生科技创新后备人才培养计划"第一批实验校，也是北京市学生金鹏科技团成员、北京市青少年科技创新学院"翱翔计划"基地校、北京市青少年科技俱乐部成员校、北京市青少年科技后备人才早期培养计划基地校、北京市中学生"英才计划"成员校，2012 年入选北京自主排课与会考实验校，2016 年入选北京市基础教育综合改革第二批试点学校。在高中生源并不拔尖的情况下，2017 年高考有 6 个学生达到北大、清华录取线，这项突破得益于学校顶住压力创新育人模式。

（五）志成之路

在对历史的凝视中，我们读懂了三十五中这所学校——

这是一所怀有崇高理想、坚守责任担当的学校。95 年前，9 位北高师毕业生在李大钊、邓萃英等教育贤达的支持下，为探索中国社会改革和进步的出路而创办志成中学校。从“改变民族落后，发展教育事业，培育栋梁之材，有志者事竟成”的办学宗旨，到今天“教师一肩挑着中华民族的复兴，另外一肩挑着千家万户的幸福、挑着每个孩子的前程”的“双肩理论”，振兴民族、培育人才是我们坚守 95 年的教育理想和责任担当。

这是一所注重以生为本、坚持全面育人的学校。无论是“养成健全国民”“培养栋梁之材”还是“为每个学生全面而有个性的发展奠基”“培养‘五有人才’”，都是以人为中心、以人的发展完善为根本要务的；学校自创办之初就注重全面育人并且形成了传统，在不同的历史时期，都着眼于丰富课程设置和校园活动，鼓励自主管理和参与社会，培养学生全面发展和人格健全。

这是一所勇于改革探索、不断追求卓越的学校。从“培养健康国民”的努力，到抗战时期的迁徙，到素质教育的探索，以及现代学校的创建……在不同时期面临时代发展和教育改革的命题，我们都是勇于改革、主动作为、守正创新、追求卓越，不断发扬优良传统而进步着、进化着。

这是一所办学特色突出、发展成效卓越的学校。因为勇于改革探索、不断追求卓越，学校在不同历史时期都有独树一帜的办学特色，成为同类学校中的佼佼者。今天，三十五中在多样化办学方面进行了开创性的探索与实践，为学生提供了多元化、个性化的成长路径，这正是现代教育的应有之义。

回望志成之路，启示着今天的我们要坚守初心，把握教育的方向感，肩负教育的责任感，增强教育的力量感。在我们已经走了很远很远之后，我们要记得为什么而出发，这就要时时叩问自己的初心，就要更加注重探寻规律、遵循规律，就要不断改革创新、开拓进取，就要静得下心、沉得住气、耐得住寂寞——坚守初心，有志竟成。

[第二章]

创办现代学校
培育栋梁之材

在对历史的回望中，我们坚定了办学初心。但是，身处一个发展、变化加速的世界，无论是社会，还是学生个体，其状态和需求都在不断发生着变化，各种矛盾也因此层出不穷。学校教育的适应性和引领性正遭遇前所未有的挑战。

面对复杂多变的环境，我们选择回到原点看教育，跳出教育看教育，认清社会对教育的挑战和需求，认清学生的个性特点与成长需求，从而明晰学校的办学价值体系，坚定学校改革发展的方向。如今，三十五中正在进行转型性变革，行进在创建中国风格、中国特色、中国气派的现代学校的路上。

一、跳出教育看教育，审视当下锚定价值

三十五中对教育有自己的思维方式和观察角度——回到原点看教育，跳出教育看教育。教育的原点就是教育的初心，我们的理解是要厘清为谁培养人、培养什么人和怎样培养人的问题。“不识庐山真面目，只缘身在此山中”，跳出教育看教育意味着摆脱内外和时空的局限，在更大的视野内审视和思考，从而明晰学校教育的价值和方向。

（一）再读“三个面向”，认清发展大势

不谋万世者，不足谋一时；不谋全局者，不足谋一域。为了清晰、清醒地看清学校教育所处的现实，我们需要重新回味“三个面向”。

“三个面向”问世于 1983 年 9 月，是邓小平同志给北京景山学校的题词。1985 年 5 月 27 日，《中共中央关于教育体制改革的决定》明确提出教育要“面向现代化、面向世界、面向未来”，明确了“三个面向”是根据中国社会主义现代化建设新时期的总线路、总任务，对教育战线提出的战略方针和教育发展方向。

回望历史，我们今日正是小平同志眼中所瞄准的未来，这一“未来”到 2017 年的跨度为 34 年，刚好平均分布在新世纪前后各 17 年——今天重温“三个面向”已经具有一定的历史纵深度。多年作为世界经济发展的重要引擎，中国已然站在世界舞台的中央，在国际事务中积极担当大国责任，“一带一路”更是拓展着世界发展新的增长极，曾经的“面向”早已

演进为“环顾”——今天重温“三个面向”已经具有足够的发展位移。蛟龙潜海、航母游弋、“墨子”升空、北斗结网……中国已经锻造出“杠杠的”完整的工业体系，“四个现代化”业已转型升级为“新四化（工业化、信息化、城镇化、农业现代化）”——今天重温“三个面向”已经具有惊人的进步增量。“三个面向”以历史、现实、未来为轴，给我们构建了一个研究教育的立体时空坐标系，便于我们做出准确的发展性定位。

1. 教育的民族性

“三个面向”首先面向的是现代化。为“早出人才、早出成果”，邓小平提出恢复高考，强调“四个现代化，关键是科学技术现代化”“科学技术人才的培养，基础在教育”，提出了“科学技术是第一生产力”的著名论断。他设计改革开放的基本思路之一就是提高劳动者素质，为改革开放提供人力资源保证。

而在改革开放之初，先进的科学技术大多掌握在外国人手里，要想掌握科学技术就必须面向世界。提到改革开放，人们联想到的是高速发展，好像开放了就遍地金银、俯身即拾。其实对外开放就是参与全球竞争，而竞争往往是残酷的。我曾在开学讲话中勉励学生说：“我是历史老师出身，从历史中我清晰地看到，‘民族落后’的背景里，满注的都是血水、汗水和泪水。一百多年来，在蒸汽机的轰鸣声中，农耕文明一次次惨遭工业文明的血腥碾压，历经几代人的奋斗、奋战，我们终于用无以计数的血肉赢得了民族独立，但差距仍在。我们曾以八亿件衬衫换一架空客，何其辛酸？我们曾守候 20 年等国际药品专利到期，何其苦闷？我们曾奔波辗转突破西方的禁售，何其屈辱？……不能作为标准的创立者、规则的制定者，必将受制于人。也是在这个假期里，静静坐着的叙利亚小男孩，没哭没闹却刺痛了全世界——那是落后所承受的苦果——要么被空袭扔炸弹，要么被‘文明’的规则所盘剥，虽然表现形式不同，但揭示着同样的道理——落后就要挨打。”

在一个以国家民族为组织单位竞争的世界里，任何个体都是极其渺小的，历史早就告诉我们，当祖国衰落时，再强大的侨居者也不过是棵强壮的浮萍而已。开放直面竞争，竞争直面技术封锁，一个民族要想在全球角逐中持续保持优势，教育必须对人才成长提供强有力的支撑。当前正在进行的产业转型升级需要高新技术的创新引领，这创新来自自力更生，源于教育的自强不息，创新型人才培养早已上升为国家需求——教育是保有民族竞争力的源泉与根基，我们要保持清醒的认识，始终明确“为谁培养人”，学校教育必须立足其民族性，这不容置疑，更不容动摇。

2. 教育的前瞻性

发展变化特别快，是当今时代的一个显著特点。

英特尔创始人之一戈登·摩尔（Gordon Moore）提出摩尔定律：当价格不变时，集成电路上可容纳的晶体管数目，约每隔 18 个月便会增加一倍，性能也将提升一倍。摩尔定律阐释了科学技术以加速度的方式向前发展，很好地解读了社会现象。譬如科学技术转化为现实生产力的周期变得越来越短——蒸汽机从研制到定型投产用了近 90 年；内燃机从研究到工业化用了 38 年；发现铀的裂变到制造出原子弹用了 7 年；从科技成果到生活应用，移动电话用了 4 年；激光从发现到应用间隔不足 2 年……

技术的急速进步与信息技术的“乘法效应”叠加，现代社会发展实际上拥有了双重加速的“发动机”，未来以加速度的方式扑面而来。蒸汽机和铁路时代，电力、钢铁和重型机械制造时代，汽车和大规模生产时代，信息技术时代，一个接一个、一步紧一步地撵来。

我们充分感受到，整个地球上的一切人与物正在越来越快地走向紧密，互联网+、万物互联都在描述着“全球通”的景象，我们正在形成一个巨大的有机整体。2016 年年底，国际电信联盟发布信息称 5G 标准正在研发，将于 2019 年投入使用；中国官方确认 5G 在中国商用是在 2020 年。由此，万物互联的流量瓶颈、接入设备容量瓶颈在技术层面打破，可能渐渐要变成现实——地球这个巨大的有机体的反应度将如同一个人一般灵敏，偌大地球上的关联可以实现“牵一发而动全身”。

世上唯一不变的是永远在变，教育是为未来社会培养人才的，因此教育要有前瞻性、预见性。我们反复强调，要想做出较为准确的认识与判断，从空间上就要跳出教育看教育，从时间上就要向前眺望 30 年。

3. 教育的人本性

直到 20 世纪末，中国一直致力于科学技术的引进、消化、吸收，“中国制造”渐渐响彻世界。对技术人才的渴求，一定程度上牵引着教育飞速发展。但培养政治人、经济人的教育受到质疑、诟病。长期以来，我们把教育理解为社会借此可以保存、延续、进步，个体借此得以获得某种素质而在未来过上“幸福”“完满”的生活的工具。

但是，教育的本质是促进人的发展。进入21世纪，“以人为本”的教育得以提出，然而直到当下，“以人为本”并没能赢得“人民满意”，上升为国家需求的创新型人才培养也没有找到有效途径。

纵观之下，教育改革屡遭瓶颈，其根本原因在于不能最大限度地提供“完整的人的教育”。当今世界所认同并执行的教育是把教育者和学习者从生活中单独拎出来搁置在学校中，专门从事以知识为载体的发展人的活动，不管他们具体状况如何，都必须按照规定进行有组织、有计划的活动。按照当前的设计，无论如何修饰、调整，它永远都是在强调人作为教育者、学习者的属性，这片面强调、局部放大是对人的割裂。一个本来完整的人，要被学段、学制、学校等外界因素人为分割，其作为子女、朋友、对手等生活角色在课堂上、教室中、校园里往往被屏蔽。不管有没有兴趣、能不能提起精神，都得按照进度或学习、或作业、或考试；也不能自由地选择老师，而老师不管在不在状态，都得在规定的时间、地点面对学生。这样的教育设计已经预设它会不被人接受，因而制定了各种管制的规矩。

工业社会只能实现大规模生产，不能实现大规模定制，工业化社会承担不了个性化定制教育服务。如果我们在未来高度集约化的“云时代”里设计教育——不只是课堂翻转、围墙坍塌，而是学校的概念彻底被模糊，学校只作为教育业态的极小组成部分；不只是以学生为中心，而是师生的概念彻底被模糊，师生只作为文明交互的瞬时存在；不只是实现教育服务至上，而是消费和服务的界限彻底被模糊，教育的接受者与建设者融为一体。整个社会整合资源构建了一个多层级的大课堂，为学习者提供个性化的定制学习服务，学习者被无限接近地还原成了一个“完整的人”。

“取乎其上，得乎其中”，这对接“完整人的教育”的“未来学校”是我们的理解和理想，作为提供公共服务的公办学校，我们在实际办学中“脚踏实地，仰望星空”——学生的学习资源、学习触角已经渐渐从一摞教科书、一堵围墙圈定的学校延展到整个世界、整个人生，我们就竭尽所能地把更多时间、空间、角色还给学生，把学校还给学生，把生活还给学生，把世界还给学生，把人生还给学生。

“改变民族落后”是三十五中不变的初心，民族的状况要置于世界体系中来了解，而世界快速地发展前行，我们必须对未来做出研判，人又是环境的产物，这些因素决定了三十五中的办学必须坚守民族性、前瞻性、人本性的价值基点。

（二）重新“系统度量”，把握变化要点

作为三十五中的管理者，教育的民族性、前瞻性、人本性是我们锚定的价值基点，是我们去努力定义、构建心目中理想教育的“尺度”，心有定性才能眼有定见，才能正确看待并把握教育呈现出的新特点。

1. 调整教育的“定式”

“跳出教育看教育”首先就是要看社会变化。法国社会学家涂尔干（Émile Durkheim）在《教育思想的演进》一书中指出，“教育的转型始终是社会转型的结果与征候，要从社会转型的角度入手来说明教育的转型”（涂尔干，2003）。社会转型既是学校变革发生的背景，也是学校变革的直接动力。

改革开放40年来，中国从全球化积极的参与者成长为有力的引领者，引发了社会方方面面的深刻变化。“人是环境的产物”，社会变化大必然导致人的变化大。以儿童游戏为例，早前几乎都是原生态的，踢毽子、跳绳、跳房子、斗鸡、滚铁环等；忽然画风一变，电动玩具、电子游戏机成了潮流；如今是智能玩具、网络游戏的天下，家长、学校与孩子开始了关于手机的战争……滚铁环的孩子与玩无人机的孩子能一样教吗？而一个广泛存在的现实却是长大了的滚铁环的孩子在教玩无人机的孩子。

中国社会发展变化之快、之大，给教育变革提供了巨大的推动力。“现在的孩子怎么了”，“太不好教了”，“怎么跟我们完全不一样”，等等，一切强有力的变化促使教育工作者反思、调整那些早已经习惯的教育方式和方法上的“定式”。

时代的洪流依然滚滚向前，目前的基本判断是世界从工业时代向信息时代切换，这一背景具体到中国学校教育的语境里，呈现出的基本特征是变革和转型。具体产生的影响叶澜（2007）教授与其团队给出了比对。

表 2-1　工业时代教育与信息时代教育的对比

工业时代	信息时代
教师即领导者	教师即促进者、向导、顾问
教师即知识源	教师即合作学习者

续表

工业时代	信息时代
课程为本的学习	学生主动发展为本的学习
时间分割的、严格课表化的学习	开放的、灵活的、即时的学习
主要是事实为本的	主要是项目和问题为本的
理论的、抽象的原理与调查	真实世界、具体的行动与反思
操练与练习	探究与设计
规则与程序	发现与创造
竞争	合作
课堂为中心	学习化社区为中心
规定的结果	无确定答案的结果
遵循规范	创造性、多样化
计算机是学习的科目	计算机是所有学习的工具
静态的媒体描述	动态的多媒体交互
限于课堂的交流	世界范围的无边界的交流
考试：通过规范来评估	表现：由专家、教师、同伴和自我评估

2. 回归生活的“完满”

“教育即生活”也罢，“生活即教育”也好，不管我们处于什么样的时代，教育和生活的联系是不可分割的。如今教育暴露出的一些不适应性，一个重要的原因在于与社会脱节、与生活疏离，学校的围墙与诸多管理制度，似乎专为隔离学生与社会、生活的联系而设。

学校教育的目的、内容、方法，甚至评价方式，都与生活疏离。在以技术为教育目的的影响下，学校教育过于重视学生对知识的掌握，而忽视与人的精神生活紧密联系的情感、价值、美德等方面的发展。整体、有机的生活经验被分割，多样复杂的生活知识被浓缩为孤立、平面、死板的课本内容，科学知识凌驾于人文知识之上。整个教学过程往往都由教师自己的语言、自己的思维、自己的行为所控制，很多学生不知道所学书本知识除了能获取分数还有什么实际用途和意义。学校教育评价与生活疏离，以书本知识为评价内容，以考试分数为评价标准，这种片面、单一的评价方式，忽视学生的精神成长。（李玉芳，2010）

教育的价值回归可以从生活回归中获取，回归生活是教育的应然和必然选择。学校教育体制先天带有整齐划一和自我封闭性，难于超脱以培养应试能力为主的教育目标、多而杂的教育内容以及形式化的教育方法，“惯性”之下脱离社会实际和学生生活实际，导致学生群体在教育活动中应该表现出来的高度自主性、主动性和创造性受到压抑。学生被封闭在学校里，甚至被封闭在小小的教室里，虽然外面的世界很精彩、很奇妙，但他们的主要精力被束缚在跟考试科目高度关联的几门课程上，外面的世界近在咫尺却遥不可及，其造成的无形伤害在中国大学生、毕业生身上广泛、顽固地存在。为破除学校教育这“先天不足”，三十五中一直致力于为学生经营完整而精彩的校园生活。

3. 明确学校的“进退”

高中教育一直交织着认知争议和实践误区，最被人诟病的是考试中心和分数导向的教育价值取向。当前高中教育存在着一味围绕高考“画圆”的倾向，把人的成长窄化到了片面追逐分数之中，把学校的发展局限在了大学预科教育之列。这样的高中教育是补短教育而非扬长教育，不利于学生个性发展和创新人才成长，也不能满足经济社会发展的需求。

从整个学制来看，普通高中下接义务教育，上联高等教育，是独立存在的中间纽带。《普通高中课程方案（2017 年版）》指出，普通高中教育的任务是促进学生全面而有个性的发展，为学生适应社会生活、高等教育和职业教育做准备，为学生的终身发展奠定基础。高中阶段教育是学生个性形成、自主发展的关键时期。在这个时期，学生的不同个性和才能突出显现和发展，要思考和选择今后的发展道路。所以，我们认为高中教育的重要使命在于唤醒学生的生命感、价值感、创造力，引导他们学会自我发现、自我规划、自主选择、主动发展，保障每一个学生能够达到他所能达到的发展高度。

对高中教育使命的重新认识让我们重新审视自己的办学——

北京市西城区是全国著名的教育强区，区内名校如林，三十五中在区域内并未跻身最顶尖的那批学校之列。从高中生源的入口来看，学校招收的学生基本在西城区排名 1800 位以后（2017 年西城区中考总报名人数为 7184 人）。这些学生并非传统意义上的尖子生，但是在学业发展上也有相当的潜力。同时，部分学生已经找到了自己的兴趣和特长，他们对自身的发展抱有较高期望。

作为首都核心功能区之一，西城区家长的素质相对较高，他们对教育的要求更高。他们不仅希望学校能够提升孩子的分数，而且希望学校能提升孩子的素质和能力，希望孩子在高中能够获得个性的发展和潜能的发挥。具体到三十五中的家长而言，很大一部分家长存在矛盾心理：他们认为自己的孩子并不能算学有余力，需要全力以赴在高考中提升自己的分数和位次，需要整个高中阶段坚持不懈地往上提分再提分；与此同时，他们内心又意识到仅仅追求高分数是不够的。

而区域内学校的竞争格局基本上是固定的，因为长期以来社会乃至教育界内部都是用升学成绩来给学校排名，这个排名其实与入学成绩排名基本相符，例如三十五中的定位长期以来是“保八争七”。

分析学校发展的内外形势，三十五中人进行了集体反思：跟别的学校拼分，斤斤计较于录取分和升学分高一分或低一分，难道这就是我们学校存在的主要价值吗？进一名，或者退一名，真的有那么重要吗？我们能否寻求对学生、对学校更有价值的发展道路呢？

“明得失”而“知进退”，我们重新定位学校的“进”与“退”：在对考试分数的追求上“退”一步，在对学校排名的计较上“退”一步；在对学生个体的培养上“进”一步，在对社会需求的响应上“进”一步。在办学实践中，我们立足自身优良传统和首都区位优势，推行“开放教育”，整合各界资源，基于学生和社会未来发展，创设兼具多元性、选择性、针对性的课程，满足学生多样化、多层次的成长需求，致力于其人格的丰富和丰满，促进他们自主、个性发展，引导他们在未来对社会有所创造与奉献。

二、立足“中国”求索“现代”，居高自远锁定目标

走进三十五中高中部的校门，迎面的三江石上题写着“把三十五中办成有中国特色、中国风格、中国气派的现代学校”。这句话来源于 2009 年教师节前夕温家宝总理到三十五中调研时对中国教育提出的希望，后来成为三十五中的办学方向和三十五中人的共同愿景。

这一办学目标高扬理想、凝聚人心，我们坚守初心、瞄准未来——在历史传承与创新中优选昨我，凝练中国特色；在变革创新与行动中完善今我，塑造中国风格；在责任坚守与担当中求索明我，蓄积中国气派；在发

展变更与守持中进化自我，引领现代学校。

（一）明确学校使命，提出办学目标

学校办学目标提出的直接契机是温家宝总理到三十五中调研时对中国教育提出的希望，确立的根本原因却在于“中国特色、中国风格、中国气派的现代学校”契合了我们对办学传统的传承和对教育价值的选择，承载着我们对教育理念的执着和对教育理想的追求。

1. 现实需求：直面“总理之问”，担当时代责任

2009 年 9 月 4 日，时任国务院总理温家宝一行到三十五中调研。教师座谈会上，温总理在讲话中数次借“钱学森之问”提出“为什么现在我们的学校总是培养不出杰出人才?”，还提出“我们一直在强调素质教育，为什么成效还不够明显?”，同时明确指出“我们的教育还不适应经济社会发展的要求，不适应国家对人才培养的要求”。

总理提出的这两个问题和两个“不适应”，切中当前中国教育之痛，是当代教育工作者无法回避的命题。作为总理调研的亲历者，这深深地触动了我们，激发了我们的责任感、使命感——作为首都教育强区一所历史积淀丰厚的老校，求解“总理之问”，破解两个“不适应”的难题，我们义不容辞、责无旁贷。正是在这个直接刺激下，我们下定决心进一步明确学校的发展方向，跳出“分分计较”的怪圈，重新规划了“进退”。

在调研中，温总理指明了教育改革的方向——“要培养全面发展的优秀人才，必须树立先进的教育理念，敢于冲破传统观念的束缚，在办学体制、教学内容、教育方法、评价方式等方面进行大胆的探索和改革”。他希望教育工作者要“办出具有中国特色、中国风格、中国气派的现代化教育”。

的确，要破解当前中国教育发展的诸多难题，学校教育需要系统的变革与创新。为了铭记总理这次调研带给学校的启示，基于学校的办学传承，我们从总理对中国教育的希望中提炼了我校的办学目标——把三十五中办成有中国特色、中国风格、中国气派的现代学校。

2. 历史渊源：坚守志成初心，强化学校精神

志成中学校诞生的 20 世纪 20 年代，也正是中国现代教育观念和教育

制度初步形成的时代。志成中学校正是当时现代教育的实践性产物，我们认为在其所处的时代背景中，它是一所不折不扣的现代学校。

当时，以探索中国社会改革和进步的出路为目的，面对大量涌入的西方现代教育思想，中国的教育实践者积极加以选择和汲取，开始了各种各样的教育试验，其中就包括平民教育思潮。志成中学校的创办者——9位北高师的毕业生，身受这种思潮的影响，在创办之初提出“根据教育机会均等精神，贫者免费，富者纳费，企图消灭现代教育为资产阶级独占之社会病态”，向贫苦大众打开了校门，对贫者少收费或免收费。追求民主化，给每个人以同样的接受教育的机会，这是现代教育的一大特征。

创办者皆为北高师的毕业生，15位校董皆为教育贤达，聘请的教师多数为北高师毕业生甚至北高师教师，强大的管理团队和师资队伍令志成中学校站在较高的起点上。学校的管理制度完善，教育理念、课程设置等在今天仍有许多可借鉴之处，一些具体实践做法历经百年都不“落伍”，可以说志成中学校是经受住了时间考验的发端于现代教育的现代学校。

而更让我们自豪的是，志成中学校在办学宗旨中开宗明义——“改变民族落后”，历史行进到今天，我们将这颗志成初心表述为“为中华之崛起而教书育人”——我们办学是为中华民族的生存发展培养人，是为中华民族的伟大复兴培养人。“中国特色、中国风格、中国气派的现代学校”的办学目标，是对志成初心的坚守与弘扬，也是我们统筹教育“民族性”“前瞻性”“人本性”确立的教育理想。

那么，这样的学校是什么样子的？这样的教育能够圆满解决“总理之问”吗？三十五中人启程新的探索。

（二）解读办学目标，精准办学走向

无论是“中国特色、中国风格、中国气派”，还是“现代学校”，都有丰富的内涵和多样的解读，而学术领域并没有清晰一致的定义。这给予我们更广阔的探索与实践的空间，也意味着我们在做一件开创性的事情。

因为办学目标具有的开放性，一方面我们且行且思，品读“中国”内涵，解读“现代”特质，通过这样的解读来精准办学走向；另一方面，我们并不想固化办学目标，以免给我们的思考和探索带来限制。

1. 解析“现代”特质

“现代”是个舶来词，于公元10世纪末期首次被使用。今天普遍公认的“现代”是指18世纪启蒙主义运动兴起以后的历史时期。关于“现代”含义的解释，我们更认同当代西方马克思主义主要代表人物哈贝马斯的说法，他把现代性理解为一个方案、一项未竟的事业，指出：“人的现代观随着信念的不同而发生了变化。此信念由科学促成，它相信知识无限进步，社会和改良无限发展。”（王岳川 等，1992）

因为“知识无限进步，社会和改良无限发展”，“现代”是动态的。所以，我们所说现代学校中的“现代”，并非时间性概念，而是特征性概念，这些特征表现出发展而来的科学性、进步性。基于此，我们理解“现代学校”的首要特征就是与时俱进、不断进化，能够主动适应社会发展和知识进步的需求，这就要求现代学校有自我反思、自我更新的特质，在创新中自我超越、引领发展。

研究现代教育和现代学校，无可避免地要从现代社会具备的一些特征中提取。尽管学界对“现代”的定义并不一致，但是我们认为“现代”凸显出几个公认的特点：更重视“人”，更突出“多元”，更强调“开放”，更凸显“创新”。中国教育学会名誉会长顾明远先生曾在首届京师教育论坛上提出了教育现代化的八大特征，即教育的民主性和公平性、教育的生产性和社会性、教育的终身性和全时空性、教育的个性化和创造性、教育的多样性和差异性、教育的信息化和创新性、教育的国际性和开放性、教育的科学性和法制性。具象到当前的社会发展时期，我们认为“现代学校”应该凸显人本、科学、民主、开放四大特点。

人本。强调现代学校的核心价值是“为人的生成”提供教育服务。学校的一切工作都应突出以学生为中心，为了学生的自主、全面而有个性的发展，实现个体潜能的挖掘、主体性的弘扬和创造性的释放。同时，现代学校管理的主导价值取向也要以人为本，维护人的尊严，关注人的需要，实现人的发展。

科学。强调现代学校的教育教学方式是科学的，课程架构是科学的，管理方式是科学的，发展路径是科学的，培养的学生应该具有科学的思维和方法。这一切要求现代学校必须是学习型组织，善于学习、思考与创新，尊重理性与规律。现代学校还要善于运用信息化带来的机遇，实现信息手段与教育的深度融合，用信息技术提升教育的效力。

民主。强调现代学校应该营造平等自由、尊重包容的文化氛围，大力推进课堂的民主教学、学生的民主教育、课程的民主管理以及学校的民主治理等。其中，“民主教学”强调师生平等，课堂教学中充满和谐、自由的民主氛围，教学活动是师生精神对话的过程；“民主教育”强调学生深度参与学校管理，强化学生的公民意识和责任担当；“民主管理”强调学校应提供兼具多样化和选择性的课程体系，教师、学生积极参与课程建设；“民主治理”强调由教师、学生、家长、社区等学校关系人共同参与学校治理。

开放。强调现代学校应该推倒学校的围墙、打开校门办教育。现代学校应有大教育观，注重不同教育阶段之间的联系，教育与经济、教育与社会之间的联系，以及中国教育和世界教育的联系。学校要善于整合社会各界资源为己所用、服务学生成长，建立与社区以及社会各界的合作关系，同时要有教育资源为社会服务的意识和态度。此外，要加强与国内外教育同行的沟通合作。

值得注意的是，信息化尤其“互联网+”正在倒逼、助推着现代学校的创建。互联网时代，学习的时间和空间的局限正在打破，师生关系也在发生着变化。与此同时，“互联网+”提供的数据和信息资源，可以精确了解学生个性化的学习需求。在这样的背景下，学校的教育生态必将重构。带来挑战的同时，信息化也为学校走向人本、科学、民主和开放提供了助力。

现代学校是着眼将来、为人之未来做准备的现在进行时的教育教学组织。所以，创办现代学校需要一种观察和解决当前诸多问题的恰当的方法和视角，更加强调“跳出教育看教育”“向前眺望 30 年”的思维方式，更加强调“跳出教育发展教育”“借船出海”的发展意识，更加强调自我更新、自我进步、自强不息、奋斗不止的精神内蕴。

2. 品味“中国”内涵

“中国特色、中国风格、中国气派”作为一组词组，在近些年因为被国家领导人屡次运用而成为一种默认搭配。这组词组气象宏大、内涵丰富，清晰地强调了一种文化与价值取向——“中国的”。

（1）传承优秀文化　坚定文化自信

全球化的大潮势不可挡，当中国和中国人走进世界的时候，一方面要带着包容心，增强文化理解力，不妄自尊大、自我膨胀；另一方面要带着自信心，强化中国心，不妄自菲薄、失却自我。“有诸形于内，必形于外”，跟随我们行走世界的绝不只是国籍，而是文化识别——中华文化的烙印。

传承文化与培养人才作为教育的一体两面，不仅是时势使然，而且是天然相关。《辞源》解释文化为“文治”和“教化”之意，《周易》则说“观乎人文，以化成天下”，这些释义将“人”“文”与“教”密切相连，清楚地说明文化是教育的重要力量源泉，而教育则是文化传播的主要途径。“中国传统文化博大精深，学习和掌握其中的各种思想精华，对树立正确的世界观、人生观、价值观很有益处。”在中央党校建校 80 周年庆祝大会暨 2013 年春季学期开学典礼上，习近平主席如此表示。

作为文化传承与人的发展相联系的桥梁和纽带，教育担负文化传承的重要使命，学校是文化传承的重要阵地。三十五中办学目标中的“中国特色、中国风格、中国气派”，突出强调了学校传承、弘扬和发展中华传统优秀文化的责任使命——用中华传统优秀文化滋养学生的灵魂、健全学生的人格，帮助他们站在“巨人”的肩膀上健康成长，增强学生对民族文化的认同感、自豪感和责任感，坚定学生的文化自信，培养植根于民族文化的面向现代化、面向世界、面向未来的公民。为此，我们要遵循教育教学规律，对文化影响学生的内容体系及其过程、方法和途径进行科学探索，将人的发展与文化传统、社会变革有机统一起来。

今天，走进三十五中，石狮，镂空篆刻的印章式校训，青砖、灰瓦、红柱子，鲁迅兄弟旧居，复建的伴随学校走过近百年的志成楼，等等，学校的一砖一瓦、一草一木从颜色、样式到质地都散发出“中国风”。依托鲁迅兄弟旧居、鲁迅书院、志成书画院、志成国学馆以及民乐博物馆等平台，我们开发古籍阅览、茶道、棋道、国画、书法、金石篆刻等人文与国学类课程，让学生们在中式建筑中学习优秀的中华传统文化，实现环境与课程的有机融合。

（2）铸特色　蓄风格　养气派

中华民族在几千年的历史长河中繁衍生息，创造了辉煌灿烂的历史，至今连绵不断。历史上的四大文明古国，只有中国作为文化主体留存至今，这在世界文明史上是独一无二的。不少西方著名学者断言，21 世纪将是中华文化的世纪，未来世界必须向东方寻求文化助力。

那么，怎样理解“中国特色、中国风格、中国气派”呢？我们可以阐释出深刻丰富的内涵，却又难以形成清晰明确的界定。不过，有一些认识是共识性的，例如中国特色包含薪火相传、自强不息，中国风格包含务实肯干、改革创新，中国气派意味着大气包容与主动承担。创建中国特色、中国风格、中国气派的现代学校，就要在办学实践中传承、弘扬这些精神，沉淀、张扬学校的这些气质。

办学目标应该植根于学校的办学历史，明晰从哪儿来、到哪儿去的问题。由此，我们以三十五中的语境对“中国特色、中国风格、中国气派”做出解构：中国特色在于历史传承与创新——优选昨我；中国风格在于变革创新与行动——塑造今我；中国气派在于责任坚守与担当——追求明我。

在历史传承与创新中凝练特色。95 年的办学历史，是三十五中最宝贵的办学资源之一。我们重视校史的挖掘和文化的传承，设立校史研究会，利用宣传栏、网络平台、会议等各种形式宣传学校历史文化。在对历史的传承中，我们凝练出“改变民族落后，培养栋梁之材”的初心，全面育人的传统，有志竟成的精神，改革创新的特质……这些被我们发扬光大并成为特色。这就是我们薪火相传、自强不息的“中国特色”。

在变革创新与行动中塑造风格。三十五中将创新人才培养和素质教育成效两个难题确立为办学核心时，学校拥有的相关资源并不丰厚。但我们敢想敢干，联手中国科学院创办科技创新人才早期培养班并持续拓展科技教育版图，开发特色校本课程滋养学生全面发展，实施“五制”改革为学生个性化发展营造环境……近些年，三十五中因为课程改革与育人模式改革而赢得各界关注，科技、人文、艺术三大校本课程卓越有特色。这就是我们务实肯干、改革创新的“中国风格”。

在责任坚守与担当中蓄积气派。因为胸怀“为中华之崛起而教书育人”的责任担当，我们提出教育要向前眺望 30 年，培养国家、民族未来需要的人才，所以勇于放弃分数、位次之争，敢为人先探索育人模式改革。我们创建国际部、开展国际交流，探索教育国际化的中国道路。我们以开放的胸怀，将多年积累的优质资源向更多学生开放，将经验与各地同行分享。这就是我们大气包容与主动承担的“中国气派”。

中华文化浩瀚如海、博大精深，学校教育实践要秉持深入浅出的原则，扎根中华文化，散发文化的感染力，最终指向发展人的生产力。三十五中已然建构出有形的无形的、具有一定质感的“中国特色、中国风格、中国气派”。立足现实，面向未来，在5—10年内，我们要把三十五中建设成为一所课程改革与综合改革卓有成效，科技、艺术、人文、国际教育形成品牌，在全国起示范引领作用、在国际上有相当知名度的现代学校。

总体来看，我校“把三十五中办成有中国特色、中国风格、中国气派的现代学校”的办学目标，从历史与现代、民族与世界的维度展现了守正与创新的唯物辩证法。它作为一个有机整体，描画了三十五中胸怀初心在现今时代中奋力发展的样态——我们要打破教育的围墙，去倾听社会的诉求、世界的心跳和未来的呼唤，要在创新变革中成就人的发展。志成中学校为改变民族落后而生，它将现代学校自我进化的特质遗传给我们，我们希望在创建“中国特色、中国风格、中国气派的现代学校”的进程中为中国教育发展给出“总理之问”的答案。

三、秉初心推“志成教育”，生为本促立志成人

“改变民族落后，发展教育事业，培养栋梁之材，有志者事竟成”，志成中学校校董们确立的这个办学宗旨，指引学校发展95年，是三十五中的初心与灵魂。根据这句话的精神内核，基于对教育责任与使命的判断，我们将三十五中办学理念凝练为“志成教育：立志·成人”。不忘志成初心，我们要引导学生将自己的志向与国家、民族的发展相融合，成为志存高远、向上向善的人，成为对家庭、对国家、对社会有用的人。

（一）理念的提出

“有志者事竟成”，中国最普及的这句励志名言，是志成中学校名的出处。三十五中从创建起，就是一所有大情怀、有大志向的学校。志成中学校董们提出的办学宗旨，明确地表明了学校的志向——培养栋梁之材以图改变民族落后的状态。时至今日，我们仍然以“为中华之崛起而教书育人”为学校之志。

培养学生成为栋梁之材，于我们而言，是学校教育的目的，也是“改变民族落后”的途径。我们认为，教育就是要发现人、成就人。学校教育以具体、现实的人为对象，其根本目的是通过传承文化、创新知识的过程促进人的发展，帮助每一个独特的生命个体在其原有基础上成长、发展和

完善，把一个生物人培养成社会人，以个体的个性化发展服务于社会经济发展。

“成人”是学校教育的价值追求，也必须是个体的自觉行动。我们认为，基础教育的功能与价值的核心之一，是帮助学生找到发展的方向和动力。高中阶段是学生人生观、价值观形成的关键期，而当今社会是多种取向并存的极复杂的文化生态环境，“立志”对学生发展至关重要。

社会转型时期，中学生的价值观存在着个人本位与社会本位的冲突、理想主义与现实主义的冲突（裴娣娜，2015）[55]，许多学生的人生目标设定存在功利化、自利化倾向，甚至存在将人生发展“货币化”的倾向。我们的“立志”教育重视价值观教育和理想信念教育，强调帮助学生认识、探索个体价值与社会价值的关系，引导学生树立正确的人生观与价值观，发现真正的兴趣爱好及特长，确立人生目标，树立远大志向，明晰前进的方向，提升奋斗的动力。

从志成中学校办学的初心出发，结合当前学生、社会发展需求，我们将办学理念凝练为“志成教育：立志·成人”（这是核心）。其中，立志是起点，成人是目的，二者相辅相成。

立志：引导学生认识自我与社会、树立远大志向、探索生涯规划、寻找人生价值，诱发种子的力量，解决人之发展的动机、动力与方向感问题，为成人蓄势、奠基。

成人：引领全员尊重生命特性、培养健全人格、提升综合素养、发展天赋特长，发挥环境的影响作用，解决生命成长的营养、环境与交互性问题，为生命做土、守护。

好的学校教育需要善于发现和成全。三十五中的责任使命，就是帮助学生找到动力、明晰方向、主动发展，成长为人格健全、素质全面的完整的人，成长为具有中华民族的文化底蕴和中国情怀、具有国际视野、具有正义感与责任心、具有适应社会的能力、具有科学精神和探究意识的栋梁之材。

（二）理念的落实

1. 志不高，行不远

王阳明是中国历史上一位极为罕见的因为立德、立功、立言三不朽的圣人，他以切身的经历、体悟，在《教条示龙场诸生》中对“立志”的重要性做了清晰的阐释：“志不立，天下无可成之事。虽百工技艺，未有不本于志者。今学者旷废隳惰，玩岁愒时，而百无所成，皆由于志之未立耳。故立志而圣，则圣矣；立志而贤，则贤矣；志不立，如无舵之舟，无衔之马，漂荡奔逸，终亦何所底乎？”

立志对高中生发展更是至关重要。高中生正处于“自我同一性”的探求期，他们已经在思考“我是谁、我要成为什么样的人、我要到哪里去”等一系列人生发展命题，其中就包括人生志向的确立问题。正在走向成人的高中生面临关系今后发展的选择，面对令人眼花缭乱的职业选择和人生路径，面对无孔不入的诱惑和复杂多元的价值观，只有树立了志向，才能避免虚度与浪费，才能明确方向、提升动力。

我们不仅要求学生立志，还倡导学生立“大志”。诸葛亮先生曾以“夫志当存高远”来勉励子侄，何为高远？跨越时空，著名科学家爱因斯坦曾发表见解，工作的最重要的动机是在工作和工作的结果中的乐趣，以及对这些结果的社会价值的认识；而关于价值与成功，他认为，看一个人的价值应当是从他的贡献来看，而不应当看他所能取得的多少。

三十五中的文化血脉里流淌着责任担当和家国情怀，学校的创办人——9位风华正茂的高等学府毕业生，为培养健全国民、寻求强国之道，突破资金匮乏、校舍难觅等重重难关，自己不取分文，却高薪聘请名师，改善办学条件。作为志成后人，我们要向前辈学习，将自己的人生追求与国家民族的发展结合起来。在这样一个复杂多元的时代，我们希望三十五中的学生不只有小情小趣，更要有大情大志；不仅关心眼前和自我发展，也要关心民族和人类的发展。所谓大志大成，心有多大舞台就有多大，志存高远的学生才会不断追求进步，走向更广阔的发展空间。

2. 知行合，志可立

人民教育家陶行知先生原名陶文濬，大学期间推崇王阳明的“知行合一”学说，于是取名陶知行。进行多年教育实践后，他认为“行是知之始，知是行之成”，43岁时改名为陶行知。晚年时他指出行和知是在不断地循环升华，于是又将名字改为陶衡，以“衡”表现“行—知—行”的不断循环往复，以至无穷。从陶行知先生三易其名可以看出，行动与认知相互推进，影响着人的努力方向。

志向，简单地说是人们在某一方面决心有所作为的心志。对于中学生尤其是高中生而言，志向不应该再是一个飘浮在空中的抽象名词，而应该是可触摸、可实现的具体目标。那么，如何帮助学生去构画、去触摸这个目标呢？我校的“立志”教育注重知行合一，通过开阔视野提高学生认知水平，通过价值引导提升学生思想境界，通过群体实践帮助学生知行结合，于唤醒中水到渠成地实现“立志”。

为了帮助学生树立远大志向，我们开展了许多群体性实践活动，引领学生在实践中认识自我与社会，思考人生与未来，养成大的格局。例如，学校下大力气开展小学段修学旅行，每学期拿出一个星期的时间，带学生走出校门、走向社会，在行走中思考，认识自我、认识社会；我校是北京市慈善义工协会的第一个团体会员，我们鼓励学生积极投身慈善公益，增进对社会的了解，寻找人生的价值；我们在校内搭建平台，让学生自由发挥创意与特长……由此，培养学生认识自我与社会，发现兴趣爱好，发展潜能特长，学会规划，学会选择。

3. 德才备，为“成人”

学校教育的使命是促进每个学生的发展，帮助每个学生“成人”。那么，三十五中想教育成就怎样的人呢？

关于“成人”，在《论语·宪问》中有一段论述——子路问成人。子曰：“若臧武仲之知，公绰之不欲，卞庄子之勇，冉求之艺，文之以礼乐，亦可以为成人矣。”曰：“今之成人者何必然？见利思义，见危授命，久要不忘平生之言，亦可以为成人矣。”可见，孔子眼中的“成人”是极高标准的德才兼备的“完人”。不过，孔子追加的一个回答，则去除了“成人”里“成功”的成分，降低了成人的标准，突出强调德行的重要，指出人之能成人可具有普遍性。

受孔子关于成人的主张启发，我们对“成人”的理解强调两个层面：一方面，我们希望培养的学生不是片面发展的或单向度的人，而是人格健全、素质全面的完整的人，希望他们能够感性、理性与德性兼具。另一方面，我们一直强调“成长比成功更重要，成人比成绩更重要”，引导师生追求对自我的超越，而不只是世俗的成功；追求人格的成长，而不只是成绩的进步。

有人预测，未来20年里，大概会有60%的职业消失。所以，把人生分为学习和工作两段，已经无法应对变化的未来。所以，我们要培养的“成人”，一定要具有终身学习的意识和能力。

4. 人之成，在做土

鲁迅先生曾在《未有天才之前》的演讲中称，“天才大半是天赋的；独有这培养天才的泥土，似乎大家都可以做。做土的功效，比要求天才还切近；否则，纵有成千成百的天才，也因为没有泥土，不能发达，要像一碟子绿豆芽”。这关于文艺创作的见解，正适合“成人”的教育——要塑造人怎样的特性、怎样的人就做相应的“土”。

每个学生都是独一无二的存在，“成人”意味着尊重和成就学生个体的生命独特性，帮助每个学生成为最好的自己。针对传统教育存在的模式化问题，我们一直致力于整合各界资源、丰富教育生态，深化课程改革并探索配套的“五制”改革，营造适合学生成长的环境，提供滋养学生成长的养分。学生的发展只能靠自己完成。无论“立志”和“成人”都需要发挥学生的主体性，唤醒学生的生命自觉。为此，我们在课堂教学和校园生活中给予学生更多的选择权和自主权，引导他们学会自我发现、自我规划、自我发展、自我超越。

叶圣陶先生曾说“教育是农业而不是工业”，这话意味深长。教育是春种秋收的整体，而不是各司其职的零部件生产；教育是生命影响生命、情感滋养情感的互动，而不是流水线上的产品加工。当春天来临的时候，播下了一粒种子，然后给这粒种子适当的水分，一定的养料，合适的阳光。至于怎么发芽，怎样破土而出，怎么长高都是种子自己的事。孩子的成长就像一粒种子，需要一定周期，并且种子的花期也不同，有的花，一开始就灿烂绽放；有的花，需要漫长的等待。我们应当像农夫一样尊重种子、敬畏生命，精耕细作却又“三分种，七分等”。这也正是我们“志成教育”的精髓所在：对内诱发种子的力量，对外激发环境的影响，立志点燃学生生命成长的火种；在多样、丰富的优良生态中，种子发芽、破土而出、茁壮成长——成人是“自然”的事。

四、明晰育人目标，培育“五有人才”

志成中学校办学宗旨有一句是“培养栋梁之材”，所谓“栋梁之材”是能做房屋大梁的木材，比喻能担当国家重任的人才。在不同的历史时期，社会对栋梁之材有着不同的要求。那么，当前以及未来一段时间内，中国社会的栋梁之材应具备怎样的基本素质和能力？

基于对学生发展、社会需求、未来趋势的思考与判断，结合“立志·成人”的办学理念，三十五中提出了中国现代栋梁之材的标准，确立了“五有人才”的育人目标——培养具有中华民族的文化底蕴和中国情怀、具有国际视野、具有正义感与责任心、具有适应社会的能力、具有科学精神和探究意识的创新型人才。

1. 具有中华民族的文化底蕴和中国情怀

中国文化博大精深，源远流长。关于中国传统文化的基本精神与特色，学界有着丰富的解读，百姓则通俗地说是“仁、义、礼、智、信”。我校的校训“诚、真、勇、毅、勤、美、严、实”就凝练着我们对中华民族传统文化的理解。这 8 个字言简义丰，代表着我们对三十五中学生气质的要求。①“诚”，对人真诚、做人诚信；②“真”，为学求真、为人尚真；③“勇”，勇于开拓、勇于承担；④“毅”，坚持坚守、百折不挠；⑤“勤”，勤勉好学、勤奋向上；⑥“美”，向善乐美、言行皆美；⑦“严”，严于律己、严谨治学；⑧“实”，踏实肯干、实事求是。

三十五中的“八字校训”，浓缩着中华传统文化的精神，内含着“向上、向善”的力量。“天行健，君子以自强不息；地势坤，君子以厚德载物。”我们希望学生从中华优秀传统文化中汲取积极有为、自强不息的精神，刚毅坚卓，创造进取；同时，有宽厚仁爱、包容理解的品德，有大胸怀、大气度，能够善待他人、善待社会。

当今社会是个价值多元的社会，各种思潮冲击着学生们还不成熟的思想。我们要培养学生的“中国情怀”更多体现为“家国情怀”和“文化自信”，包括对家乡和祖国有深深的依恋，对民族文化有真诚的热爱，有强烈的民族认同感和自豪感，有强烈的国家复兴责任意识。这样，学生就有了文化的根，就有了灵魂的根。

2. 具有国际视野

现代社会的竞争早已经不局限于一地、一城、一国，而是全球性的竞争。在全球竞争日趋激烈、国际合作日趋紧密的今天，国家的发展和国际形象的树立需要大批具备国际视野和国际竞争力的高素质人才，个体要得到更好的成长与发展也需要具备国际视野。尤其在北京这个国际化的大都市，对国际化人才的需求更加强烈。

我们理解的国际视野主要体现在两个层面：一是眼界胸怀。主要是指有全球视野与胸怀，具有跨文化的交流、沟通能力，具有相应的创新、务实能力，能够不断吸收新思维、新观点等。二是价值认同。主要是指明白自己与他人以及与世界的关系，懂得去呵护和追求那些人之所以为人并且被时间反复证明了的共同价值。

基于此，我们希望三十五中的学生：①关注世界的现状与发展变化，了解主要文化及思维的基本特征；②具有平等包容的胸怀和多元开放的思维，能够理解“和而不同，美美与共”，具有多元文化的对接、沟通能力；③具有人类立场,关心人类社会的现在与未来，追求人类的和谐共处与可持续发展；④具有全球性思维,关注一些国际性议题，能理解全球化的一些影响；⑤具有平等协商精神和团队合作能力,有意识地发展自己的领导力；⑥能在国际交流交往中有礼有节有影响力,正确对待自己与他人的差异性与长短；⑦具有相当的环境适应能力和心理承受能力;⑧掌握一门外语。

3. 具有正义感与责任心

在“精致的利己主义者”盛行的时代，正义感和责任心尤为可贵。正义感作为人的一种高级道德情感，指追求正义、伸张正义的道德意识和行为。个体具有正义感，才能形成强大的社会正义感氛围，提升社会的凝聚力和正能量。具有正义感的个体，才能勇于面对社会不良现象，成为促进社会向好的行动者和创新者。责任心是指个人对自己和他人、对家庭和集体、对国家和社会所负责任的认识、情感和信念，以及与之相应的遵守规范、承担责任和履行义务的自觉态度。它是一个人应该具备的基本素养，是健全人格的基础，是家庭和睦、社会安定的保障。

“无穷的远方，无数的人们，都与我有关。”（出自鲁迅的《且介亭杂文末集·这也是生活》）鲁迅先生临终前写下的这句话，被我们雕刻在学校的图书馆——鲁迅书院的墙上。我们希望三十五中的学生能够传承志成精神中的家国情怀，学习鲁迅先生的这种大爱、大情、大胸怀、大责任，为建设更美好的社会贡献自己的力量。

具体要求包括：①自尊、自爱、自立、自强，对自己的言行和生命负责；②关爱家人，主动承担家庭责任与义务，关心他人，力所能及地帮助需要帮助的人，积极参与慈善活动，愿意做义工；③关心国家发展与社会进步,将自己的理想与之建立联系并为之努力；④遵纪守法,有民主与法治精神；⑤有明辨是非的能力、规则意识和价值坚守；⑥正直善良，勇于维护自己和他人的正当权利，敢于对不法行为和不公现象“说不”；⑦做事善始善终，遇到困难或问题时勇于承担，不逃避责任；⑧敢于表达自己的见解、坚持自己的主张，正确理解、面对权威与真理。

4. 具有适应社会的能力

在多年的教育实践中，我们感觉当今社会环境越来越复杂多变，而学校教育过于注重知识和技能的传授，却忽视社会适应能力的培养，培养的学生高分低能甚至适应无能。学生升入高校、走向社会后，因为人际交往能力、抗挫折能力以及主动发展能力等存在欠缺，长远发展受到影响，身心健康出现问题，一些极端案例也屡见不鲜。

教育要把自然人变为社会人，必须培养学生具有与社会和谐相处、能够积极进行适应性改变的能力。基于此，我们着重培养学生具备以下素质：①学会学习,具有终身学习、主动发展的意识和能力；②具有较强的自我管理能力和生活自理能力,学会健康生活；③乐观积极,遇到挫折或困难时能换个角度看问题，积极寻找解决方案；④对自我有积极、客观的认知，对学业发展与生涯规划有思考、有目标并努力实现；⑤具有同理心，能够换位思考，善于与人沟通交往，能够较好地处理家庭、师生以及同学等各种人际关系；⑥善于与人合作，在校期间能够跟同学合作完成项目、任务；⑦具有良好的表达能力和一定的竞争意识;⑧具有信息素养与媒体素养,善于学习与运用信息技术。

在深厚的知识积淀和广阔的视野胸怀之外，我们希望学生在复杂变化的社会环境中有一双明辨是非的慧眼，有一颗丰富积极的心灵，有一种开放包容的心态，有一些解决问题的能力，能够积极健康地生活，适应终身发展、社会发展的需要。从这个意义上讲，我们对于学生社会适应能力的定位，与当今各国关于学生核心素养的定位颇有相通之处。

5. 具有科学精神和探究意识

当今社会发展面临环境、能源等种种难题，科技创新才能带给人类新的方向和未来。于中国而言，科技创新更是关系国家民族前途，党的十九大报告提出要加快建设创新型国家。建设创新型国家，必须有坚强的人才保障，关键在于培养造就大批创新型人才。

针对中学生的认知规律，我校着重培养学生具有科学精神和探究意识，提升学生的创新素养和实践能力。其中，科学精神是指由科学性质所决定并贯穿于科学活动之中的基本的精神状态和思维方式，是体现在科学知识中的思想或理念，包括理性精神、实证精神、求真精神、探索精神等。探究意识是对探究过程的认识，它更多地表现为内在的认识状态，是潜在地发生作用的一系列观念，是探究过程与探究结果相互作用的产物。

具体而言，我们希望学生做到：①关心科技进步,关注自然、生活与社会，能够将所学知识与之建立联系、应用于实践；②对知识和事物保持强烈的好奇心和求知欲,求知、求真、求理；③不迷信不盲从,独立思考,敢于质疑，有一定的批判性思维能力，能够批判地思考和分析问题；④善于发现问题和提出问题;⑤会主动探索解决问题的方法,初步具备从科学的角度理解问题、分析问题和解决问题的思想观念及行为；⑥学会多元思维,具有多元视角，不怕挫折和失败，坚持不懈。

三十五中“五有人才”特质存在深刻的内在关联性。中华民族的文化底蕴和中国情怀指向文化底色和价值观念，国际视野指向开放心态和眼界胸怀，正义感与责任心指向价值坚守和责任担当，适应社会的能力指向自主发展和交往合作，科学精神和探究意识指向理性思维和创新素养。我们相信，拥有了这五种特质的学生，才能在未来复杂多变的社会中坚守自我、成就自我，走得更远、飞得更高，肩负起更重的责任、实现更大的价值，真正成为国家的栋梁之材。

五、开放办学丰富生态　主体教育成就个性

创办“中国特色、中国风格、中国气派的现代学校”，落实“志成教育：立志·成人”，培养“五有”栋梁之材，都必须坚守教育民族性、前瞻性、人本性的价值定位，开门办学、整合资源，构建多样办学形态、丰富教育资源供给，营造人本、科学、民主、开放的氛围环境，激发学生主体性，促进学生自主发展，探索定制教育，促进学生个性化发展。基于这样的思考，我们确立了“万类霜天竞自由”的办学方略。

（一）办学方略：万类霜天竞自由

“万类霜天竞自由”出自毛泽东主席的《沁园春·长沙》，“看万山红遍，层林尽染；漫江碧透，百舸争流。鹰击长空，鱼翔浅底，万类霜天竞

自由。”寥寥数语，一幅生机盎然的巨大生态图景跃然纸上——自然界的万物生灵在大自然中自由自在地生长发展，各得其所，各美其美，美美与共。这个场景凸显了生命性、丰富性、生态性，正契合我们对教育的理解与追求。可以说，“万类霜天竞自由”是我们办学的精神追求、文化内涵、气质神韵、现实作为的高度概括。

1. 追寻教育本质

英国哲学家、教育家弗雷德·诺思·怀特海（2012）在《教育的目的》一书中提出：“学生是有血有肉的人，教育的目的是为了激发和引导他们的自我发展之路”。教育的根本目的是人，是生命、生活和生长。

在追求“中国特色、中国风格、中国气派的现代学校”办学过程中，我们对学校教育的价值追求形成了这样的共识：学校是师生共同享受教育生活、提升生命价值的地方，是生命影响生命的生态系统；教育要向前眺望30年，学校教育不能只盯着升学、考试，而要帮助学生获得幸福生活的能力；“野火烧不尽，春风吹又生”，生命力从来都是内在的，真正的教育必然要激发学生的自我教育。

我们坚信教育的目的绝不是单纯地传授已有的知识，而是重在唤醒学生的生命感、价值感、创造力，发展学生的主体能力，引导学生学会通过自身的不懈努力和对自身的不断超越，发现、提升生命的意义和价值。这样的学生，才能对自己负责、对他人负责、对社会负责，才有创新潜力和创造激情，才能构造“万类霜天竞自由”的“少年中国”。

2. 引领发展路径

多样性、丰富性与生态系统的稳定性正相关。“山”“林”“江”“舸”“鹰”“鱼”，万物生灵各得其所，才有了“竞自由”的美景。同样，人的独一无二，既是教育的起点，也是教育的终点。学校教育要尊重每个学生个体的生命独特性，为每个学生的生长与发展创设机会与平台，唤醒与发现每一位学生的潜能。为此，我们一直坚持开放办学，整合资源建设多样化的办学形态，构筑出“万类霜天”，使得“竞自由”成为可能。

如果说“万类”与“霜天”展示的是生态的多样性与丰富性，那么“竞”与“自由”则展示了生命的主动性与向上性。好的学校教育应该教会学生两件事：一是教会学生“向上”，做一个能人，具有与全球化对接的竞争力；二是教会学生“向善”，做一个好人，具有与社会化对接的凝聚力。好的学校教育要唤醒和激发学生的主体性、主动性，让学生找到自主发展的内驱力。

3. 固化文化气韵

毛主席的《沁园春·长沙》气象万千、气魄宏伟。以“万类霜天竞自由”作为办学方略，其开放包容、自由向上的气象，契合我们追求的“人本、科学、民主、开放”的现代学校气质，也彰显了我们追求的中国特色、中国风格、中国气派。

一座院落一所学校。我校注重名人历史文化的挖掘与传承，因为志成中学校建校董事李大钊先生成立了三十五中李大钊思想研究会，因为旧居位于校园内的鲁迅先生设立了“鲁迅书院”和“立人讲坛”。毛泽东主席与三十五中颇有渊源：他曾到访过位于我校高中部的鲁迅兄弟旧居（八道湾胡同11号），他“五四时期”与李大钊先生在北大图书馆共事并称其为“真正的老师”，他与鲁迅先生素未谋面却对其评价极高，称之为“文学家、思想家、革命家”。此外，毛泽东主席为“中国人民站起来”而终生奋斗，志成中学校为“改变民族落后”而生，李大钊先生作为引路人，确定了这一人一校同质化的精神追求。“万类霜天竞自由”的办学方略，将伟人的足迹与精神深深地沉淀于校园文化的气韵之中，提升了学校的文化品质。

（二）具体路径：多样办学，丰富供给；定制教育，自主发展

“万类霜天竞自由”强调的生命性、生态性，指引着我们的育人模式创新和综合管理改革。在具体的办学实践中，我们经营资源构建了多样、丰富、广阔的教育空间，优化管理营造了开放、民主、自主的成长环境，真正把选择的权利还给学生，一定程度上实现了教育的“私人定制”。通过构建这样的教育生态，帮助学生认识与发现自我，发掘与发展潜能，自主与个性发展，从而实现“立志·成人”。

1. 多样办学，丰富供给

万类霜天竞自由，“万类”突出了万物生灵的平等性，而“霜天”是万物生灵共存的环境。每一个生命都是独特的，每一个生命的需求都是多

种多样的，每一个生命的发展形态都是多姿多彩的。学校教育要尊重和成就每个学生生命的独特性，必须构建开放、包容的教育生态，提供多元成长的平台和差异发展的路径。

根据美国心理学家霍华德·加德纳提出的多元智能理论，每个人都同时拥有九种相对独立的智能，但每个人都是以各自独特的方式把各种智能组合在一起，形成自己的智能组合。因此，加德纳反对划一性的教育内容和方法，主张“以个人为中心的学校”，“以个人为中心的学校，应该在评估学生个体的能力和倾向方面富有经验。这种学校不但寻求和每个学生匹配的课程安排，也寻求与这些课程相适宜的教学方法”（加德纳，1999）。

多样化是实现个性化教育的基础，包括课程设置、教育方式、评价方式、教育资源等的多样化。其中，课程设置的多样化具有基础性作用，因为课程是学生成长和发展的“营养基”，空间宽阔、结构合理的多样化课程设置有助于学生发现、发展自己的天赋。

这些年来，三十五中在课程改革方面大胆地迈出步伐。本着以人为本、尊重学生个体差异的原则，我们探索整合国家课程和校本课程搭建学科课程群，并对学科课程的模块实行分层或分类教学，同时结合学生和社会发展需求开发特色校本课程，努力构建科学分级、丰富多元、立体互通的课程体系，以开放式课程教育体系“为每个学生全面而个性化的发展奠基”。

为了丰富课程供给，我们主动推倒学校的围墙，整合各界资源开发校本课程：分析当代中学生急需补充的素养，我们主动联手相关专业的顶尖力量，着力打造科技与创新、艺术与审美、人文与社会、体育与健康、生涯教育与素质拓展等系列校本课程；开发修学旅行、STEAM 课程等，跨越学校围墙、跨越学科边界，不断追求“生活课程化、课程生活化”的境界。

为满足学生多样化、个性化的发展需求，我们致力于构建多样办学形态，丰富教育资源供给，形成了三十五中的“万类霜天”：①多样化办学体制：科技创新人才早期培养班、国际部、二四制、2+2+3 贯通培养项目；②多样化课程层类：学科教学的分层分类；③多样化课程特色：科技与创新、艺术与审美、人文与社会、生涯教育与素质拓展、体育与健康等特色课程；④多样化教学方式：以“留白课堂”理念为指引，鼓励教师自主探索适合自己、适合学生的教学方式；⑤多样化指导资源：导师制和学长制。

2. 鼓励自主，唤醒动力

万类霜天竞自由，一个“竞”字强调了生命的向上性。学校教育要调动学生的主体性和内驱力，因为学生的发展只能由他自己完成。“人只有成为发展的主体，才能全面激活潜能，使潜能得以自由地发展，优势潜能才能得到最大限度的发挥。”（冯建军，2004）

但是，“被教育”或“被学习”是当前学校教育普遍存在的弊病。缺失主体性，没有自我发展的权利和意识，学生的潜能自然得不到充分的发挥。三十五中吸收主体教育理论，尊重学生的主体性，发展学生的“自主性、主动性和创造性”（裴娣娜，2004），促进学生个性自由充分发展。

尊重学生的主体性，我们从课堂变革开始。在“填鸭式”教学中，学生学习的积极性和主动性被打压，更别提想象力和创造性。我校提出“留白课堂”的理念，在课堂教学（前）中（后）有意识地给学生留出空白，留下思考、探索、想象、交流的空间，真正让学生成为学习的主体。

在校园生活中，我们坚持“自主管理，主动发展；自主选择，个性发展；自主体验，自我超越”，尽可能给予学生自主权，搭设宽阔的成长舞台，促进个体的自我激励和自我发展。学校每个年级都设有独立的学生自管会，现有学生自主发起组建、自主开展活动的社团近百个，成立志成学生联盟，聚合各界资源助力学生生涯发展。

生命成长的自觉需要生命价值的体认，如此才能找到发自内心、持久不息的发展动力。体认生命价值的重要途径是让学生走进社会，帮助学生建立起与现实、社会、未来的联系。比如，作为北京市慈善义工协会的第一个团体会员，三十五中倡导学生参加各种志愿者活动，并提供多种机会让学生志愿者贡献自我、服务社会。又如，每学期为期一周的小学段修学旅行，主题为科考、人文或公益等，学生在祖国各地行走间思考与成长。

3. 自主选择，定制发展

万类霜天竞自由，“自由”两个字展现出万物生灵各得其所、各美其美的状态。帮助每个学生找到自己的道路，成为自己的样子，是学校教育的使命。实现学生的个性化发展，在丰富教育资源供给的基础上，还要给予学生充分自由选择的机会和权利。保证选择，才能促使学生学会规划、主动发展。

课程改革的深处是制度重建。配合课程建设的推进，学校实行走班制、学部（院）制、导师制、学长制、学分制改革，真正把选择的权利还给学生，让学生自主选择课程、团体、教师（导师）等，努力让每个学生都能得到最适合的教育和最个性的支持，找到属于自己的跑道。我们大力打造少年科学院、文学院和艺术学院，为有不同兴趣、潜力、志向的学生提供乐园。

将选择权还给学生，绝非突然地放任自流，而是要为学生的自主发展提供方向引导，为此我校引入导师制和学长制，为学生发展提供个性化帮助与支持。同时，探索学分制改革，保障学生的全面发展，导引学生的个性发展。

我们将学校划分为三个阶段：1.0 阶段的学校，是固定行政班授课制；2.0 阶段的学校，是有条件地实行走班选课制；3.0 阶段的学校，则要为学生的成长和发展实行“私人定制”，将学业指导、职业规划、人生规划结合起来。这才是现代学校的未来教育，也是我们三十五中人追求的教育信仰。

未来社会的有机化程度将急剧攀升，作为学校应该与之相适应，提升未来竞争力的一条必由之路在于着力将学校打造为拥有共同价值追求、明确具体目标、能够自由呼吸、富有生命活性的有机组织。这也是我们反复强调现代学校必须具有进化性的认识基点所在——好的学校应该是优良的生态系统。“万类霜天竞自由”，我们要将学校营造成一方生机勃勃的水土，给“生命、生活、生长”安家。

[第三章]

构建立体多元的志成课程体系

课程集中体现了一所学校教育价值的取向，是学校实现育人目标的重要载体，也是学校办学特色的主要载体和关键支撑。我们认为，课程在教育体系中居于核心地位，是一所学校的核心实力和竞争力，课程质量决定学校培养的人才质量。

在过去的10年里，三十五中将课程变革作为学校工作的“牛鼻子”，力图通过课程改革焕发学校的办学活力，促进学生的个性发展，实现学校的特色发展。围绕“志成教育：立志·成人”的办学理念和“五有人才”的育人目标，三十五中站在整体育人的高度设计课程体系，基于学生自主、全面而有个性的发展需求，整合校内外资源，丰富课程种类与层次，探索建立起“一体两翼三层”、立体多元的志成课程体系。通过课程建设，我们为学生成长提供了高质量、多样化、可选择的学习空间，走出了三十五中多样化、个性化发展之路。

一、课程建设的指导思想

无论是教育理念的落实，还是育人目标的实现，都需要通过课程实施来达成。从某种意义上说，所有教育目的都要以课程为载体来实现。《规划纲要》提出“为每个学生提供适合的教育”，其本质就是提供适合学生发展的课程。

那么，如何将教育目的、培养目标转化为课程目标，进而形成学校的课程建设方案？我们首先要厘清学校的课程价值观，从而确立学校的课程理念、课程愿景和目标。

（一）课程的价值定位

随着高等教育的大众化和走向普及化的进程，高中教育的实际功能和地位已经发生了现实的变化。清华大学谢维和（2011）教授提出高中教育的功能至少包含义务教育的延续和提升、职业生涯的过渡和衔接以及高等教育的预备三个方面，并特别强调第三种功能。课程是普通高中价值实现的主要载体，对普通高中办学价值功能的重新认识，令我们对学校课程建设的价值定位有了新的认识。

高中生即将成为成人，面临选考大学和专业选择，有的还会直接步入社会，所以高中课程要满足学生完成大学准备、职业准备和社会公民生活准备的需要，发挥普通高中教育的工具价值。同时，高中也是学生个性和才能凸显与发展的关键阶段，所以高中课程要尊重每个学生的个性差异，引导学生自觉思考并规划未来的人生，为不同潜能学生的发展创造条件，满足学生自主而个性发展的需要，发挥普通高中教育的内在价值。

长期以来，高中使用大一统的课程体系，整齐划一的课程设置和教学内容，培养出的学生也是千人一面。我们应该通过课程体系的建构与课程内容的开发，完成高中教育提高国民素质、培养合格公民、为高等教育输送人才的重要使命，最大限度地满足不同学生的多元成长需求，为各种类型人才的成长开辟不同的道路，满足我国经济社会发展对多样化人才的需求。

（二）课程建设的目标

三十五中重新规划确立了学校发展思路，决定放弃对分数和排名的斤斤计较，以学生的发展为本，探索一条独特的办学之路。无论是为学生全面而有个性的发展奠基，还是实现学校多样化特色化的发展，关键是课程建设。

在“志成教育：立志·成人”办学理念的引领下，我们适应学生当前和未来的发展需求，以为不同学生提供合理的个性化选择为出发点，从整体上进行系统规划和设计，传承、挖掘学校的办学传统与特色优势，整合、利用校内外的优质教育资源，进行学校课程体系的自主重构，构建科学分级、丰富多元、立体互通的开放式课程体系，由此——

为学生自主选择、自主学习、自主发展搭建平台，为每个学生的个性发展和潜能实现提供支持，引领学生找到自己的“跑道”并主动“奔跑”，实现课程的“私人定制”。

形成学校的课程特色和课程文化，促进学校特色化办学，形成内涵发展的新增长模式。

引领教师从学生发展的角度思考课程建设以及教育教学，提升教师的课程开发能力与实施能力，让课程建设成为教师专业成长的动力。

（三）课程建设的原则与特色

高中学生差异扩大、发展多元，高中教育是完成选择的奠基阶段。我们从高中教育的价值定位出发，基于高中学生的发展需求，致力于构建凸显基础性、选择性与整合性的课程，力图为学生的未来生存找到自我发展的生长点，满足学生的个性化发展需要，形成学校的办学特色。

1. 体现课程的基础性， 提升学生共同基础和综合素质

长期以来，人们过于强调高中教育作为大学的预备教育的功能。作为基础教育的高级阶段，高中教育不能只盯着学生的升学，而必须面向每一个学生，进一步增长学生的知识和技能，培养学生具有健全人格和公民素养，养成学生的人生规划能力，为学生的全面、终身发展奠定宽广、深厚、坚实的基础，为学生步入社会承担起个人的生活责任做准备。

课程的一个基本职能就是促进学生身心发展。保障课程的基础性，旨在进一步提升所有学生的共同基础和综合素质：精选学生终身学习、终身发展必备的基础内容，注重基础知识、基本技能、基本能力和基本观念态度和核心价值观培养，为学生的终身学习奠定知识、能力和态度的基础；从学生综合素质培养的整体性考虑开展“全人”教育，重视人文教育与科学教育结合，为学生全面均衡发展打下根基；加强研究性学习和实践，培养学生创新精神和实践能力，着重培养学生自主学习、自强自立、适应社会的能力。

联合国教科文组织国际21世纪教育委员会在《教育——财富蕴藏其中》一书中指出，“教育应当促进每个人的全面发展，即身心、智力、敏感性、审美意识、个人责任感、精神价值等方面的发展”。（联合国教科文组织总部中文科，2001）三十五中坚守学校全面育人的传统，高质量地、创造性地实施国家课程，重点建设科技与创新、人文与社会、艺术与审美、体育与健康以及生涯教育与素质拓展等课程，并搭建社会参与的平台，为学生全面、终身发展奠定宽广、深厚、坚实的基础。

2. 体现课程的选择性， 促进学生主动发展、 个性发展

基于对学生主体性和差异性的尊重，课程必须具备选择性。增强课程的选择性，就是以满足学生个性化选择的课程设置，来关照学生的个性化发展，激发学生的不同潜能，引导和激励学生在选择中学习和成长，在选择中尝试寻找人生方向。

选择性必须以多样性为前提。要尊重学生个性、基础、潜能以及发展方向的差异，使教育内容和方法多样化，满足学生基于个性的学习，促进学生在不同基础上的发展和个性特长的发展。增强课程的选择性，我们着重增强课程的多元性和层次性。立足学校传统和优势，为学生提供种类丰富的课程，并形成鲜明的课程特色，使学生具有不同的发展特色。三十五中顺应经济社会发展对多样化人才的需要，整合校内外教育资源，创设科技创新人才培养、中美双文凭课程项目以及高端技术技能人才贯通培养等多个人才培养项目，重点开发科技与创新、人文与社会、艺术与审美、体育与健康、生涯教育与素质拓展等特色课程，为学生提供了丰富的课程选择。同时，各学科打造由基础、拓展、研究三个层次课程构建的学科课程群，不同模块探索分层分类教学，通过课程科目的选择性和课程层次的梯度性，满足不同基础、不同发展需求学生的选择性需要，培养学生学有所长。

主体性教育理论指出，学生是教育的主体，自主性、主动性和创造性是其根本特性。尊重学生的主体性，就要给予他们自主选择课程、自主开发（建设）课程、自主学习课程的权利，帮助每个学生找到属于自己的“跑道”，不用扬鞭自奋蹄地“奔跑”起来。为此，三十五中基于课程创新推行“五制”改革，给予学生选择权，允许学生根据自身的个性、能力以及发展预期选择课程，并根据学校提供的信息、咨询与指导，自主制订并调整学习计划，形成个性化学习计划。

同时，将学生视为鲜活的课程资源，鼓励学生从自己的兴趣点、特长和资源出发，参与课程资源的开发，自主设计和开发活动性课程。创设有利于引导学生主动学习的课程实施环境，提高学生自主学习、合作交流以及分析和解决问题的能力。

3. 体现课程的整合性， 提升学生的整合能力和创新能力

当今世界面临的诸多重大实际问题如气候变化、能源变革等都具有综合性，任何一个复杂问题都不能在单一学科情境中得到解决。知识相互之间本就不是孤立存在的，我们注意到随着现代科学呈现综合化、整体化发展趋势，学科之间的联系与交叉日益紧密，科学的社会化和社会的科学化这种双向发展、相互交融的走势也日益明显。

从人的认知方式来看，我们对客观世界的认识具有整体性，但是我们的教育却存在许多人为的分离与割裂。英国哲学家怀特海（2012）[12] 在《教育的目的》中提出："教育需要解决的问题就是使学生通过树木看见森林。我极力主张的解决方法是，要根除各科目之间那种致命的分离状况，因为它扼杀了现代课程的生命力。教育只有一个主题，那就是五彩缤纷的生活。"

加强课程的整合性，是指尝试将学科内部的知识模块、不同学科课程以及不同学段的课程比较紧密地联系起来，将学生的校内学习同兴趣需要及社会问题比较紧密地联系起来，帮助学生建立学科知识间、学科与学科以及学科与生活、学科与社会的联系，整体地认识世界，综合地把握世界的联系。

现代学校必须培养学生具有综合利用多门学科知识去分析问题和解决问题的能力。我们推动学科融合，探索多学科知识和方法交叉的综合性课程，帮助学生更好地理解学科与世界，引导学生运用多个学科的视角及学科关联的视角理解世界，发展学生跨学科思维和综合运用所学知识分析问题的能力及创造性解决问题的能力。

在课程建设中，我们加强学科课程整合性的策略主要包括：一是在学科的框架之内进行课程内容的整合，包括选修与必修课程形态的整合；二是将两三门相关学科的某些主题安排在同一时间教学，或者由不同的学科教师同上一堂课，响应主题开展教学；三是围绕一个共同的主题将多个相关学科整合在一个正式的单元或学程里，多以一位教师的问题为中心，跨学科开展项目式学习和主题学习等。

由于三十五中学生 9 成多（文科接近 100%）能升入重点大学，所以学校注重加强与大学课程的衔接，增加课程的选择性和学术性，帮助学生进行专业的认识与选择，做好接受高等教育的准备。我校的学科课程建设以及科技、人文与艺术三大特色课程建设，都体现着这种整合的理念。此外，我们依托国际部开展中美课程融通与学分互认的探索，构建中西合璧的自主课程体系；依托六年一贯制课改项目，探索初高中课程的整合融通。

学生个体的发展总是与社会发展交织在一起的，教育要与生活世界连接起来，与工作世界连接起来。我们的课程要关注学生现实和社会现实，内容的选择体现当代社会进步和科技发展以及学生生活经验，反映各学科的发展趋势，增强课程内容与社会进步、科技发展、学生经验的联系。以课程为载体，引导学生把今天的学习与现实的生活、明天的工作密切联系起来，激发学生的创新性学习能力，培养学生在实践中灵活运用知识的能力，培养学生具备适应现代社会所需的各种技能以及在未来社会的生存能力和竞争力。

二、立足学生发展的志成课程体系

三十五中十余年的课程建设经历了三个阶段。在第一个阶段，课程变革体现为“点”的丰富，我们关注一门一门校本课程的开发与累加，鼓励教师基于学科拓展和兴趣特长开发课程，课程建设具有较大的随意性。在第二个阶段，课程变革体现为“线”的打造，我们围绕特定的办学特色或项目特色，包括科技创新人才培养、六年一贯制课改项目等不同人才培养项目以及科技、人文、艺术等办学特色，有计划地开发并丰富相应的特色课程群，课程建设具有较强的目的性，但也具有一定的局限性。在第三个阶段，课程变革体现为“体系”的架构，我们更加注重将课程有机地整合成一个联系紧密的、富有逻辑的育人整体，搭建学校课程结构，并基于课程创新开展制度重建，课程建设强调系统性和整合性。

一所学校的课程体系，应该是基于特定课程哲学建构的富有逻辑的、组织化的课程整体。我们回到原点再出发，思考、研讨我们的学生到底需要什么、我们的学校能给学生提供什么等问题。以学校的办学定位、价值追求和学生的发展需求、充分选择为逻辑起点，厘清学校办学思路和特色，从“育人”高度对学校课程体系进行梳理整合和顶层设计，精心研制定位准确、特色鲜明、结构完整、层次分明的课程方案，构建志成课程体系。

（一）整体设计

基于对学校办学精神的传承和学生发展需求的研判，三十五中确立了“志成教育：立志·成人”的办学理念。从立志到成人，学校教育的重点与核心在于帮助学生发现自己的天赋和潜能、找到发展的方向和动力，为学生发展提供以课程为核心的丰富资源支持，从而帮助学生找到适合自己的发展路径，成为全面发展、学有所长的“五有人才”。

主体性是现代性的重要特征。哈贝马斯认为现代性“以理性为基础，以人的主体的自由为标志”（汪行福，2000）。一直以来，我们的教育存在着功利化倾向，教育的目的往往是传授一种谋生的手段，而忽视了作为教育主体的人。人的自由而全面的发展，是马克思对未来社会的理想预见。《共产党宣言》中提出，取代资产阶级社会的，将是这样一个联合体，在那里，每个人的自由发展是一切人的自由发展的条件。人的自由发展是人的全面而有个性的发展的前提和基础，人的全面而有个性的发展是自由发展的目标和归宿。

“只有能够激发学生去进行自我教育的教育，才是真正的教育。”（苏霍姆林斯基，2000）我们在课程建设中尊重学生个体的生命独特性，课程结构融合学科体系、社会生活和学生经验，突出高发展性、高学术性、高选择性和高开放性，给予学生自主选择的权利，为学生自由的发展提供机会，帮助每个学生认识自我、成就自我、超越自我，实现人的发展的社会性与个性化的统一。

三十五中立足人、服务人、成就人，把促进学生自主、全面而个性的发展作为课程设计的核心价值取向。基于此，我们构建了“一体两翼三层”的立体多元的“志成”课程体系。其中，“一体”指的是核心课程板块，主要是学科课程，尊重学生学科发展的差异，发掘学科的教育价值，全面奠定学生文化基础，帮助学生发展优势学科。“两翼”指的是个性发展课程板块和自主发展课程板块。前者主要为综合课程，聚焦人类精神文明的三大支柱——科技、人文与艺术，培养学生综合素养，满足学生个性特长发展的需求；后者主要为活动课程，培养学生的家国情怀和国际视野，鼓励学生志存高远、敢于担当，引领每个学生自我发现、自我规划、自我实现、自我超越。“三层”是指核心课程板块和个性发展课程板块基本划分为基础、拓展和研究三个层次，通过课程的梯度性满足不同发展水平和不同发展需求的学生的需要，在保证共同基础的前提下，为不同发展方向的学生提供有选择的课程。“一体两翼三层”的课程体系兼顾学科、学生和社会发展的需求，互相融通、互相补充。

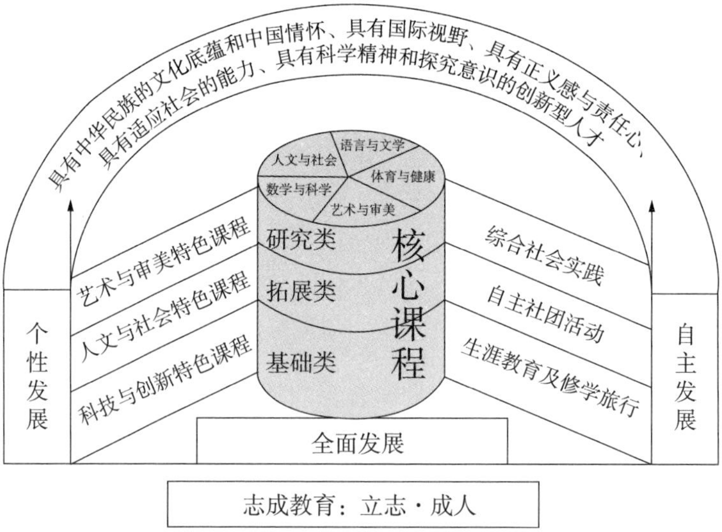

图 3-1　三十五中志成课程体系

（二）具体解析

1. 核心课程板块

课程定位：核心课程板块在志成课程体系中处于核心地位，是课程体系的主体，为学生的全面发展和其他课程的实施提供支撑。

课程目标：高质量完成国家规定课程，通过对学科课程的整合实施，培养学生终身发展和适应未来社会所需的共同基础，帮助全体学生掌握基础知识、基本技能和基本思想、基本活动经验，提升学生的学科核心素养，发展学生的自主学习能力、独立思考能力、沟通合作能力，培养学生的健全人格和创新精神。

课程建构与实施：核心课程板块主要为学科课程，以实施国家必修课程和选择性必修课程为主，还包括学科组开发的拓展、提高及整合性课程。

我们将核心课程板块整合为五大领域：数学与科学领域包含数学、物理、化学、生物、技术，旨在提升学生的理性思维、科学精神和创新能力；语言与文学领域包含语文、英语，旨在提升学生的语言文字素养和运用能力，帮助学生丰厚文化底蕴、提升文化理解力；人文与社会领域包含地理、历史、政治，旨在提升学生的文化素质和人文精神；艺术与审美领域包含音乐、美术，旨在提升学生的艺术修养与审美素质；体育与健康领域包含体育、心理，旨在鼓励运动参与、提升运动技能、促进身心健康、增强社会适应性。

为了满足不同能力、不同发展倾向的学生的需要，我们在学科课程建设中，发掘学科的教育价值，着力打造由面向全体学生的基础类课程、面向部分学生的拓展类课程、面向个体的研究类课程构成的学科课程群。

（1）基础类课程

基础类课程面向全体学生，目标是学生识记、理解、应用各学科基础知识和基础技能，完成国家课程标准要求。

（2）拓展类课程

拓展类课程面向部分学生，是对基础类课程深度与广度的拓展与延伸，为学科发展处于不同水平、具有不同需求的学生提供不同类型的课程，激发学生的学习兴趣，开阔学生的视野，完善学生的知识结构，促进学生在原有基础上进一步提升。具体包括三种类型的拓展：向下对后进学生的查漏补缺，帮助学生改变“短板”；向中做一般延伸，引导学生进一步确定自己的兴趣方向；向上对资优学生的加深拓展，帮助学生发展优势学科。拓展类课程更突出专业倾向性和趣味性，激发学生的学习兴趣，满足学生个性发展需求。

例如，数学学科拓展类课程开设了电影中的数学、数学探案、几何画板的应用、GGB 的应用等延伸性质的课程，这些课程富有趣味性和应用性，进一步调动了学生学习数学的欲望，帮助学生进一步认识自己的发展方向。此外，还面向资优学生开设了高中数学建模、几何证明选讲、数学史选讲等课程，这些课程帮助学生对数学某个知识领域进行进一步学习。

（3）研究类课程

研究类课程面向个别学生，为少数有学科天赋和爱好的学生提供上不封顶的课程，引领学生接触学科前沿性内容，开展课题研究，培养学生的学科特长。主要包括研究性学习项目以及大学先修类课程，以项目学习的方式培养学生的探究精神、创新意识、科研能力。

2. 个性发展课程板块

课程定位：个性发展板块的课程是三十五中着力开发建设的特色课程，为学生的个性化发展提供有力支撑，丰富着学校的办学特色。

课程目标：提升全体学生的科技素养、人文素养、艺术素养，培养学生兼具理性、感性与德性，成就学生在这三个领域的个性化发展。

课程建构与实施：课程的丰富性是学生全面发展的必要条件，而学校对于课程的特色建构和实施是学生特色发展的基石。三十五中设立个性发展课程板块，重点打造科技与创新特色课程、人文与社会特色课程、艺术与审美特色课程。因为我们认为这三个领域的课程对中学生精神的成长与发展具有奠基性作用，同时也能为学生的个性发展与特色发展提供有力支撑。

核心课程开发的主体是各学科教研组，而个性发展课程的开发主体是科技教育中心、鲁迅书院和艺术教育中心。与核心课程相比，个性发展课程不以学科知识为中心，更多的是跨学科的整合性课程；在课程层次上注重梯度性，基础类课程强调趣味性和普及性，拓展类课程凸显多元性和提升性，研究类课程追求专业性和个性化；在教学方式上，不注重系统的知识传授，更多采取主题式或项目式教学。

个性发展课程突出多元性和层次性。一方面，通过举办相关主题活动（包括科技节、艺术节、微电影节、音乐节等）和开放性讲座等灵活多样的形式，广泛吸引学生参与，调动学生的兴趣，让每一个学生都能从中受益。另一方面，开发不同梯度、层次的课程，为有兴趣、有潜能、有志向的学生提供针对性支持，帮助他们获得适合自己的发展。

个性发展课程突出综合性和实践性。课程不再将重点放在某个特定学科，不是教授学生孤立、抽象的学科知识，而是将重心放在特定问题或情境，强调把知识还原于丰富的生活。课程内容关注学科间的联系与整合，关注学生生活和社会现实，联系高等教育和职业发展，将书本学习与实践学习结合起来，帮助学生学会运用多个学科的视角及学科关联的视角理解世界。

课程通常围绕某个专题或项目展开，科技与创新课程重在引领学生围绕专题去发现问题、提出问题、解决问题，人文与社会课程重点引领学生围绕专题去整理资料、感悟体验、思考分析，艺术与审美课程重点引领学生围绕专题参与互动、感受体悟、提升技能。我们正在尝试将科学、技术、工程、艺术、数学等学科整合起来，通过项目式教学培养学生的创新精神与实践能力，促进创新型、创业型人才的成长。

怀特海在谈到教育的目的时曾说过要将学生的专家知识与文化素养化

为一体："他们的专家知识为其提供人生起航的基础，他们的文化素养将引领其走向哲学的深度和艺术的高度。"（Whitehead A N，1929）我们希望，通过科技教育培养学生的理性，培养学生具有科学精神和探究意识，掌握生存与创新、创造的技能；通过人文教育养成学生的人性，引领学生形成价值判断，树立文化自信；通过艺术教育激发学生的灵性，陶冶美好心灵，提升想象力和创造力。

3. 自主发展课程板块

课程定位：自主发展板块课程主要为活动性、实践性课程，为学生认识自我、了解职业和探索世界搭建平台。

课程目标：引导学生自我发现、自我规划、自我实现，养成学生的积极心理，提升学生发展的自觉性、主动性和规划性。同时，引领学生在社会实践中增强家国情怀与社会责任感，建立更大的人生坐标系，追求人生价值和社会价值的融合、提升。

课程建构与实施：目标对人生有巨大的导向性作用。我们认为，基础教育的功能与价值的核心之一是帮助学生找到发展的方向和动力。尤其对高中阶段的学生而言，他们开始凸显不同的个性和才能，并且正面临着从高中升入大学时要做出的人生的第一次职业定位。

我校"立志"教育的重点在于帮助学生在认识自我、认识职业、认知社会的基础上规划未来，唤醒学生自主成长的动力、愿望。我们希望培养三十五中的学生志存高远，在更大的视野里思考人生价值，真正找到并确立自己的人生目标，成为有理想信念、敢于担当的"志成人"。为此，我们以生涯发展教育为主线，辅以自主社团活动和综合社会实践等，引领学生知行结合，培养他们对自己未来发展做出科学规划和正确选择的能力。

我校生涯发展教育设计与实施的主体是生涯教育与素质拓展中心以及学生发展中心，但生涯发展的理念渗透到学校各项工作中，全校教职工共同参与。其中，生涯教育与素质拓展中心重点负责生涯教育课程、小学段修学旅行等。生涯教育课程将生涯教育的核心内容进行主题化、系列化的设计，每周安排一到两课时，修学旅行则是将学业学习与职业探索、社会实践融合起来，每学期安排一周，通过知行结合帮助学生认识自我、职业以及社会，探索生涯规划与生涯决策。学生发展中心重点负责学生社团课程以及学生自主申请学分课程等，搭建学生自主管理、自主体验、自我超越的平台，让他们发展个性特长，锻炼综合能力。学校许多大型活动，从方案设计到具体实施，都由学生社团承接和负责。

社会性是人的本质属性。通过社会参与，学生才能更好地关注现实，了解社会，增强担当精神和责任意识，增强创新精神和实践能力。我校在课程建设中特别注重给学生提供社会参与的平台，开发综合社会实践活动，主要包括国际理解课程、志愿服务活动、学生自主组织的社会活动，尤其是志成学生联盟发起组织的各项活动。

国际理解课程主要包括境外游学课程、接待外国交流学生，以及模拟联合国社团活动和学校举办的相关专题报告等。我们希望通过国际理解课程，培养学生具有全球意识和开放心态，能尊重世界多元文化的多样性和差异性，并关注人类面临的全球性挑战，理解人类命运共同体的内涵与价值等。

我校提倡学生参加志愿服务活动，并将志愿者经历证书作为学校五证之一，努力提升学生的社会责任感和正义心。我校是北京市慈善义工协会的第一个团体会员，学生们时常参加协会组织的义工活动。学生们还会自主参加甚至组织志愿服务活动，经过申请可以获得学校的相关学分，并在达到一定标准后获得学校颁发的志愿者经历证书。

2017 年 5 月 1 日，我校学生发起的志成学生联盟正式成立，汇聚学生、家长、企业等多方力量，助力成员的生涯规划、实习实践乃至创业梦想。志成学生联盟以“连接你我　联动世界”为主旨，在学生、家长以及企业间搭建沟通平台。成员可以免费参加学生领袖发展类交流活动、学生会员探索和成长类活动、企业实习实践类活动、家长论坛以及经验分享类活动，根据活动类型、兴趣爱好、职业发展、就业规划等个人成长需要，在联盟中实现机会寻求、资源匹配、实习实践、合作交流、互助成长、生涯规划。家长可以由此了解教育、社会动态和孩子成长轨迹，增强方向性和针对性。企业作为联盟的支持、赞助和培养方，提供多样化实习实践机会的同时，可以关注行业种子的培养和发展。例如，志成学生联盟名师讲堂曾邀请盒子鱼 CEO 黎小说到三十五中，跟师生分享“AI 时代，中国学生需要什么样的素质”，他特别强调人工智能时代通才才能系统性创新。

由于育人本来就是整体性的，而且人的自主发展、全面发展与个性发展之间密不可分，可以说全面发展是个性发展的基础，自主发展是个性发展的前提，个性发展是自主发展的目标。所以，志成课程体系中“一体两翼三层”的课程并非完全割裂分离，而是存在着许多交叉融合之处。

三、办学体制与课程形态的多样化

三十五中现在是一校四址办学，包括初中部、高中部、国际部和高端技术技能人才贯通培养项目。2017 年，中华路小学和四根柏小学合并为北京市志成小学，该校成为三十五中的附属小学和对口直升校。由此，三十五中形成了纵向囊括小学、初中、高中三个学段，高中阶段囊括四个特色人才培养项目的办学格局。这样的办学格局，是学校多年来坚持探索人才培养模式创新的成果，为学校课程改革拓展了广阔空间，也为学生个性发展提供了更多选择。

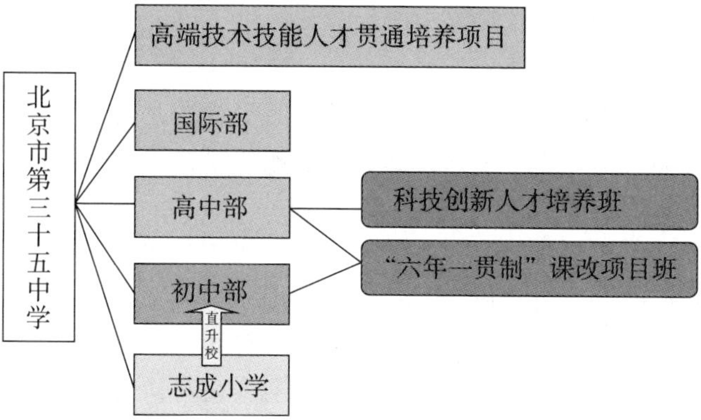

图 3-2　三十五中办学格局示意图

2008 年，基于国家、社会对人才的特殊需求以及学生多样化发展需求的判断，我们带领学校先后创办了多个人才培养项目，为学生搭建了多元成长路径。目前，在高中阶段，我校学生有 4 个特殊的人才培养项目可以选择。

（一）六年一贯制课改项目班的课程

六年一贯制课改项目班的创建，起于我们的“私心”。2008 年我受命到三十五中担任校长，当时学校分为初中部和高中部，不过两个校区在教育教学上的关联并不密切，老师和学生以升入区内顶尖学校为荣。基于三十五中的初中部和高中部应该是个整体，我们提出学校可以探索初高中贯通培养的模式，既能让初中部的出类拔萃的学生留在高中部，还能增强学校整体的凝聚力和吸引力。

2008 年 9 月，三十五中成立首届六年一贯制课改项目班，从初一新生中选拔 60 人组成两个项目班。尽管初衷的确是留住优秀学生，但我们的目的绝不是选拔出尖子生通过强化训练提高他们的考试分数。尤其是 2009 年温家宝总理到校调研提出两个问题后，我们明晰了六年一贯制课改项目班的目标是探索拔尖创新人才的早期发现和培养模式，培养具有责任心、创造力和领导力的拔尖创新型人才。

为此，我们研究拔尖创新人才具有的特征，遵循教育规律和人才成长规律，探索建立项目班学生的选拔标准、课程方案、教学方式以及评价模式等。六年一贯和直升政策，为课程改革提供了更大空间。我们依据育人目标，对初高中六年的课程进行系统思考和设计，慎重进行加法和减法，更加注重学段学科的融通，更加突出课程的实践性，着力提高学生服务国家人民的社会责任感、勇于探索的创新精神和善于解决问题的实践能力，帮助学生成长为未来的行业领军人物。

初中和高中的教学内容存在重复和衔接问题。我们整体设计初高中六年的课程，打破学段与学科边界进行整合优化，减少不必要的考试负担，力求实现减负增效，为学生个性化发展拓展空间。项目班教师基本连续六年任教，每年召开项目班的学科教学研讨会，在对初高中课程形成整体认识的基础上，分学科制定六年一贯的课程纲要，统筹设计学科六年不同的教育内容、教学活动等，并着重在知识衔接上下功夫，减少初中到高中学生学习的“跨越感”。

学科课程的整体设计，为项目班学生腾出发展时间。我们重点打造六年一贯制的专修课，每周四下午学生根据自己的兴趣潜能，不分年级，从科技与创新类、人文与社会类、艺术与审美类、体育与健康类课程中选择适合自己的课。我们特别重视艺术教育，每名六年一贯制课改项目班学生要学习一种民族乐器、一种西洋乐器，并开设美术工作坊，将原先每周一节的美术课集中在期中和期末上两次，让学生有时间去设计、去创造。我们提出“斐偲”体育精神，周一、周三、周五下午开设两节连堂“长课”，经常举行项目班的体育活动或小型竞赛，培养学生的运动兴趣和竞争精神。

每学期拿出一周时间作为小学段，带学生走出校门、走进社会开展修学旅行，并且根据年级特点系统设计六年的活动主题。学生带着课题出发，在行走中思考，了解自我、体察社会，提升人文素养、学术素养以及实践能力、合作能力、创新能力等。

表 3-1　六年一贯制课改项目班小学段课程设计

年级	时间	内容	活动目标
初一	第一学期	天津参观航母	团队组建
初一	第二学期	西安考古	自理能力
初二	第一学期	学农	生活能力
初二	第二学期	行走长白山	科技素养
初三	第一学期	考察云南热带雨林	科技素养
初三	第二学期	素质拓展	体谅他人
高一	第二学期	阳朔攀岩探洞	拥抱挑战
高二	第一学期	参观鹦哥岭自然保护区	磨炼意志
高二	第二学期	爬哈巴雪山	超越挑战
高三	高考后	考察贵州平塘天眼	六年总结

项目班学生还可以享受境外课程，高一下半学期作为联合国教科文组织的文化交流小使者，到美国或加拿大的高中插班就读半年，开阔国际视野、培养国际胸怀的同时，培养家国情怀、独立能力、自主精神和责任担当等。“这半年的收获，比我以往经历过的任何一个半年都要多……”“在国外任何事情都要自己解决、自己负责，锻炼了我的适应能力和自理能力。”“我产生了一种使命感，对学校‘五有人才’的培养目标有了更深切的理解。”……这些都是学生参加境外课程的游学体会。

在祖国各地修学旅行，在国外高中插班就读，在高端科学探究实验室开展课题探究，在鲁迅“家”里读书交流……在多彩课程中领略到的别样风景，帮助项目班的学生对自己有更清晰的认识，对未来有更主动的设计，从而找到多元个性的出路——部分学生在境外学习时考察当地教学资源，思考自己的成长路径，选择直接在国外读高中；部分学生项目班完成高中学业后，直接申请国外大学，被美国波士顿大学、美国圣母大学、加拿大滑铁卢大学、美国欧柏林学院、英国帝国理工大学等国际名校录取；许多学生在丰富的课程中发掘、发展了潜能，凭借独特优势赢得大学自主招生资质；大部分学生参加国内高考，班级平均分达到北京顶尖高中水准，被心仪的国内大学录取。

（二）科技创新人才早期培养班的课程

2010 年暑假，在学校统招的学生里，经中科院专家和学校教师联合面试，我们选拔 80 名学生组成两个科技创新人才早期培养班（简称“科技班”）。9 月 26 日，首届科技创新人才早期培养班举行开班仪式。我们将课程建设作为科技班工作的重中之重，整合学校和中科院的教育资源，精心为科技班设计了五大课程板块：学科基础课程、综合选修课程、中科院课程、学生社团活动课程和综合实践活动五大课程板块。

具体而言，学科基础课程包括学科必修和学科必选课程，完全按照国家课时标准开足开齐，在课程内部和学科之间进行整合，其中研究性学习课程与中科院课程整合，通用技术与信息技术连排以保障中科院课程的长课时需求。综合选修课程包括体育健身、学科竞赛和民族文化类等多类课程。学生社团活动课程是学生自主管理、自主实施的活动课程，社团包括文娱类、理论类、科技类、服务类等社团。综合实践活动课程包括社区服务、社会实践等，并与生涯教育课程有机结合，通过研学旅行等多种形式开展。

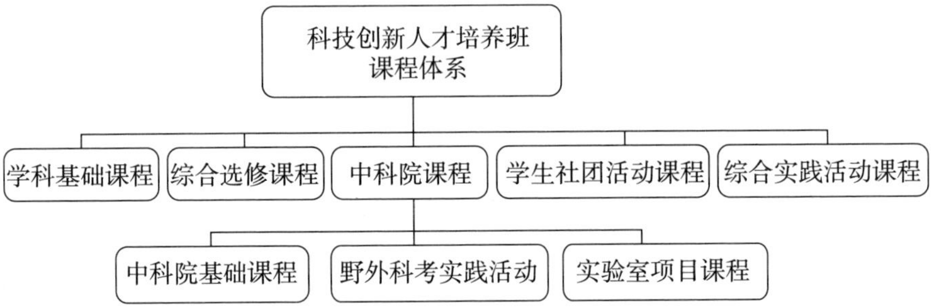

图 3–3　科技创新人才早期培养班课程体系简图

中科院课程是中科院为三十五中科技创新人才早期培养班提供的特色课程，根据学生的接受能力分为三个层面。

中科院基础课程——中科院基础性课程单元是依托中科院的“软实力”，利用每周的半天时间，把各个领域各个学科的科学家请进教室，结合目前科技发展的前沿和热点，结合中学生学习和生活实际，结合学生今后发展的需求，进行各领域普及教育，让学生了解科技的前沿知识，发现自己的兴趣增长点，为将来的课题研究和专业选择打下基础。

“机器智能未来能取代人的智能吗”“揭开纳米尺度这个神秘世界”……首届科技班学生在一年里聆听了20余名一线科学家和科技管理工作者的讲座，推开了科学之门。

野外科考实践活动——学生走进中科院国家重点实验室参观实践，寒暑假参与国内外的科学考察活动，学习科研方法、体验科研过程、增强实践能力。首届科技班学生们走进了中科院近20个院所，2011年1月和7月分别到云南西双版纳热带植物研究所和长白山中科院野外台站开展野外科考；第二届科技班学生到云南、粤港深地区等地进行科考，还赴陕西进行社会实践人文之旅。

实验室项目课程——高二、高三学年，由中科院实验室（或三十五中高端科学探究实验室）提供课题，学生根据自己的兴趣选择方向，在中科院和学校博士工作室“双导师”指导下完成一项课题研究。学生要自主选报课题、通过专家面试、制订研究计划、实施研究过程并撰写科研论文。

学校专门为科技班举行课题研究中期汇报会和结题答辩会，邀请专家团队点评指导。中科院专家们表示，通过做课题，学生不仅掌握了许多科学知识和科研方法，更提升了科学素质，锻炼了科学能力，表现出很强的逻辑思维能力、发现与解决问题的能力、动手操作能力等。而这些都是创新型人才必备的素质。

表3-2　首届科技创新人才早期培养班完成的10个领域15项课题

科学领域	项目题目	参与学生
动物学	蜕皮激素受体基因在飞蝗中的作用	英如英
	各种龙科的对比研究及分布情况	潘梦瑶、张璐、叶师然、张怡、郭涛、吴伊萌、黄子宬、张硕、张天择
	小鼠脂肪来源诱导多能性干细胞系的培养及分子鉴定	陈楚琪、李伟光
植物学	转基因技术在提高植物耐盐碱性方面的应用	刘佳颖、慕宗伯

续表

科学领域	项目题目	参与学生
环境科学	长期多环芳烃-砷复合污染土壤植物-微生物联合修复效果研究	高巍、王逸伦、刘欣然、田乔
天文学	天体磁场的普遍性和相关性探讨	田鑫、郑甦、宋晓雷、张志尧、李孝成
	天文变星观测与研究	张定一、李沛宁、杨晓萌、李曼玉、汪紫妍
	怀柔太阳观测基地太阳黑子记录数据整理与分析	彭子豪、刘义文、郑瑶
行为与社会科学	奥数对于中小学生数学学习成绩和学习兴趣的影响	王亦豪、刘斯墨、张佳奇、刘嘉硕
物理学	汉语哈斯效应的研究	徐睿捷、张肃潇、张昫旸、车辙、郭婧、詹晟
微生物学	东北冻土湿地微生物种群分离	龚禧、张曦
数学	城市地铁突发事件应急救援方案研究	陈继耘、张玅琦、王雨濛
工程学	智能环境监测系统	朱思樾、芦瑞、吴天昊、彭竞阳、宋延轩、郭傲、周可心
	微缩智能车的研究	宋芃、刘帅、相隆悦
化学	探索纳米科学的奥秘	赵维哲、王佳辰、崔一冰、常梦然、王艺颖

这些课程尤其是中科院课程的实施，为具有科学兴趣、科学潜质的学生提供了机会与平台，他们发现并发展了自己的兴趣，在不同类型的比赛中获得大奖。在大学专业选取中，科技班很多学生选择了自己高中期间课题探究的专业方向。首届科技班学生英如英从小喜欢生物，在科技班就读期间进行了动物学课题研究，大学也选择了生命科学相关专业。李伟光同学在科技班就读期间跟随中科院动物研究所知名科学家周琪院士课题组进行了小鼠干细胞的相关研究，在课题结题答辩时有专家提问考查他的专业知识，他没有回答上来，却用这样的一句话回答了专家的提问："对不起，您问的问题我确实还不清楚。不过您放心，我决定大学就读这个专业了，一辈子研究这个问题，我相信我将来肯定能回答您的问题。"

（三）国际部的课程

经济全球化、信息化时代的到来，需要大批具有国际视野、通晓国际规则、能够参与国际事务和国际竞争的国际化人才，教育国际化也成为一种必然趋势。这是机遇，也是挑战，尤其对一流学校而言。

2011 年三十五中正式申请举办国际合作课程项目，主要有两个方面的考虑：一方面是学校地处金融街，在与家长及社会的接触中了解到越来越多的学生想在大学阶段出国留学，作为中学我们想为这部分学生提供教育服务；另一方面，我们想借助设立国际部，探索教育国际化的中国道路，为高中课程改革提供经验与借鉴。

实际上，三十五中在国际教育交流方面有着深厚的底蕴。自 20 世纪 80 年代，三十五中一直作为西城区对外开放窗口单位，每年接待各国师生，教育思想比较开放，不过这个时期的交流不够深入。2009 年 1 月，我校启动中美、中加半年期交换生项目，每年派出几十名学生到美、加高中留学。对参与项目的学生的跟踪研究发现，95%以上的学生交换回来后学习表现更加主动，自我规划意识和能力更强，更乐于参与各项社会活动；90%以上学生虽然落下半年的中国高中课程（高一下），但高二以后成绩一直呈上升趋势，高考表现出色。短短半年的国外留学，是什么样的教育、什么样的力量让这些学生发生了如此大的变化？在对交换生的座谈与访谈中，我们产生了开展中西基础教育比较研究的想法。

教育的核心价值是：为谁培养人？培养什么人？怎样培养人？所以，我们认为教育国际化绝非西方化，更非美国化，它包含着本土教育国际化和国际教育本土化两个维度。推进中国教育国际化，应在交流、碰撞中实现融合、创新，促进我国高中课程改革，培养中国所需的国际性人才。

2012 年，三十五中国际部正式创办，确立了培养“具有中国情怀的世界人，具有世界胸怀的中国人”“未来能够代表中国与世界对话的人”的育人目标。育人目标最终通过课程实现。国际部的课程没有照搬其他国家或国际组织的课程，而是以中国基础课程为主体，吸收美国课程中学生所需的内容，基于 21 世纪人才素养和全球化背景下高素质综合人才的要求开发自主课程，兼容中西方教育优势，以中西合璧的课程体系为学生奠定坚实的学术基础和高水平的学术能力，以及生涯规划的能力和适应社会的能力。

中国高中基础课程——在中国高中会考课程中尝试文科综合课程和理科综合课程，跨越学科的边界，拓展知识的宽度，培养学生的思辨能力和解决实际问题的能力。文综课程重点帮助学生积淀中华民族的文化底蕴。

美国高中特色课程——选取语言类课程和理科、工科、商科类课程，包括语言文学、学术英语、学术规范以及统计学、微积分、基础经济学、市场营销、微观经济学、工程设计、艺术设计等特色课程，为学生做好衔接国外大学专业课程的学术准备。

中国国学文化与艺术课程——在艺术教育的过程中培养学生创造性地认识世界和解决问题的能力、高效沟通的社会交际能力和密切的团队合作能力。具体课程包括经典阅读、古籍典藏初探、话剧、国画、书法、篆刻、民族音乐、民族舞蹈、民俗研究、舞台设计、服装设计、平面设计等。

生涯教育及素质拓展课程——提升学生的自我认知、社会认知和对自我、对他人、对社会的责任感，培养学生生存能力、生活能力、交往能力、创造性解决问题能力等。具体课程包括城市拓展、职业体验、演讲与辩论、生涯规划等。

基于这个项目，我们计划用 10 年左右时间开发一套符合中国国情和时代特征、拥有中国独立知识产权、能够获得国际社会认可的中西合璧的国际高中课程。

（四）高端技术技能人才贯通培养项目的课程

随着我国技术进步、经济结构与产业结构的调整、升级，尤其是京津冀协同发展这一重大的国家战略的实施，北京将加快推动产业升级转型，加快构建高精尖经济结构，北京的职业教育需要培养面向高精尖经济结构和高端产业的技术技能人才。为探索培养高端技术技能人才的新路径，北京市决定开展高端技术技能人才贯通培养试验。

贯通培养项目的培养模式为“2+3+2”。自 2015 年起，北京市教委支持部分职业院校与示范高中、本科院校、国内外大企业合作，选择对接产业发展的优势专业招收初中毕业生，学生完成 2 年高中阶段基础文化课学习后，接受高等职业教育 3 年和本科专业教育 2 年（其中本科教育通过专升本转段录取）。由此，打破体制与机制的壁垒与障碍，整合融通各级各类优质教育资源，积极构建人才培养的“立交桥”，打造高端技术技能人才培养“直通车”。

因为三十五中国际部有国际合作课程项目的实施经验，2015 年学校受北京市教委的委托，与北京电子科技职业学院合作办学，开展高端技术技能人才贯通培养试验。三十五中负责高中段基础文化课程方案设计和各学科课程标准制定、学科组建设和教师培训、对教师的教学过程和学生学业质量进行考核。学生修满相应学分且会考成绩合格，由三十五中颁发高中毕业证书，然后转入高职继续进行专业学习。为此我校选派各学科骨干教师进入项目担任专职学科组长并教授课程。

基础文化课程按照素质教育的理念搭建课程体系，开展通识教育，引入大学先修课程和创新创业课程，培育和践行社会主义核心价值观，提升学生的人文素养、科学素养、健康素养，增强学生创新精神、实践能力和社会责任感，培养学生国际交往能力和可持续发展能力。目前，该项目高中段课程分为共同基础类课程（必修）、志趣拓展类课程（选修）、行为习惯类课程和荣誉学分类课程；设置了语言与文学、数学、人文与社会、科学、技术、艺术、体育与健康、综合实践活动八大学习领域，每个领域由课程价值相近的若干学科组成。

在办学过程中，我们与德国应用技术大学联盟、法国科技大学联盟签署合作协议。为确保外培项目顺利实施（900 名 2015 级学生中将近 400 人有资格公派进入德国和法国应用科技大学留学），项目增设第二外语作为高中阶段必修课，使学生进入大学本科阶段前，德语或法语能力达到《欧洲语言共同参考框架：学习、教学、评估》所规定的 B2-C1 级水平，同时英语能力达到《欧洲语言共同参考框架：学习、教学、评估》所规定的 B1 级水平。此外，为体现项目特色和项目培养人才需要，将数学、物理、化学和生物作为核心学科，将艺术、体育、专业技能和外语作为支柱学科，加以重点打造。

经过两年多的实践探索，我校与北京电子科技职业学院干部教师精诚合作，克服了不同学制、不同体制机制的困难，合作项目的办学声誉与日俱增，社会和家长越来越认可这种区别于传统高考的职普融通的贯通培养模式。第一批学生已经顺利转段进入高职阶段自己心仪的专业学习；高中基础阶段办学规模基本稳定在 50 个教学班、1800 名学生。

四、课程建设的推进策略

在课程变革过程中，我们坚持开放办学，鼓励先行先试，探索系统变革，有力地促进了课程变革。

（一）开放办学：海纳百川聚合课程资源

三十五中现在有鲁迅兄弟旧居、北京金帆音乐厅、志成书画院、志成国学馆、民族器乐博物馆以及10个高端科学探究实验室等课程开发平台，可以说教育资源非常丰厚。这些资源并非天上掉下来的“馅饼”，而是我们在这些年的办学过程中一点一滴地争取、挖掘、积累起来的。

之所以十年如一日地孜孜以求，是因为我们意识到学校拥有的教育资源是有限的，而学生的成长需求是多样的，供需矛盾天然存在。要满足学生全面而个性化的发展需求，必须秉承开放的态度，善于争取社会各界的优质教育资源“为我所用”——海纳百川，有容乃大。

秉承以课程奠基学生发展的理念，我们倡导以课程意识重新审视与学生成长相关的一切资源，坚持开放办学，把一切有利于学生成长的资源都当作课程资源来开发和使用，更好地服务于学生的全面而有个性的发展。

1. 跨领域合作

面对学生多样化、多层次的需求，我们深刻地意识到学校拥有资源的局限性。所以，学校打开校门，主动与高校、行业协会、企业以及其他社会机构建立合作，丰富资源的供给，提升课程的层次。现在，跨领域合作已成为学校的常态。例如，2017年5月27日，中国京剧梅派艺术传承基地落户志成小学和三十五中，学校将与北京市梅兰芳艺术基金会、梅兰芳纪念馆一起开发、设置以梅派京剧艺术为核心的相关课程，编写课程教材，举办以梅派京剧艺术为主题的相关教育活动。

生涯教育与素质拓展课程的重头戏是每学期的小学段课程和素质拓展活动，2009年启动时，学校缺乏相关的师资、资源和经验，所以与专业机构合作，让专业人员帮助我们设计、安排活动，这就属于“借船出海”。经过两三年的探索后，生涯教育与素质拓展中心的老师们对活动设计有了相当了解，也掌握了不少资源，还专门引进了一位擅长素质拓展活动的老师。现在，中心负责全盘统筹设计学校的小学段课程，并把学校教职工的力量调动起来，自主打造了小学段游学路线和课程。

2. 拓展个体资源

专业性与局限性是共生共长的，教师群体在视野和经历上有其天然的局限性，这一局限性决定了教师作为校本课程开发的主体存有“短板”。三十五中特别注重将学生、家长、校友、专家等个体资源调动起来，通过专题报告、系列讲座、选修课等多种形式，让个体的经历体悟变成鲜活的校本课程，从而丰富校本课程的内容，增强课程的贴近性和吸引力。

学校设立家长委员会，邀请各行业、各领域的家长到校，分享自己的生活经历和职业感悟，帮助学生增进对职业、对社会的了解。午间时光，老师和学生都可以主动报名登上志成讲堂，与大家分享自己的学术心得或某段经历。

三十五中多年来培养了大批国家栋梁之材，我们自然不会“放过”这些天然的优质课程资源。现任故宫博物院院长单霁翔 1967—1970 年在三十五中就读，我们邀请他在开学典礼上为师生带来报告“信仰的力量——将壮美的紫禁城完整地交给下一个六百年”，他对故宫深沉的热爱和虔诚的维护令学生们动容，增强了他们的文物保护意识和兴趣。三十五中校友、被称为“女郎朗”的青年女钢琴家田佳鑫数次应邀在母校登台进行钢琴演奏，打动师生的不仅有她的艺术魅力，还有她充满曲折磨难却自强不息的成长经历。

很多合作过的专家也被发展加入我们的校本选修课师资队伍。中国建筑设计院有限公司人居环境事业部主任邓烨是一位非常优秀的建筑设计师，为三十五中设计了一座融合了传统与现代、承载着历史与未来的新式校园。校园精妙的设计勾起了师生们的兴趣，学校于是特聘邓烨为终身教师，给学生们上校本选修课《建筑赏析》。我们的校园、中外建筑历史、北京城的历史、建筑结构基本知识、斗拱模型制作、绿色建筑等内容模块都与学生的生活密切相关。上课形式也灵活多样，除课堂讲授外，还有古建筑实地参观、简单测绘、模型制作等诸多动手实践的环节。

我们认为学生是鲜活的课程资源，并将学生视作课程资源的开发者。社团课程、志成读书人沙龙、艺术社团当课堂助教……学生正成为一种积极的教育力量。

3. 深挖学校资源

校本课程的开发要立足于学校实际，挖掘学校的教育资源，发挥学校的教育资源优势，传承学校的文化内涵，要把学校内外的教育资源整合在一起进行规划，以学校文化为主线，构建学校课程体系，为学生的发展提供适合的教育。

每所学校都有自己的文化底蕴，挖掘学校文化加以传承、弘扬，也是一种课程的资源整合策略。例如，因为鲁迅兄弟旧居位于高中部新址，我们成立鲁迅书院作为人文与社会类课程开发主体。又如，中国共产党的主要创始人之一李大钊是志成中学校的建校董事之一，他大力支持学校的建立和发展。李大钊不仅是我党早期卓越的领导人，而且是学识渊博、勇于开拓的著名学者。在建党 90 周年前夕，学校成立李大钊研究会，感兴趣的学生可以选择相关的研究课题，学习、传承李大钊先生的爱国主义精神、社会责任感，以及体悟其深邃的思想和伟大的人格。

4. 跨地区合作

地球正在变成一个村，学生的学习当然不应该封闭在一座校园内、一个城市中。我校与其他地区甚至其他国家的学校建立合作关系，为学生提供到其他地区甚至其他国家学习的机会，让学生在更广阔的平台上开阔视野、切磋交流。

2008 年开始，通过与北京市联合国教科文组织协会合作，我校每年选派部分学生作为文化交流小使者，到美国、加拿大当地的高中插班就读。半年里，大多数学生独立在一所当地学校随当地学生就读，住在当地的志愿者家里，与当地学生上相同的必修课程，自主选择感兴趣的选修课程，并参加学校和社区的各项活动。“留学”归来的学生们的社会实践能力、沟通交际能力、社会适应能力、自我管理能力和自信心显著增强，他们对祖国和父母更加感恩，并且开始学着规划人生。境外学习让学生获得了一个更加开放的视角，他们学会理性地接受多元文化，学会从多元视角看世界，学会面对压力与挑战，学会理解、责任与感恩。

作为中国高中六校联盟的成员校，我校学生还能参加海南中学的机器人夏令营和海洋课程，参加哈尔滨第三中学组织的学生商业挑战赛和学生领袖课程……与其他地区优秀同龄人一起学习、一起交流，这种经历对培养学生的交流合作能力很有助益。

系统科学研究表明，任何一个系统只有是开放的，与外界环境有物质、能量、信息的交流，才具有活力，才能不断发展；反之，封闭的系统只能是故步自封缺乏生机的。开放性，成就了三十五中课程体系的丰富性、动态性和可能性。

（二）先行先试：国际部作为全校课改试验田

2012 年 6 月，三十五中中美双文凭国际高中课程项目正式获批启动，国际部随之成立。我们将国际部作为学校探索教育国际化的先锋，明确其定位为“全校课改的试验田、新课程的孵化器、优秀教师的研修基地”，希望通过国际部的实践与探索，为高中课程改革和人才培养模式改革提供经验和借鉴，从而让不能出国的学生也能享受到教育国际化的成果。

国际部成立后，与美方友好校凯莎通高中开展深度学分互认和中美基础教育比较研究。在时任联合国教科文组织协会世界联合会副主席陶西平先生的主持下，开展课题“基础教育国际化人才培养国际比较研究”，对中美高中的课程内容、教学方式、学习方式、评价方式、育人模式等方面进行了深度的比较、分析与研究。国际部中外教师一起开展各种融合式教学的探索与尝试，并形成了专门的成果集。2015 年，北京市联合国教科文组织协会为我们的比较研究项目举行结题论证会，对教师们的研究成果给予了充分肯定。这些研究成果被借鉴到学校初高中部的课程改革和育人模式创新中。

在课改过程中，三十五中确定了推行个性化教育的价值追求，并提出了“五制”改革的方案。为了让教育教学更加关注到不同特点学生的个性化发展，2013 年国际部开始尝试走班。学生们从起初的不适应到渐入佳境，而教师们则遭遇前所未有的挑战：课表排不出来了，教室不够用了，教师不能有病假了，课间的楼道拥挤了，作业不知道怎么收了，班主任各项通知不能及时传递给全班学生了，教师不容易关注到在某一学科学习有困难的学生了……走班制变革对传统的教育教学管理模式形成冲击。

面对挑战，国际部深化推进教育教学变革实践。首先实行导师制，让所有任课教师都参与管理与育人，行政班与走班并行，首席导师与导师联动；其次是实行学长制，让学生成为鲜活的资源；再次是研发学分制，包括学术学分、德育学分等，开展学生评价改革……所有这些尝试在深入论证之后，逐步在高中部推广。

此外，国际部还在课程研发和教师培训方面提供经验。国际部研发出的生涯教育与素质拓展课程、经济学课程、修学旅行课程、语言文学课程、整本书阅读课程、大文综课程、艺术课程、设计课程等已经推广到全校。新入职教师培训、英语教学培训、教育理念培训、戏剧教育培训等特色培训项目面向全校教师开放。

（三）系统变革：基于课程创新进行制度重建

课程建设的制度与管理，是课改的根本保障。随着课程改革的深入推进，单一的、固化的教学生态系统，与不断丰富的课程种类和课程资源以及多元化、个性化的学生发展需求之间的矛盾日益凸显。尤其是相对固定的行政班授课制，已经不能满足学生的个性化发展需求，影响了课程实施的质量，不利于学生的自主选择、自主发展。当前，如何建立支撑课程运行的学校治理体系和提升治理能力，已成为课程学校自主课程创新的关键。

我们强调课程改革的综合性，以期最大限度地提高课程效能，即“课程在促进个体经验增长和课程目标达成上所产生的有效结果和能力”。（朱忠琴，等，2014）为此，我们在学校层面实施综合性课程改革，统筹课程的规划、课程的实施以及课程的评价等环节。基于课程创新，我们探索制度重建，推行学部制、走班制、学分制、导师制、学长制改革，以制度重建倒逼课改深入推进与实施，真正让学生享有选择权，促进学生自我发现、自我规划、自主发展，帮助学生找到发展的方向和动力，找到适合自己的发展路径。

被誉为“欧洲最伟大的管理思想大师”的查尔斯·汉迪（Charles Handy）在《疯狂世纪》一书中指出：对教育而言，真正需要的不是国家制定的课程表，而是给每一个孩子一份私人进程表。课程供给从“统一批发”走向“私人定制”，“开放”是基础，“选择”是关键，在志成课程体系下，如何提升学生的获得感，我们的“供给侧改革”仍然任重道远。

[第四章]

基于学生发展的学科课程建设

学科课程建设应是学校课程建设的核心内容，但是谈及学校课程建设方案人们往往关注自主性较强的校本课程。长期以来学科建设聚焦于研磨教学，教师的关注点往往在知识点的落实上，对学科思想、学科方法、学科价值等缺乏思考和研究，对学生个性化的发展需求也缺乏观照与满足。

2011 年起，三十五中开始对学科建设进行集体反思：学科的教育价值究竟是什么？如何在学科中体现学校的教育追求？学科课程能为学生提供怎样的服务？……带着对这些问题的思考与认识，我们基于学生发展的视角，纵向统筹学科课程的开发与建设，横向探索模块课程的分层与分类，实现学科内拓展、学科间交叉整合，为不同基础、潜力、发展倾向的学生提供多种类型、多种层次的选择，服务于学生个性化发展的需求。

一、学科课程建设的过程与思路

学科课程是学校课程体系的主体，也是学生获取“滋养”的主要来源。学科课程建设是学校课程建设的中心工作，是学校发展的重要支撑。学科课程建设的质量直接决定着学校课程的育人效果，决定着学校教育的高度。

随着课程改革的推进，我们意识到必须通过学科课程的改造和提升来推动课程的系统改革。为此，我们选择回到原点再出发，基于学生发展的视角，集体反思本学科为什么而教、教什么、怎样教等问题。我们希望发掘学科的独特育人价值，让学科教师找到为什么而教；以学科课程服务于学生的个性发展，帮学生找到未来的发展方向；打造学科特色，在北京新高考方案下形成学校的优势学科。

（一）三十五中学科课程建设研究之路

三十五中对学科课程的系统反思和建设，缘起于中国高中六校联盟的活动，整个推进过程可以分为三个阶段。

1. 2011 年“中国高中六校联盟首届教研组长峰会”，聚焦学科领袖培养

中国高中六校联盟（简称“六校联盟”）是由我、哈尔滨市第三中学赵文祥校长、江苏省锡山高级中学唐江澎校长、海南中学马向阳校长、青海湟川中学张建国校长、西北师范大学附属中学刘信生校长，在教育部中学校长培训中心参加“第二期全国优秀校长高级研究班”培训期间酝酿发起建立的。六位校长在培训期间所达成的教育理解和结下的深厚友谊，是六校联盟建立的价值基础与情感基础。

六校联盟 2011 年 10 月酝酿成立后，11 月即在无锡举办了“中国高中六校联盟首届教研组长峰会”，以“培养学科领袖，提升教研领导力”为主题开展深度交流研讨。联盟首次大型活动即聚焦于学科领袖的培养，是因为我们六位校长在交流时对高中学科建设现状的反思——六校虽然地处东南西北，却都采取年级管理制，把教育教学管理的重心下移到各个年级。这样的格局其实潜隐着一些问题：强化了行政管理，是否弱化了学科建设？强化了教学管理，是否弱化了课程研究？强化了教师使用，是否弱化了专业培育？学科建设薄弱，是否会导致学校后续发展乏力？更严重的问题是，长期以高三考试为目标的备课组研究导向，是否使我们的学科发展无法指向服务于人的成长的教育追求？学科的终极教育价值是否被考试的工具价值长期遮蔽？（唐江澎，2014）

其实，对于学科课程建设存在的问题，我们感触良深。尽管新课程强调三维目标，但在考试文化导向和惯性思维作用下，教师们对于课程知识的理解和处理往往是碎片化的，他们精通于某个知识点的讲授，却对这个知识点在整个学科中的地位，其背后蕴藏的学科方法、学科思想、学科价值等缺乏思考和研究。

2. 2013 年制定学科发展三年规划，推动学科建设

教研组长峰会期间，锡山高中制定学科规划、建设课程基地的基本方法，引起与会校长和六校教研组长的高度关注。在 2013 年年初的“六校联盟校长峰会”上我们做出决定：启动学科规划，推动学科建设。六位校长以锡山高中 2013 年版学科建设规划框架为蓝本，字斟句酌，完善了学科规划的主要内容体系，包括信念作风、队伍建设、课程教学、校本教研、知识管理和特色建设六大板块。

地处东南西北的六所学校、上百个教研组、上千名教师，投入这场规模空前的学科规划制定当中。不少学科发生了激烈的学术争论，会议时长前所未有，教研组及教师为了起草规划彻夜不眠，但痛并快乐着！规划中，他们在追问：我们到底为什么而教？我们学科的教育价值究竟是什么？怎样在学科中体现学校的教育追求？我们的课程能为学生提供怎样的服务？怎样评价学科质量？学科教研应该关注哪些重点问题？我们教研组的特色何在，将发展成什么样的组织？我们每个人在三年内将实现什么样的目标？不少教师感慨，追问这样一些从未深入思考过的问题，就是行进在迈向教育自觉的旅程中，就是让真理的光芒照亮我们的学科建设及发展。

2013 年 4 月 18 日，“六校联盟教研组发展规划展评”活动在北京拉开帷幕，分 14 个分会场进行 14 个学科的规划展评交流。再推敲、细修改，是“北京会议”布置给学科组长的会后作业。针对学科建设规划的实施，我们跟踪组织专项督导、中期评估和建设成果汇报验收活动。此后几年，六校联盟每年都分学科到各校开展专项督导和课堂观摩活动，切实推动学校学科建设。

3. 2014 年纳入学校课程顶层设计，形成系统的建设思路和举措

在制定学科三年发展规划的过程中，我们追寻着学科教育的价值，明晰着学科建设的目标，确定着学科建设的路线。我们意识到，教师群体的专业发展水平和专业生活方式，实质性地决定着一个学科的整体水平，所以我们强调信念作风、队伍建设、校本教研以及知识管理。作为学科建设水平的直观体现，课程教学和特色建设是我们思考探索的重中之重。

2014 年 9 月，为了推进个性化教育，三十五中探索实施走班教学改革，改革的重点就是为不同的学生提供适应的学科课程方案，并在此基础上促进学生的个性发展。以此为契机，我们将学科课程建设纳入学校课程顶层设计，确定学科课程在学校育人目标中的位置，形成系统的建设思路和举措，通过学科课程的改造和完善来推动课程的系统改革。

（二）学科课程建设的依据

学科课程是学校课程建设的基本依托，也是学校课程建设的重要内容。学科课程在课改初期不被重视的原因之一，是“学科课程经历漫长的历史积淀和锤炼，已经形成了清晰的逻辑思路、完整的内容体系和有效的实施策略，在当下难以找到改革的新目标和方向”（孙宽宁，2017）。那么，我们开展学科课程建设的依据是什么呢？

1. 发掘学科的教育价值

学科是经过精心选择和组织的科学知识体系，凝聚了人类已有的认识成果的精华。不同的学科有不同的性质和特点、形成过程和发展逻辑，由此演化而来的学科课程在学生核心素养的培育中便具有不同的价值和作用。学科课程建设需要对学科的性质、学科独特的育人价值以及当前学科教育存在的问题进行深度思考，还要研究学科的教育规律和学科的核心素养。

但是在课改前期，学科课程处于被漠视的状态。而在应试教育的功利性价值取向中，在日复一日对考试与知识点的研究中，学科的教育价值渐渐被考试的工具价值遮蔽，学生难以建立对学科的整体认知，教师的教育激情也因为缺乏价值感的重复性劳动而“磨损”。

自 2013 年年初，我校高中部 14 个学科的全体教师，在教研组长的带领下，投身学科规划的研究制定。在这个过程中，教师们跳出日常教学的条条框框，思考本学科为什么教、教什么以及怎样教等本源性问题，思考高中新课程改革背景下我们在哪里、要走向哪里以及如何到达等路径性问题……这样的深度思考中，教师们不再满足于只作为被动的课程执行者，而要成为负有选择和组织学生学习经验的责任的课程研究者和实施者。

我们回归教育本源挖掘学科的教育价值，各个学科组展开激烈研讨，力求用最简洁的语言形式表述对学科教育的理解，形成学科宣言。例如物理组的学科宣言是“判天地之美，激发学生探究热情，培养学生科学思维；析万物之理，增强学生创新意识，提升学生学科核心素养”，化学组的学科宣言是“化古土为珠玉，学一法解万惑”，生涯与心理教研组提出的学科宣言是“拓展生命的宽度，遇见未知的自己”……学科宣言不是贴在墙上的标语，而成为学校课程设计的终极价值导向。从学科教学走向学科教育，课程变革的视点从教学、学习转向了人的成长，引领学科建设回归本真。

2. 学生发展的现状分析

课程建设必须坚持学生立场，将学生作为课程建设的目标，立足学生发展的需要，通过研究学生发展需要和学习规律，提供相应课程。

为了明晰学生的发展需求，我们必须首先进行生源分析。因为学校所在的西城区名校林立、竞争激烈，三十五中高中部学生从入学录取分数来看相对比较整齐。但是，在总分整齐的背后，是一个个兴趣、爱好、潜能千差万别的个体，学生在学科发展方面的基础、潜能和方向也存在着显著差异。

尤其是近年来，三十五中的育人理念和多样化的办学特色赢得了越来越多优秀学生的青睐，而北京市在高中招生政策方面更加突出均衡导向，高中部招收的生源情况更加复杂多元，学生之间的学习基础与发展倾向之间的差异性和层次性更加突出。

以 2017 年高中招生录取情况为例，我校共有 7 种招生录取途径，其实质是多种选拔方式并行，而不同选拔途径的录取分数存在显著差异。例如，体育特长生的最低录取分数为 420 分，校额到校①最低录取分数仅为 514 分，乡村计划录取分数线为 530 分，而学校统招录取分数线为 542 分，科技班录取分数线为 545 分，最高录取分数高达 557 分。入口方式多样，导致学生录取分数参差，学生的学术基础和优势特长差异较大，他们选择的发展方向也非常多元：有的学生计划走体育特长或艺术特长的路子，有的学生立志成为科技创新人才，有的学生喜欢文学创作……

学科课程建设必须充分考虑到学生的个性差异这一基本事实。面对多样化的发展需求，如何既满足全体学生全面发展的需求，又满足个别学生个性化发展的需求，成为我校学科课程建设亟须解决的问题。

（三）学科课程建设的理念

课程建设的核心目的是促进学生的发展。学科课程建设中，我们从学生发展的视角出发，努力平衡学生、学科和社会三种立场，既要研究学生发展需要和学习规律，也要遵循学科知识的逻辑、学科教育的逻辑，同时观照社会发展的动态和需求，提升课程建设的科学性和有效性，构建适合学生发展的学科课程体系。

为此，我们将推进学科课程建设需要研究的核心问题聚焦于：如何选择与组织教育内容，高水平落实国家课程标准，同时反映学科研究的新成就，满足学生的兴趣需求；如何形成课程的梯度与层次，满足学生共同发

---

① “校额到校”是 2016 年北京市中考增加的一种新的录取方式。校额到校指针对上一年普通高中招生考试升入优质高中比例低于 35%（2016 年为 30%）的一般公办初中，采用定向分配到校的方式补足名额到 35%。校额到校是一种促进教育均衡的政策，满足了学生就近入学，在家门口就能上好学校、升好高中的需求。校额到校名额的分配只面向一般公办初中校（优质高中的初中部目前是不享受校额到校这项政策优惠的），采用校内选拔方式，按考生志愿及成绩录取。

展的基础，同时为学生的个性发展提供充足空间；如何降低学科系统的封闭性，增进学科之间以及学科与生活的关联性。

基于对学科课程价值的理解，我们确立了学科课程建设的几个原则：

追求学科的教育价值，改变“知识本位”的倾向，以学生的发展为本，以服务于学生学习力的培养与提升为导向，体现学校的教育价值追求。

丰富课程的多样性和层次性，适应学生在学科学习方面的基础、潜能和发展方向的差异性，满足学生多样化发展需求，促进学生在学业上的个性化发展。

遵循学科教育的规律，保障学生核心知识的学习与掌握，着力提升学生的学科核心素养。

软化学科边缘，加强课程内容与现实生活和学生经验的联系，增进各学科之间在知识、技能和方法上的联系。

注重知识模块重组、内容合并与增删，实现课程内容上的减负增效。

在北京新高考改革的背景下，打造学科特色，形成学校的优势学科。

二、系统整合，构建核心学科课程群

在课程改革前期，我们基于学科拓展、教师特长以及学校资源为学生提供丰富多元的校本课程。这些课程一定程度上拓宽了学生的视野，满足了学生的兴趣，但分散的课程呈现碎片化状态，缺乏逻辑性和层次性，其实无法让学生的学习个性和优势智能得到充分发挥。如何将这些丰富却分散的课程整合起来，既能照顾到学生对某个学科的兴趣，又能让学生在某个学科尽情发挥？

接触裴娣娜教授主持的课题“我国基础教育未来发展新特征研究”后，三十五中启动了学科课程群建设。我们纵向思考每个学科的课程建设，挖掘每个学科的育人价值和生命力，制定学科课程建设的目标，对已开发的课程进行整合，通过选择、改编、整合、补充、拓展等方式，搭建由基础类课程、拓展类课程、研究类课程组成的学科课程群，更好地满足学生对学科差异化和个性化的学习需求。

（一）学科课程群构建的基本思路

三十五中的学科课程群由每个学科相关的十几门课程组成，这些课程都围绕着该学科的课程建设目标和育人价值而开发，各门课程在内容上相关、相承，课程既互为补充又体现层次。课程群的构建以学生全面而有个性的发展为主线，以课程的逻辑联系为纽带，以教师团队合作为支撑。具体课程开发力戒“碎片化”，避免重复性，优化课程设置，减轻学生负担。

在学科课程群建设中，教师们对国家课程进行改编、创造，根据学生的兴趣与能力差异提供可选择的校本课程，探索国家课程与校本课程的融合互补，丰富课程的类型，区分课程的层次，充分赋予学生自主性与选择性，尽量让课程满足每一个学生的发展需要。各学科需根据国家课程标准、学生全面发展、终身发展和个性发展需要以及学科知识体系，构建“基础—拓展—研究”难度递进式的学科课程结构，并明确各层级课程的课程目标及考核方式。

满足不同学生的不同发展需求，我们将学科课程分为三个层次：一是面向全体学生的基础类课程，奠定共同基础，保障全面发展，以国家必修和选择性必修模块为主。二是面向部分学生的拓展类课程，包括向下对后进学生的查漏补缺、向中做一般延伸、向上对资优学生的加深拓展，基于不同需求促进学生在原有基础上进一步拓展提升，重点拓展学生的学科兴趣与学科能力。三是面向个别学生的研究类课程，适合学科学术能力较强的学生，培养学生的学科特长，提升学生的研究能力。三个层次的课程之间有衔接与深化，从学科基础类课程到学科拓展类课程，再到学科研究类课程，我们逐渐加大课程的整合性，不断提升学生的学科综合素养。

就拿生物学科来说吧。生物学是研究生命现象和生命活动规律的科学，它是农业科学、医药科学、环境科学及其他有关科学和技术的基础，与信息技术和工程技术的结合日益紧密，正在对社会、经济和人类生活产生越来越大的影响。生物学科的性质主要包括生命性、实验性、综合性、现代性、思想性等。在课程建设中，我们强调与现实生活、科技进步以及其他学科的联系，倡导实践性、探究性学习，建设了突出多样化、层次性、发展性和综合性的学科课程群。

基础类课程面向全体学生，提高全体学生的生物学素养。其中分子与细胞、遗传与进化两个模块属于必修课程，是现代生物学的核心内容，与社会和个人生活关系最密切，是后续学习发展所必需的基础。此外，我们还开设了多门与学生生活密切相关的选修课程，提升学生学习生物学的兴趣，指导学生更科学更健康地生活。具体课程包括运动急救、疾病与健康、植物标本制作、无土栽培与无性繁殖、医生的第三只眼——医学影像设备、生物与伦理等。

拓展类课程面向部分学生，满足学生特长发展、升学选考的需求，为学生未来职业与专业的发展打下基础，开阔生物学科技视野，提高实践和研究能力。其中稳态与调节、生物与环境、生物技术与工程三个模块为选择性必修课程，属于高考和学业水平选科考试范围。在此基础上，我们在生活应用以及学业发展方面进行拓展，满足学生学习探索需求，进一步发展学生个性特长，增强社会热点问题参与意识。具体课程包括植物组培、高中生物学习方法指导及实验拓展、生物学家的朋友圈、园艺与景观生态、植物内生菌的分离与鉴定、人与病毒的博弈、DNA 与科学探案等。

研究类课程面向少数拔尖学生，满足他们从事生物科学研究和去相关专业大学深造的需求。课程主要包括高中生物奥林匹克竞赛、微生物培养方面的大学先修类课程，以及借助高端科学探究实验室和多项人才培养计划开展的课题研究。

（二）语、数、英学科课程群的搭建

每个学科在搭建学科课程群时，首先要挖掘学科承载的育人价值，厘清学科建设的核心主题，明晰学科建设的整体思路。基于这些，我们规划学科课程的开发与建设，并整合形成一个有机的系统。在此，我们以语文、数学、英语三个学科为例。

1. 语文学科课程群建设

“日常话语，境界人文”，我校语文课程群的建设围绕语文学科工具性与人文性的统一，重在提高学生语文核心素养，使学生具有较强的语文应用能力和一定的语文审美能力、探究能力，帮助学生砥砺品德、完善人格。我校语文课程结构的设计顺应改革的大趋势，已逐步推行以不同的任务群开展教学活动，促进学生语文素养的整体发展，从而建设一个开放、多样、有序的语文课程体系。

（1）语文课程建设的核心主题

语文课程建设的核心主题即从语言认知、语言实践、语言文化、语言思维四个维度培养学生的学习力，最终唤醒学生生成语文学科品质的生命自觉。语言认知能力是学生掌握语言工具（语法、修辞、逻辑、文采）的能力。语言实践能力是学生借助语言工具交流与表达，形成有效的社会及个体生活经验的能力。语言文化能力是在认知与实践的基础上，不断浸润滋养，形成的对各个领域的文化及其内涵的感悟力与理解力。最终形成以自我意识、自我反思和批判性思维为核心的语言思维能力，提升学生的语文学科学习力。

语言认知与语言实践是基础。语文学科的工具性毋庸置疑，围绕语文学科的语言认知与语言实践——“听”“说”“读”“写”始终是教学的重中之重。学生能够做到“会听”“会说”“会读”“会写”并不容易，其语文素养的构建也需要建立在阅读与鉴赏、表达与交流上。当学生在语言认知和语言实践上获得提升时，其在协作与交往、批判与创新上也会有进一步的突破。

阅读与写作是关键。阅读应以教材为起点激发学生的阅读兴趣，以一种“润无细无声”的状态浸润学生心灵，涵养学生情操，唤醒学生自主阅读、主动探究的兴趣。我校把教材的精选文章作为出发点，以高考说明中规定的十二部名著作品为契机，倡导学生进行原典全本阅读及整本书的阅读，让学生在阅读中学会思考，在收获能力的同时感受生命的厚重，产生属于自己的独特体悟。而在独自阅读与思考的过程中，学生逐渐增强了他们面对不同事物时提出有效应对策略及能够适时反思的能力。

如果说阅读是一种有效的输入，那么写作就是学生学习语文的有效输出。写作能力的培养更是一种逻辑思维的培养。当下学生的写作更像是一种随意而为之的运动，写出来的文章缺乏旨趣与思考力，把矫揉造作的“功利创作”当成刻意为之的“真情实感”。我校在分类教学上有意识地将写作作为重大板块，重点培养学生的逻辑思维，以跨年级读写结合为方法途径，引导学生在实践中逐渐增进思考能力，提升表达水准。

健全的语文素养是最终目标。学生语文素养的培养不能一蹴而就。知识的获得需要陈述性知识获得机制与程序性知识获得机制。前者通过同化和顺应两种方式把新旧知识联系起来进行学习，是心智技能；后者则通过掌握一个在长时记忆中形成解决问题的产生式，从而按照相同的产生式逐步解决问题，是操作技能。语文素养的培养与形成需要两种技能的相互促进。

我校语文课程群的建设以健全的语文素养培养为最终目标，围绕积累与整合、感受与鉴赏、思考与领悟、应用与拓展、发现与创新五个维度整合课程，以语言认知与思维实践所承载的“听”“说”“读”“写”为途径，重在阅读和写作，努力建设行之有效的课程群落，帮助学生学习语文，获得成长。

（2）语文课程建设的关键内容

在新课标引领的教学实践阶段，阅读与鉴赏、表达与交流、梳理与探究等语文活动将成为课堂教学的主要内容，专题教学将成为重要的课堂教学方式，语文核心素养将成为教学目标和评价指标。与此对应着 15 个任务群，即语言积累与梳理及探究、当代文化参与与探究、整本书阅读研讨、跨媒介学习与交流、社会生活情境下的阅读与交流、文学鉴赏与创作、思辨性阅读与表达、现当代作家作品研习、外国经典作家作品研习、传统文化经典研习、科学文化论著研习、现当代作家作品专题研讨、传统文化专题研讨、跨文化专题研讨、学术论著专题研讨。每个任务群都对应着相关的单一专题与综合专题，并对应着不同的层级水平。

学生进行任务群的学习更像是进行阶梯式的上台阶训练，率先完成基础类课程才能踏上拓展类课程的台阶，一步一个脚印，最后才能更好地迈入研究类课程的殿堂。

（3）语文课程群结构

课程改革前期，为了激发学生的兴趣、拓展学生的视野，语文学科开发了丰富的校本课程。培养学生具有中华民族的文化底蕴和中国情怀、具有国际视野，重点围绕“文学与文化”“语言与文化”两大主题开发课程：前者重在介绍古典文学、现当代文学、外国文学等，以此挖掘文化上的共性与个性，让学生理解文化的差异；后者则从语言出发，了解古代汉语与现代汉语，从中外作品翻译的角度让学生感受语言的魅力以及文化的独特性。近两年开设的校本课程主要包括：走进百家争鸣时代、《左传》外交辞令概说、唐宋笔记小说趣谈、走进红楼梦、红楼内外——《红楼梦》研读、汉字文化解析、中国文人与文化、美国文学初探、艺术留白与遐思等。

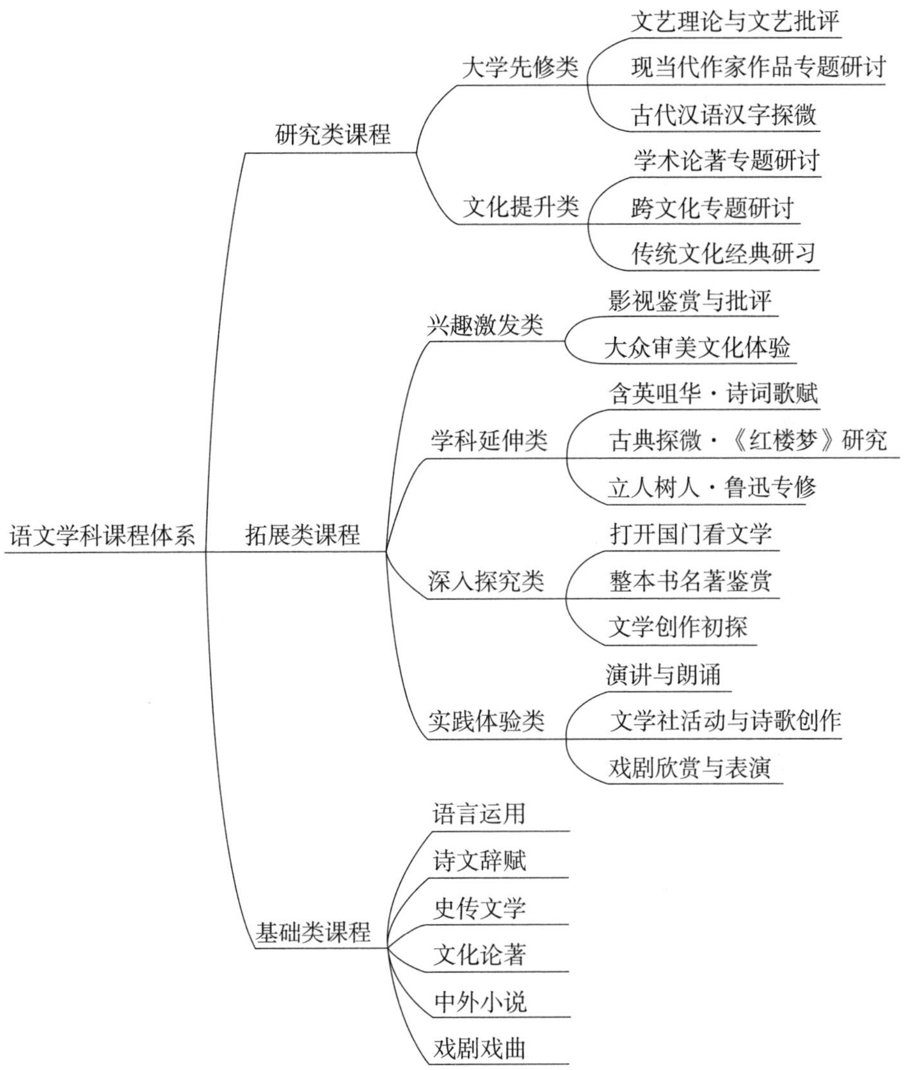

图 4-1　语文学科课程体系

明晰课程群建设的思路后，我们通过选择、改编、整合、补充、拓展等方式对课程进行整合，追求纵向的拓展和深化，初步形成了由基础类课程、拓展类课程和研究类课程组成的学科课程群。其中，基础类课程面向全体学生开设，旨在培养语言积累建构、表达交流和梳理整合等基本学科能力。基础类课程涉及语言运用、诗文辞赋、史传文学、文化论著、中外小说、戏剧戏曲等专题。拓展类课程面向部分学生，注重语文学科素养与现实生活的内在联系，引领学生在阅读与鉴赏、表达与交流、梳理与探究活动中运用联想和想象，丰富自己对现实生活和文学形象的感受与理解，提升思维品质。拓展类课程进一步划分为兴趣激发、学科延伸、深入探究和实践体验四种类型。研究类课程面向少数学生，为有研修潜质的学生创造条件、搭建平台，培养学生发现问题与解决问题的能力，从而更深入地鉴赏文学作品，关注当代文化，理解多样文化，传承中华文化。目前，研究类课程主要包括大学先修类课程和文化提升类课程两种类型。

研究类课程围绕现当代作家作品专题研讨、传统文化专题研讨、学术论著专题研讨、跨文化专题研讨四大任务群开发。针对当代学生的需要与兴趣，开设了中国古代文学与文化漫谈系列课程、原典阅读专题探究系列课程、中西方文学比较系列课程以及现当代文学跨媒介研习系列课程等。

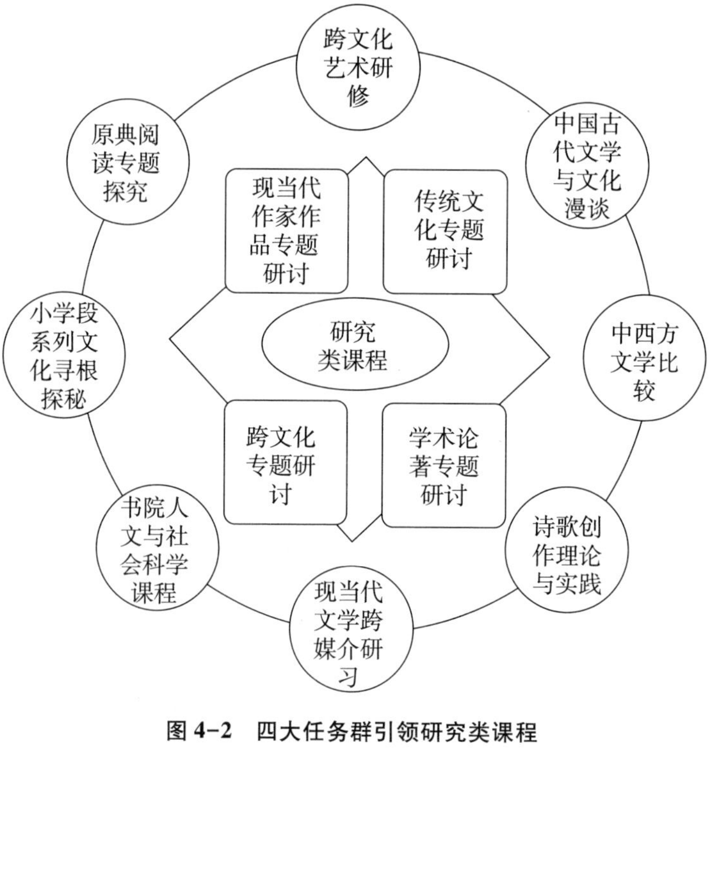

图 4-2　四大任务群引领研究类课程

2. 数学学科课程群建设

数学课程对于认识数学与自然界、数学与人类社会的关系，认识数学的科学价值、文化价值，提高提出、分析和解决问题的能力，形成理性思维，发展智力和创新意识具有基础性的作用。数学教育要面向全体学生，实现《普通高中数学课程标准（2017 年版）》提出的“人人都能获得良好的数学教育，不同的人在数学上得到不同的发展”。

（1）数学学科课程建设理念

数学是利用符号语言研究数量、结构、变化以及空间模型等概念的一门学科。米斯拉说，数学是人类的思考中最高的成就。数学被称为思维的体操，反映了人们积极进取的意志、缜密周详的逻辑推理及对完美境界的追求。

20 世纪最伟大的数学家希尔伯特把数学比喻为“一座鲜花盛开的园林”。要引领学生感受并欣赏这座园林的“美”，数学教学绝不能成为“一堆绝对真理的总集”，或者是“一种符号的游戏”，更不能是“记忆事实—运用算法—执行公式—算出答案”的模式。我们首先要激发学生对数学的热情和动力，然后帮助学生掌握数学的思想方法，用数学的眼光观察世界，用数学的头脑思考问题，用数学的智慧处理事务。

《2017 年普通高中数学学科教学与评价指导意见》要求高中数学课程体现社会发展的需求、数学学科的特征和学生的认知规律，发展学生数学核心素养。我们认为，所谓数学素养就是在学习数学过程中潜移默化地养成的从数学的角度看问题的习惯，有条理的理性思维，严密地思考、求证，简洁、清晰、准确地表达的意识，在解决问题和总结工作时运用逻辑推理的方式和能力，并且能够对所从事的工作合理地量化和简化，周到地运筹帷幄。

（2）数学学科课程建设基本思路

高中数学课程有双重任务，一是为现代公民提供现代生活和未来发展所必需的数学基础，二是为部分学生进一步学习提供必要的数学准备。我校数学学科课程建设的指导思想是：既不让一个学生掉队，也不让一个学生受限，因材施教、各得其所、各展其才。我们希望将“机会均等”与“追求教育效率”有机结合，建设适合学生的课程。

①优化课程结构，精选必修内容以强化共同基础，同时充分考虑学生不同成长需求，提供多样化选择，使不同的学生在数学上得到不同的

发展。

②加强课程内容与学生生活以及社会发展的联系，提高学生应用数学解决实际问题的能力，提升学生的创新精神和实践能力。

③强调数学与其他学科的联系，体现跨学科思维，开发跨学科的项目与课程。

④以核心素养为统领统筹规划课程设计，实现学科教育价值。

（3）数学课程群结构

尊重学生的个体差异尤其是不同的发展倾向，我们致力于为学生发展提供多元化课程，通过数年积累逐渐形成了由基础类课程、拓展类课程和研究类课程形成的数学课程群。课程突出多样性与选择性，为学生提供选择和发展的空间。

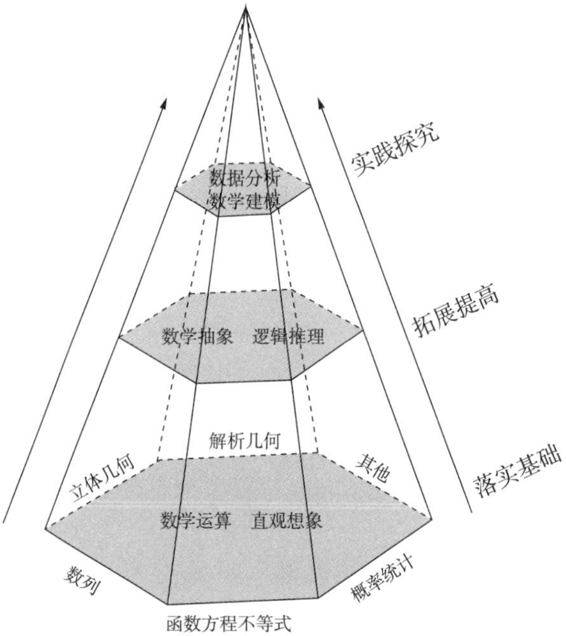

图 4-3　基于学科核心素养的数学课程群结构

其中，基础类课程面向全体学生，帮助学生掌握基础知识、基本技能和方法，提升学生对学科本质的理解，主要包括预备知识、函数 1、几何与代数 1、概率与统计 1 和数学建模活动与数学探究活动 1。拓展类课程是对基础类课程的拓展与延伸，注重数学知识与生活的联系，让学生感受

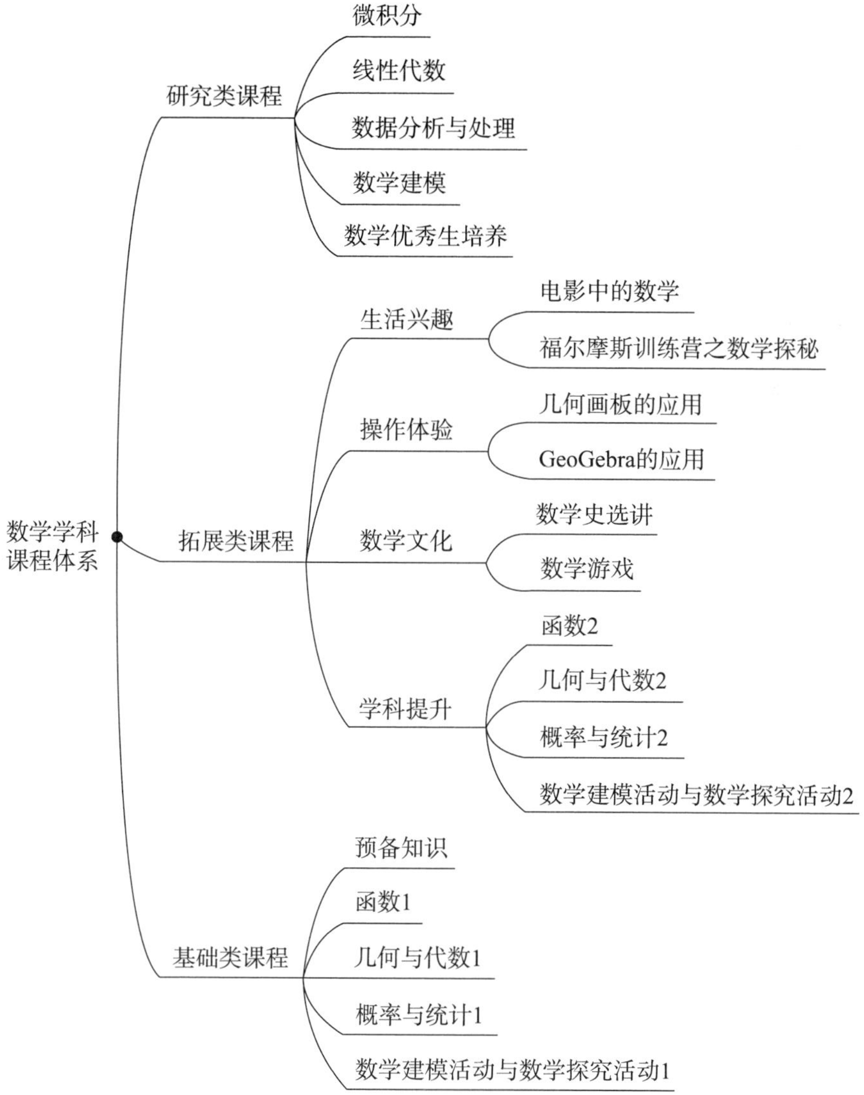

图 4-4　数学学科课程体系

数学文化，提高学习兴趣，发展应用意识和能力。研究类课程面向少数学生，主要包括满足对高校自招与数学竞赛需求的数学优秀生培养，与大数据与数学计算实验室合作开设的数据分析与处理，以及达到大学先修课程水准的数学建模、线性代数和微积分等。

3. 英语学科课程群建设

英语是当今世界应用最为广泛的国际通用语言。英语教育作为中国普通高中的通识教育，对提高学生语言沟通交流技能、国际文化理解及相应的思维品质有着重要意义，具有工具性和人文性融合统一的特点。英语不仅是进行国际交往、交流与沟通的重要工具，更是思维的载体、文化传播的载体。因此，高中英语教育要实现对学生语言知识与技能的训练，也要注重学生跨文化认知与理解能力的培养。

高中英语教育首先要实现语言能力目标，即帮助学生形成一定的语言意识和英语语感，能够整合运用语言知识，进行恰当表意和进行人际交流。学生是学习的主体，要发挥学生主体性，就需要将课程设置的着眼点放在个体认知的独特性和经验的自我建构上，促进英语学习满足学生的个性化发展需求，带领学生走进英语语言这门艺术，感知英语语言文学文化的魅力，提高运用英语的学术能力。另外，由于中外文化差异，高中英语教育一定要注重培养学生的文化意识和思维品质，引导学生在英语学习的过程中，体会“情感态度求同”和“行为习惯存异”，使学生以跨文化视角观察和认识世界的同时，坚定对传承中华优秀传统文化、创造中华文化新的辉煌的自信，能做到“文化比较，文化自信，文化传播”。这也是进行高中英语教育的核心任务和目标。

（1）凝练英语教育核心价值

英语教育的核心价值在于实现语言交流价值、创造文学艺术价值、凸显思维品质价值、传承社会文化价值。

（2）兼顾个体水平需求差异

英语习得过程具有非线性特征。因此，英语学科课程设置需要在发展语言、锻炼语用、活跃思维、实现文化交流的目标前提下，按学习力水平不同和学生发展需求差异来划分学习阶段。

（3）统筹不同级别类型能力

具体设置中，将学生层级按照学习力认知水平高低及兴趣和未来发展方向，纵向划分为Ⅰ、Ⅱ、Ⅲ三个级别；将学生类型按照未来发展需求不同横向划分为应用型（Application-oriented）、知识型（Knowledge-oriented）、文学型（Literature-oriented）。应用型课程主要培养学生在不同情景下使用英语进行听、说、读、写的交际能力；知识型课程侧重于语言知识或人文知识的讲授；文学型课程重点在提高学生文学作品的欣赏能力，包括文学创作能力。

其中，基础类课程适合的学生群体为：有明确的英语学习目标，希望在基础词汇和基础语法方面得到教师帮助；掌握课堂的基础内容的同时，进行阅读和听力拓展，逐步提升自己的英语能力，找到并优化自己的英语学习方法。拓展类课程适合的学生群体为：对英语学习兴趣浓厚；希望在词汇和语法方面得到教师适当帮助；在掌握课堂基础内容的同时，进行阅读和听力拓展，并主动拓展和利用学习资源，逐步提升自己的英语能力，优化自己的英语学习方法。提高类课程适合的学生群体为：对英语学习兴趣浓厚；能自己主动拓展和利用学习资源，逐步提升自己的英语能力，具有良好的英语学习方法。

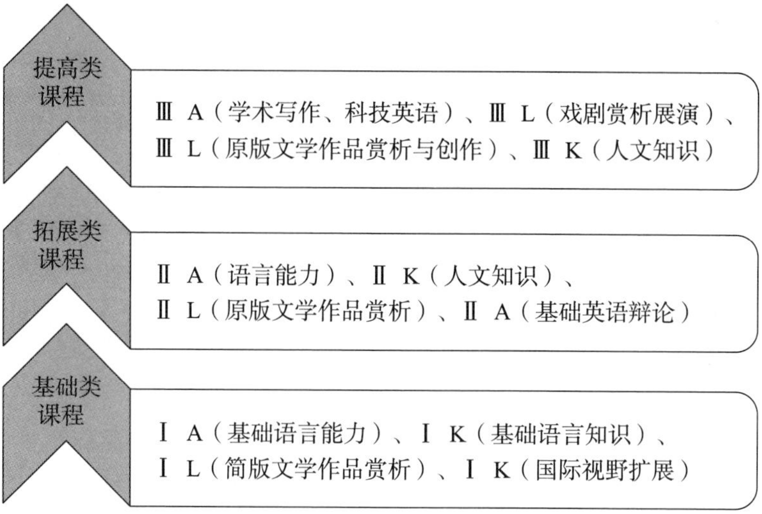

图 4–5　英语学科课程体系

三、横向分级，推行模块课程分层分类

尊重学生在学科发展方面的不平衡性和差异性，纵向统筹建设学科课程群的同时，我们还探索通过选择、改编、整合、补充、拓展等方式，根据学科特点对课程模块进行分层或分类设计，在教学目标、内容、速度、方法等方面进行差异化设计，从而更有针对性地满足学生的个性化学习需求。

（一）整体设计

课程与教学是统一、整合的。杜威在20世纪初确立了课程与教学整合的理念。美国学者韦迪（Weade et al.，1987）提出了“课程教学”（curriculum instruction）理念，具体可以解析为三个方面：课程与教学过程的本质是变革，教学作为课程开发过程，课程作为教学事件。基于对课程的这种理解，我们将分层与分类作为学科课程建设的一种策略，力求为学生提供“无缝课程”。根据台湾学者黄政杰（1997）的定义，“无缝课程”是指课程能够建基于学生的经验、能力和兴趣之上，使学生遭遇最小的学习阻力和最低的学习挫折，终能顺畅而成功地学习。

根据不同学科的特点，并分析学生的具体学习状态，我们对不同学科采取不同的分层或分类策略。其中，数学、物理、化学、生物四个学科分为A+、A、B三层（化学曾经还有C层，后来取消），A+、A层需经过选拔；历史、地理、政治三个学科分为A、B两层，学生根据自己的意愿进行选择；语文、英语、艺术、信息技术、生涯教育实行分类设计，学生可以根据不同类课程的特点，选择适合自己的课程。

（二）语、数、化的分层分类设计

为了明晰课程的定位和目标，我们要求课程模块的每个层次或类别，都要撰写有针对性的课程方案，具体包括课程要求（课程内容、课程目标、教学方式）、学生学习要求和评价方式。

1. 语文课程的分类设计

就语文学科而言，单一的分层教学不够科学，目前我们结合学生的过程性评价给出建议性的分层指导。语文学科的课程资源很丰富，看起来特别适合开展分类教学，但如果就此锁定类别，重新修订一套固定的教材又会陷入新的选材局限。目前高一年级分层走班教学是将分类教学与分层教学相融合，在分层的基础上渗透分类专题，既把控了教材的核心主干及难点，又在所属的类和层的要求中有相应的细化指导，可以说是走向未来严谨分类教学的有效过渡。这样既保证了教师在难度设置上有定位，又能基于选材让学生对自己的水平有相对准确的认识，让课程最有效地满足学生的需求。

真正实现“私人定制”，还必须了解每一届学生的个性特点和能力素养，尽量选择适合学生水平的材料，让每一个学生在现有水平上有所提升。这需要理论与实践的长期积累和集体分工协作。无论是重新修订校本教材，还是整合现有教材纳入经典著作研读都需要反复实践论证。目前我们想到的较为适合我校学生实际的分类教学模式，是将教材、单元模块和教学方式有机结合在一起，初步分成 A 类（按单元模块的重点篇目细读）和 B 类（按文学体裁的经典著作研读）。例如，新高一语文课程分类方案详见表 4-1。

表 4-1　语文课程分类方案

课程分类		经典研习读写强化 A 类	引导巩固综合提升 B 类
课程要求	课程内容	以校本教材为主，强化经典作品研读，提倡原典全本阅读。细读京版教材经典篇目。 校本教材：1.《诗歌鉴赏》4 个班；2.《黄金分割作文法》1 个班。 课时安排：一周 5 课时。2 课时校本教材细读，1 课时原典全本阅读（分享），2 课时京版教材导读。	以京版必修教材（必修二、必修三）为主，分步跟进高考必读十二部经典名著。 课时安排：一周 5 课时，按京版教材进度推进。
	课程目标	阅读与鉴赏：注重读好书，读整本书；建立自己深度阅读的领域，有计划有目的地阅读，提升文化品位。 表达与交流：真诚顺畅、积极合作地交流，45 分钟完成 800 字写作，善于总结和启发他人，尝试着以文学评论、专题论文、科学论文为载体表达支持与反对意见。 梳理与探究：理解语体、语境和语义关系，探究逻辑问题、多角度比较分析，将整本书的阅读经验用于阅读和表达；主动探索和发现语言现象，综合运用语言文学文化知识进行专题探讨，逐步形成个性化的语文学习方式和规划。	阅读与鉴赏：培养主动阅读的习惯，熟练使用工具书；逐步培养广泛的阅读兴趣，在教师的引领下主动选择整本书阅读。 表达与交流：能主动交流，独立修改文章，使用常见软件编辑文本；培养良好的口语交际习惯，熟练地进行实用类文本写作；尝试文学创作，有讲究语言运用的意识。 梳理与探究：主动拓展积累，对已有的语言材料进行归类；发现明显的语言问题能结合文体特征加以纠正，探究多种表达方式综合运用效果；对于文言语法现象和文言材料，能在教师的指导下结合历史文化知识进行探究，掌握基本的学习方法。

续表

课程分类		经典研习读写强化 A 类	引导巩固综合提升 B 类
课程要求	教学方式	任务驱动，合作学习。 学生课下阅读并整合相关经典作品、辅助书籍或资料，课堂上借助教师的导引问题，循序渐进，开展多种形式的合作交流。学生能够在独立思考的基础上反思批判，实现以相互交流和思想碰撞为特征的多重对话。 作业形式以探究性专题任务群为主，课外阅读量及写作量（包括课外练笔）也相应加大。	精讲细读重点篇目，适当小组合作交流。 增强学生的课堂参与意识，强化知识的系统积累和总结，提升学生的综合能力。 作业形式注重学生能力的落实。
学生学习要求		1. 对经典作品具备自己个性化的初步认识，对语文学习有再进一步提升的兴趣。能积极主动地做好课前资料的搜集，课上能认真参与学习讨论，课下主动完成作业。 2. 有余力额外阅读更多经典作品，写出深入的个性化读书札记和评论。 3. 善于用文字来表达自己的独到体验及观点。	1. 有较明确的学习需求和目标，能依据教师提倡的方法进行有效学习，比较合理地安排学习时间。 2. 能完成教师布置的学习任务，如预习、总结等。借助各种工具和载体研读规定的文学作品和文章，写出相应的读书笔记。 3. 在教师的指导下，学会用文字准确表达自己的情感体验和观点。
评价方式		学生过程性评价： 1. 平时成绩占 30%：（考勤 10%，课堂表现 30%，作业 30%，检测练习 20%，特别创意 10%）。 2. 期中考试占 30%。 3. 期末考试占 40%。	学生过程性评价： 1. 平时成绩占 30%：（考勤 10%，课堂表现 30%，作业 30%，检测练习 20%，特别创意 10%）。 2. 期中考试占 30%。 3. 期末考试占 40%。

2. 数学课程的分层设计

对于数学学科来说，不同层级的学生之间，接受能力、潜在能力、逻辑思维能力差别很大。这就要求学生分层要多，教师的教法要多样化。因此，我校数学学科国家课程分 A+、A、B 共 3 个层级，对不同层级制定不同的教学目标要求和不同的评价方法。

表 4-2　2017—2018 学年高一（下）数学学科分层说明

分层		A+	A	B
人数和班级		25 人，1 个	30 人，5 个	30 人，3 个
课程要求	课程内容	1. 完成课标教学要求。 2. 结合日常教学，对数学知识进行横向纵向的拓展，鼓励学生参加数学竞赛。 3. 每学期自选一个数学小专题，并在老师的指导下，完成至少一篇高质量的小论文。	1. 完成课标教学要求。 2. 结合日常教学，进行适度的拓展。 3. 每学期自选一个数学小专题，并在老师的指导下，完成一篇小论文。	1. 完成课标教学要求。 2. 每学期一个数学专题活动。
	课程目标	1. 扎实落实“四基”。 2. 提升学生思维能力，使其掌握解决较难问题的思想方法，养成主动钻研问题的习惯，逐步提升学生的数学核心素养。 3. 使学生对数学有客观正确的认识。 4. 鼓励参加竞赛，发表小论文。	1. 扎实落实“四基”。 2. 提升学生思维能力，使其逐步掌握解决较难问题的思想方法，养成主动钻研问题的习惯，逐步提升学生的数学核心素养。 3. 使学生逐渐对数学有比较客观正确的认识。	1. 扎实落实“四基”。 2. 逐渐提升学生学习数学的兴趣，引领学生感受数学的魅力，进而养成主动思考问题的习惯。
	教学方式	学生自主预习，课上小组合作解决疑问，老师适时点评提高。	重点知识要求学生预习，倡导小组合作学习，以老师讲解为辅。	以老师讲解为主，适时适度进行小组合作学习。
学生学习要求		【申请条件】数学成绩（期中成绩 30%+期末成绩 70%）位于年级前 20% ，且科任老师推荐。竞赛获奖者优先。 【学习能力】对数学很感兴趣；有主动思	【申请条件】期末数学成绩位于年级前 70%。 【学习能力】对数学感兴趣，有较强的学习自觉性和一定的自学能力；比较适应小组合作方式的学习。	【要求】学习态度端正，想提升对数学的兴趣。 【学习能力】独立按时完成，及时查缺补漏。高质量完成数学专题活动。 【课堂要求】认真听

续表

分层	A+	A	B
人数和班级	25 人，1 个	30 人，5 个	30 人，3 个
学生学习要求	考的习惯；有很有效的自学方法；十分适应小组合作方式的学习。 【课堂要求】主动思考，敢于发表自己的见解；积极参与，善于聆听同学的发言。 【自主学习要求】高质量完成数学专题活动；积极撰写小论文；自主订阅高中数学期刊，阅读数学相关资料。建议校本课程选择数学优秀生培养。	【课堂要求】专注听讲，积极参与讨论，敢于发表自己的见解，有效地记笔记。 【自主学习要求】逐渐养成预习的习惯；学探诊能主动批改，自觉总结。	讲，做好笔记，积极参与讨论，敢于发表自己的见解。
评价方式	1. 模块成绩的构成：考勤 5%+课堂表现 15%+作业 20%+模块考试占 60%。 2. 竞赛获奖和发表小论文的学生在评价时有加分。	1. 模块成绩的构成：考勤 5%+课堂表现 15%+作业 20%+模块考试占 60%。 2. 模块成绩不合格的学生要参加补考。	同 A 层。

3. 化学课程的分层设计

化学是一门探索物质世界、创造社会财富、研究物质变化、创新实验手段、形成学科观念的学科。我们紧扣化学学科核心素养，围绕高中化学五大主题，构建学科课程群。对于基础类课程和拓展类课程的国家必修课程和国家选择性必修课程模块，我们采取了分层设计。

表 4-3　化学课程分层方案

层次	A+	A	B	C
课程目标	在完成高中课程标准教学内容以外，引导学生学习更广泛和更深层的化学知识，更加深入理解化学学科本质。	在完成高中课程标准教学内容以外，适度延伸化学实验、化学原理内容；参照全国高考对学习内容进行提炼和扩展。	在完成高中课程标准教学内容以外，与北京高考要求保持一致。	文科方向学生，完成高中课程标准教学内容，与高中会考要求保持一致。
学习方式	以自主学习为主；通过独立的设计探索、合作研讨等方式创造性地完成学习任务。	适当程度的自主学习；在教师引导启发下，通过合作探究方式完成学习任务。	在教师的指导下，通过自觉高效的课堂听讲与交流，独立自主地完成课后学习任务。	专心高效的课堂听讲，保质保量的作业完成。
教学模式	合作探究教学，教学以问题解决为中心的，注重学生的独立活动，课堂任务的综合度和深入程度较高。	引导探究教学，组织和引导学生通过探究活动获得知识和方法，并指导学生梳理知识，整合思路。	问题驱动教学，搭设问题解决梯度，适当放缓坡度组织教学，配合必要的巩固练习、拓展和迁移。	多采用直接感知的教学方式，以落实基础知识、基本例题为主。
教学侧重点	着眼于学生思维能力的培养以及化学学科核心素养的提升，使学生在自主招生中展示化学学科特长。	关注学生化学认识水平的提高，注重对化学思想方法的梳理和实践，使学生有能力解决高考中较难的问题。	注重在落实化学知识、技能和方法的基础上，帮助学生梳理知识、落实方法和应用，为高考奠定扎实基础。	强化落实化学知识、技能和方法，帮助学生在会考中取得优秀成绩。

四、跨越边界，探索跨学段、跨学科整合

近些年来，课程整合成为课程改革的一个热点。尤其是当教育发展已进入核心素养时代，核心素养的培养要求综合育人：由于不同学科领域和素养之间存在多重交叉相连的关系，某一种素养的培育往往是多个学科的目标；而且核心素养的发展具有长期性，如何让不同学段的学生素养得以衔接？课程是学生核心素养培养的主要载体。在这样的背景下，课程整合被认为是面向学生核心素养发展的课程开发模式的必然选择。

三十五中在课程改革中，以学科课程改革为平台，尝试打破学段的界限，进行了初高中课程整合的探索；打破学科的界限，探索从多学科知识综合应用的角度开发课程。

（一）基本思路

在建设学科课程群、探索模块分层分类教学之外，三十五中还探索跨学段、跨学科的课程整合，其目的主要是让课程更适合学生发展的需要。我们提倡教师将教学问题作为学科课程整合实践的切入点，同时强调课程整合只是手段、是过程，并非目标，不希望教师为整合而整合。

在六年一贯制课改项目班，本着实际、实效、实用的原则，统筹中学六年课程，通过调整教学顺序、增删教学内容、缩减课时等方式，提高教学效率，向下扎根和向上衔接，让学科课程更加贴近学生。

将知识按学科进行划分，对于科学研究、深入探究自然现象的奥秘和将知识划分为易于教授的模块有所助益，但并不反映我们生活世界的真实性和趣味性。（余胜泉 等，2015）[14] 为了消除分科课程割裂知识联系、造成学生认知结构支离破碎的弊端，我们还通过多种形式探索跨学科的课程整合。一方面，各学科教师密切沟通交流，互相配合提供教学支持；另一方面，通过专题式教学、项目式教学以及探究性学习等，打破学科界限，通过主题或问题串联起不同学科的知识，促进学生对所学知识的理解与建构，提升学生的学科素养与整合能力。

（二）初高中课程整合的探索

以培养“有伟大的责任心和伟大的创造力”的拔尖创新型人才为目标，我校六年一贯制课改项目班在课程方面进行了大幅度的改革探索。例如，为了增强学生的责任心和创新力，增加了为期半年的“境外课程”以及高端科学探究实验室课程等。伴随着课程内容的丰富，学科课时的数量反而减少，那么如何保证教学质量和教育效果?

在直升的利好政策下，我们对初高中六年的课程进行系统思考和设计，慎重实施加法和减法。在学科课程方面，每个学科都要在研读六年教材的基础上，依据学生认知规律，突出学科育人价值，对课程内容进行整合，并制定学科课程纲要。在此，我们选取语文和数学两个学科的案例，重点展示整合的思路。

1. 语文学科课程整合实践①

语文教师要作为“和学生一同成长的学习者”，从现实的生活出发，把学生带入想象的王国，共同体验探究的自由和快乐，让学生在课堂上找到家园般的自由和精神归属感。基于此，我们来谈对语文课程整合的理解和做法。

（1）把制度课程整合成体验课程，实现教师和学生的自我解放

对课程整合，首先要解决的就是制度课程和体验课程的问题。所谓“制度课程”，是特定社会在特定历史时期规定并实现的合法化的学校教育内容。制度课程具体体现为官方的课程文件（课程标准、课程指南、教材、教具等）及这些课程文件的操作形态。（张华，2000）制度课程多是由学校教育之外的人先把知识创造出来，然后由课程开发者稍做简化之后交给学校教师，由他们在课堂上传递给学生。这样，教学就是知识创造过程终结之后才开始的，教学本身不参与知识创造。

而“体验课程”却与之不同，课程与教学的价值取向定位于“解放兴趣”，教师和学生不再只是既定课程计划的实施者，而是课程开发者和教学设计者。教学本身就是教师和学生在探究学科和生活的过程中产生自己的思想，建构自己的知识。我国第八次课改之所以倡导“校本取向”，

---

① 该部分的案例和文字由杜广运老师提供。

正是为了将应有的权利归还给每一所学校、每一个教师和每一个学生，让我们肩负起自我解放的使命。

如我们设计的初一年级第二学期第一单元“走上演讲台”，包括：七（下）第二单元“祖国专题”第 8 课李大钊的《艰难的国运与雄健的国民》，第五单元“探险专题”第 24 课里根的《真正的英雄》；九（上）第二单元“演讲和书信专题”第 5 课梁启超的《敬业与乐业》、第 6 课雨果的《纪念伏尔泰逝世一百周年的演说》，第四单元“求知专题”第 13 课罗迦·费·因格的《事物的正确答案不止一个》、第 14 课丁肇中的《应有格物致知的精神》、第 15 课培根的《谈读书》和马南邨的《不求甚解》、第 16 课鲁迅的《中国人失掉自信力了吗》。

我们把它们整合在一起，设计成“走上演讲台”的体验课程。设计如下：①感性认识演讲。在课上放奥巴马 2008 年胜选演讲和 2012 年蔡英文败选演讲，和教师做的国旗下演讲《诵读传统经典，培植文化自信》。让学生观摩、讨论，使他们心生向往，明确那就是自己本单元要去的地方，并提出演讲必脱稿的要求，讲明本单元结束时举办一次每人都参加的演讲比赛，演讲比赛的视频将刻录成光盘保存。②通读本单元的8篇文章，选择自己喜欢的一篇，做整篇或者节选部分段落的脱稿演讲练习。小组内交流，互提优点和不足，不断练习，从课上到课下，从课堂到家中，然后自告奋勇在班级里练习，教师现场指导。③自己任选一主题，进行演讲稿写作练习，可仿写。在演讲过程中不断修改，其间讲授规范演讲稿写法。④举行班内演讲比赛，每人必须参加，现场录像，结集在班内出版，通知家长观摩。

这一单元，学生在体验和实践中学习了议论文结构和演讲稿写法，很多同学第一次登台脱稿演讲，超越了自己。演讲内容涉及国际时政、生物化学、文学艺术、人生哲学……学生们学会了相互欣赏和鼓励，有学生偶有忘词的时间都被他的同学们的掌声填充，不仅不显尴尬反而成了点燃演讲情绪的又一个“加油站”。一些家长还发短信打电话对孩子的进步表示吃惊，对教师的设计表示感谢。这样的整合设计，挣脱了制度课程的束缚，换来了教师和学生的双重解放。

（2）把课程与教学整合成课堂教学事件，体现教育智慧

课程成为学校教育的实体或内容，它规定着学校教育“教什么”。教学是学校教育的过程或手段，它规定着学校教育“怎样教”。20 世纪的教

育是以课程与教学的分离为特征的，课程是教学的方向和目标，是在教学过程之前或教学情境之外预先规定好的。教学过程就是忠实而有效地传递课程的过程，而不应当对课程做出任何变革。这样，课程与教学就被割裂开来，机械地、单向地、线性地发生关系，现代教育中的二元论思维方式是造成课程与教学分离的认识论根源。

然而，早在20世纪初，杜威就系统提出了整合课程与教学的理念。杜威认为，课程与教学是统一的，教材总是方法化的教材，方法总是一定教材的方法。在这里，只有一个活动，这个活动包括两方面：个人所做的事和环境所做的事。“个人所做的事”对应于方法或教学，“环境所做的事”对应于课程教材。在课堂教学中，教师与学生的主体性充分发挥的过程就是共同创生课程的过程，在这个过程中课程内容被持续生成与转化，课程意义被不断建构和提升。从这个意义上说，课程是动态的过程，是不断变化的课堂教学事件。

如我们设计的初一年级第二学期第四单元“写好一个人”，采用读写结合的方法，先学习4篇文章写4个片段，然后学习《闻一多先生的说和做》，仿写成文和独立写作成文。以《孤独之旅》片段练习为例：①第1课时，一个人，一本书，一首音乐，一个孤岛，待一个月。写你在其上的生存生活情况。②第2课时，“孤岛访谈”：小组5人，1到2人做主持人，其他人做嘉宾，班中其他同学做观众，老师是看电视的。提问的基本问题：你带了什么书，什么音乐，为什么带这些，简单介绍一下书和音乐的内容。书和音乐给你孤独的生活带来了什么。也可自己发挥，和嘉宾观众互动。这样，学生有准备的课堂表演，半书面的语言表达，就构成了课程与教学整合的教学事件，给学生以表现的舞台，留给学生深刻的印象。这是体现课程与教学整合的教学事件，它是立体的、动态的、智慧的和生成的。

（3）把语文课程内部整合指向六年后的出口，体现六年整体设计

六年整体设计，关键在于初中课程体系指向高中课程体系的设计和六年教学指向出口的设计。①初中课程体系指向高中课程体系的设计。初中教材，尤其是初一初二教材的编辑，是以儿童为中心编辑的，而高中教材是以学科中心为依据编排的。基于此，可以整合初中的教材内容，变儿童中心为学科中心，指向高中课程体系。但初中和高中要有梯度，例如初中的诗歌单元以感性为主，让学生在诵读中体会其感情进而进行仿写实践，

高中以赏析和理性分析为主，掌握诗歌流派和诗歌理论。②六年教学指向出口的设计。这个出口，一是高考，一是语文素养。这个方面，要勇敢取舍，明确我们到底想要什么。要努力培养学生的“言语”能力，即口头表达和书面表达能力。

（4）让语文课程具有探究性，实现教育民主

教学与学习的本质就是探究，没有探究的教学与学习只能是训练。教育民主的核心是让一个儿童在学校过有意义的探究生活。对个体而言，探究学习不仅能够解放人的个性，发展人的探究、创造能力，而且能够形成在生活中积极进取、直面问题的态度和精神。对群体而言，探究学习关注人与人之间在尊重差异基础上的合作，强调合作探究、合作性试验。理想的学校文化当是“研究型学校文化”：学校中的一切不仅是教师和学生探究的结果，而且永远处在探究过程之中。为此，我们尝试了一些做法。

①创生“单学科探究活动”。充分体现教学的生成性，捕捉课堂上不可预测的教育时机，并运用智慧发挥其教育价值。如我们设计的初一年级第一学期第一单元“×××学诗”，具体操作如下：A. 让学生在单元题目上空白处填上自己的名字或者笔名。B. 学习古诗十九首［七（上）14 首，九（上）5 首］。先学习七（上）15 课，从形式入手，让学生初识古诗，仿写格律诗，产生“愤”“悱”的学习状态。然后让学生自读九（上）20 课《香菱学诗》，学习做读书笔记，并从中领略写作律诗的要领，对自己的仿写进行修改。接着学习其他古诗，从形式深入到内容。进一步学习《香菱学诗》中关于形式和内容关系的叙述，自然引入对偶等修辞知识的学习，进一步修改自己的诗歌，组内结集。C. 阅读现代诗歌。以诵读为手段，增强学生的文学感受力，理解诗歌天然的超越精神，会写现代诗歌，举办班内诗歌朗诵会。

②创生“跨学科探究活动”，引导学生运用多学科的视野关注问题。如初一年级第二学期第三单元《统筹方法》，就让学生跨语文和数学两个学科进行学习探究。

③创生“生活探究活动”。如我们设计的第二学期第四单元“写好一个人”，学完《我的叔叔于勒》，进行仿写片段练习，人物自身的前后对比（飞利浦夫妇）：“期中考试后，你假装垂头丧气地回到家，妈妈见状……可当你神秘地拿出满分的试卷时，妈妈……”要求：现场模拟，仔细观察，针对情景，对妈妈进行正面描写，每段 100 字左右。

2. 数学学科课程整合实践[①]

《普通高中数学课程标准（2017 年版）》中，在“课程内容”部分与以前的标准相比特别提出了关注与义务教育课程的衔接。如果能在初中阶段的学习中就关注初高中整合，可以更好地体现课程标准的思想。我校六年一贯制课改项目班选调高中教师任教数学，积极探索初高中课程整合。

初高中的数学在研究问题过程中所渗透的数学思想方法、研究对象所遵循的一般方法是有系统性的，所以项目班的课程整合研究力求实现中学数学课程的整体性和系统性。初高中的整合不仅是内容上的整合，更不能简单地将高中课程中与初中有联系的内容直接“下放”到初中，整合应该是立足于有利于学生数学能力、思维的培养，在教学内容、数学思想、数学理解、学法指导等多方面进行探究。

（1）以三角知识教学例证整合的必要性

根据现行课程关于三角知识的安排，在初中课标里仅学习锐角三角函数，解直角三角形。这里要求比较简单，而且和其他知识联系不大，像是一块比较孤立的内容。学生学习时感觉比较简单，但并不能体会到三角知识的体系和应用的价值，往往只能做到为学而学。

高一上学期学习弧度制，然后学习实数范围内三角函数定义，学习三角变换公式和三角函数图像和性质。这里对于高一学生来说处处是难点，不仅知识抽象、思维量大，而且公式的记忆量也大。有些练习题的配置过难，这就形成了学生学习的瓶颈。相当一部分学生会觉得这部分知识学得不好，公式和概念记不住。高一下学期学习正弦定理和余弦定理，之后学习解三角形。大部分学生在这时已经出现了遗忘现象，而且产生了畏难心理，严重干扰了学生的学习。再次学习时会浪费较长时间进行复习，学生的学习就成了“夹生饭”。

为此，我们将教学进度进行了调整，初中知识讲完后直接让学生猜想出正弦定理和余弦定理。对于不同程度的学生提出不同层次的要求，例如数学基础一般的学生理解并记忆公式，数学有特长的学生推导证明公式。然后我们就开始应用知识解直角三角形和锐角三角形，并解决大量生产生活中的实际问题。学生接受起来很容易，并且成体系，同时能感受到学有所用。而且，高一上学期就能完成所有三角知识的学习。这样既分散了难

---

① 该部分的案例和文字由钟竺老师提供。

点，又整合了知识，使得学生的知识体系形成了螺旋式上升，教学效果良好。学生们在这部分知识的学习上显示了充分的优势。

（2）课程整合的指导思想

具体而言，我们在课程整合时有十条指导思想：构建共同基础，提供发展平台；提供多样课程，适应个性选择；倡导积极主动、勇于探索的学习方式；注重提高学生的数学思维能力；发展学生的数学应用意识；与时俱进地认识“双基”；强调本质，注意适度形式化；体现数学的文化价值；注重信息技术与数学课程的整合；建立合理、科学的评价体系。

（3）课程整合的具体做法

数学学科课程整合以新课标和教材为纲，以学生为本，注重培养学生的学习兴趣、学习能力和将学习的知识应用于实践的能力，注重挖掘知识本身的内涵和外延，为不同水平的学生设计不同水平的探究课题。

在整合前，我们认真研读新课标数遍，通读六年教材，并借鉴各版本的教材。整合过程中，我们调整每个模块的教学时间和教学顺序，按照教学需要调整教学的难易程度，并设计每学年的教学目标。

初一着重培养学生的运算能力，并做好小初衔接（多搞小竞赛）；初二着重培养学生规范书写和严谨的推理能力；初三着重提高学生的理解能力，并重点培养学生的解题速度；高一着重培养学生的自学能力；高二着重培养部分学生参加竞赛；高三着重提高学生的综合能力。

例如，将高三讲授的圆移至初中几何学习时讲解，适当整合、相对集中讲解几何和代数。解初中几何题时添加辅助线加强几何思想中的由因导果、执果索因的方法，减少偏、难、怪。加大对初中根式的教学力度和难度，既可以训练学生的代数思想，也可以训练学生的计算水平，还为将来的进一步学习打好基础，可谓一举多得。

此外，我们注重挖掘各模块知识的内涵和外延。例如，每个章节如何引入，每个知识点和前后知识的联系、和生活实际的联系，以及知识点在数学史上的作用，与当今前沿知识的联系，等等。为学生设计不同层次的探究课题和选修课题，并补充一些必要的知识点，引起学生的学习兴趣和探究欲望，提高学生对知识的理解和掌握水平。例如，高中的知识点对数，是学生们一直都特别怵的知识，我们通过设置课题鼓励学生深入研究，尤其是面向立志要学习天文和航天的学生。

（三）STEAM 课程的尝试

自制降温神器和收音机等实用小电器，自主设计别墅，制作 3D 动漫短片，为不同年龄、不同经济状况的人群定制理财方案……2017 年 7 月 7 日，我校国际部学生们展示了他们在 STEAM 课程周的丰硕成果，震动了观看的家长、教师以及学生。

不同于传统的学科教育，STEAM 课程是一种是由学生主导、教师引导、以解决实际问题为目标的跨学科项目式学习模式。基于现代建构主义教育理论，STEAM 教育注重实践、注重动手、让孩子们自己动手完成他们感兴趣的且和他们生活相关的项目，在制作过程中建构起关于科学、技术、工程、艺术和数学的学科知识以及跨学科的思维。

1. 课程目标：培养学生带着爱与责任去发现与创造

作为教育的一种新理念和新模式，STEAM 教育在世界各国越来越受到重视。在美国，STEAM 已上升为国家教育战略的重要组成部分；在中国，《教育信息化“十三五”规划》中明确提出，要“积极探索信息技术在‘众创空间’、跨学科学习（STEAM 教育）、创客教育等新的教育模式中的应用，着力提升学生的信息素养、创新意识和创新能力”。

三十五中对 STEAM 的思考与探索开始于 2014 年，当时我们在跟美国中学的交流中，对 STEM 教育产生了兴趣。STEM 是取科学（Science）、技术（Technology）、工程（Engineering）和数学（Mathematics）的英文首字母组成的缩略词。而后又加入了艺术（Arts），发展成更为全面的 STEAM 教育体系。不同于传统的学科教育，STEAM 教育的突出特点是以整合的教学方式培养学生掌握知识和技能，并能灵活迁移用以解决真实世界的问题。

美国心理学家斯腾伯格曾提出成功智力理论，他认为成功智力是“用以达成人生中主要目标的智力，它能使个体以目标为导向并采取相应的行动”，具体包括：综合能力，从一个全新的视角看待问题或者重新界定问题的能力；分析能力，完成解决问题的基本步骤的能力；实践能力，有效地呈现和展示创造性产品的能力。（斯腾伯格，1999）我们认为，STEAM 教育能够充分锻炼学生的这三种能力，有助于培养学生的创造力，所以决定在学校开发 STEAM 课程。

当今社会变化万千，尤其科技发展迅速，学生学习的知识可能很快就会过时，所以主动学习的能力和解决问题的能力才是最重要的。学校想通过 STEAM 课程培养学生带着对人、对社会的爱与责任，主动观察社会、发现需求、解决问题。这样，学生就会有更大的格局，学会创意和创造，才能创造未来的社会。

2. 把握 STEAM 课程的关键特征

STEAM 课程强调在真实的社会背景或情景体验下，鼓励学生综合运用科学、技术、工程、艺术与数学知识和技能，创造性地设计、建构、发现、合作并解决问题。STEAM 课程研究的问题最好在社会生活中有实际应用的价值，是开放式的，跨学科的，有助于促进社会进步的。目前，通行的观点是融合的 STEAM 课程具备新的核心特征：跨学科、体验性、情境性、协作性、设计性、艺术性。（余胜泉 等，2015）[14]

在 STEAM 课程学习中，学生常以团队合作的形式共同解决实际情境中的一个问题。在这个过程中，学生必须是积极参与的、被挑战的和被激励的。最重要的是，学生将会动脑思考，因为他们将要自己组成一个团队去解决问题、完成项目或复杂的任务。所以，对学生而言，学习 STEAM 课程的关键是参与、动手、创造、合作、解决。

图 4-6　STEAM 学习常用方法

图 4-7　STEAM 项目案例

3. 专题推进 STEAM 课程

经过多年积累，三十五中在科技教育方面拥有了强大的硬件支持和雄厚的人力资源。我们决定依托 10 个高端科学探究实验室，加快 STEAM 课程的开发与实施。

除纳入面向全校学生的科技创新类校本选修课程外，我们以国际部作为学校课改的试验田，自 2016 年起每年专门设置一个 STEAM 课程周，让学生以团队合作的形式共同解决实际情境中的问题。STEAM 课程包括 Honor（荣誉）课程和 Regular（常规）课程：前者由实验室研究员和学科指导教师共同设计和引导，分别在 10 个高端科学探究实验室完成；后者由通用技术教师和国际部 STEAM 组教师共同设计和引导，在相关实验室完成。

2016 年 7 月，国际部开展了第一届 STEAM 周活动，共开设 15 门课程，包括 8 门荣誉课程和 7 门常规课程。学生以现实问题为出发点，设计制作了智能小车，使用 3D 打印机和激光雕刻机制作了文化创意产品，酿造了果酒，制作了音乐播放器和降温器，设计改进了安全带、安全气囊和宝宝椅，自主研发课题“柳絮收集器”的成果还申请到了专利。第一届 STEAM 周的完美收官，让学生和教师们认可了课程的价值。

2017 年 7 月，以“参与、动手、创造、合作、解决”为关键词的第二届 STEAM 课程周活动共设 27 门课程。13 门荣誉课程紧扣社会重点关注的问题：PM2. 5 检测仪设计与制作、倾旋转翼飞行器设计及实现、变展弦比无人机、基于单片机的机翼震动测量控制系统、月球基地模型设计与制作、飞机大迎角气动特性研究、3D 打印天文艺术品、生命科学探索、智能购物车的设计与制作等。14 门常规课程丰富实用：教你成为理财大师、高中生数学建模、我的课表 · 我做主的学习、Paws3D 科技创意动漫制作、古书新知——指尖上的线装书、建筑设计、降温神器的设计与制作、收音机的制作、日化用品成分分析及制作、果酒的酿制、研究茶多酚对大肠杆菌的抑制作用、探究不同水质中大肠杆菌的数量和鉴定等。

我们希望，学生和教师们可以通过 STEAM 课程的实践，从一个更全面的视角来理解科学、技术、宇宙、自然现象、生命形式、现代文明的价值和意义，激发多元、灵活而深刻的思考，收获更多，创造更多。

表 4-4　STEAM 课程“建筑设计”课程方案

课题名称	建筑设计
指导教师（及分工）	李晓梅——调研、方案、设计、模型制作 王铭哲——方案修改、理论数据支持、模型制作 艺术组教师+物理组教师
选题方向	艺术+物理

续表

课题名称	建筑设计
研究意义	建筑设计是一个学科融合度非常高的课题，学生前期进行场地调研、功能设定时需要有人文知识、历史知识和地理环境分析能力，场地划分、设计方案时期需要有逻辑分析能力、方案制作能力、想象力、创造力和图形绘制能力，到模型制作期需要结构力学、材料学知识。通过建筑设计课题，使学生学会综合运用所学知识解决实际问题，各学科教师在合作指导过程中也能够互相学习，融会贯通。
课时与教学内容安排	1. 课题选定 2 课时。 2. 前期调研：地理环境、人工环境、人文环境分析及定位，建筑概念设计 4 课时。 3. 设计规划及分工：建筑本体设计、景观设计、室内布局等 8 课时。 4. 设计呈现：建筑方案+模型制作 8 课时。 5. 中期汇报讨论：修正方案及模型 8 课时。 6. 模型成型 6 课时。
预期成果	一个完整的建筑设计作品，其中文档包含： 调研报告 1 份。 设计方案 1 套。 计算过程文件 1 份。 模型呈现 1 个。 汇报 PPT 1 个。
评价方式	调研过程（30%），设计过程（40%），成果展现（30%）。
汇报与展示方式	PPT 汇报和建筑模型展示。
学生要求	人数要求：10 人。 基础要求：高一学生有基础手绘能力，空间想象能力，对建筑及体积感兴趣；高二学生有软件操作能力，有创造力和基础绘画能力。 个人要求：团队合作精神佳，自控力好，责任心强，逻辑思考能力和表达能力强。

4. 改变学生学习状态的课程

STEAM 课程充分调动起教师和学生的热情。学生们非常喜欢这样的课程设计，往往下课后还不肯离开教室，围绕某个问题研讨不休。许多学生在 STEAM 课程中表现出不一样的学习状态，参与度更高、兴趣更浓、比较专注、更善于思考。

3D 打印技术设计应用课程侧重于让学生了解 3D 打印技术，在几个重要软件功能的讲解后，让学生发挥创造力完成主题作品，给学生的自由度非常高。有的学生平时上课不认真听讲，在 STEAM 课上不但完成了自己的一个小作品设计，而且主动答应写一些学习感受；有的学生选择设计 3D 打印化学分子模型，并将这些模型提供给学校供教学使用；有的学生专门设计了带有学校 logo 的名片，难度很高，数次想要放弃，却最终成功实现……

学生陈佳琪表示："STEAM 课程我选择了果酒的酿造与日化用品成分分析及制作两个课题，在了解基本原理的基础上酿造出了醇香果酒，了解了制作洗发水、护发素、唇膏和护手霜的原理和所需材料并制作出产品，产品多种多样。通过大家共同的努力，我们设计了销售方案并开设了日化果酒小卖部，最终收益良佳。在这个过程中，我不仅体会到了销售的乐趣，更多地了解了课本之外的化学知识。我将来要选择的专业就是化学，这对我将来的学习有很大的帮助。"

负责课程"日化用品成分分析及制作"的呼盼威老师表示："我们选择参考大型快消公司的框架结构，从前期市场调研到研究与开发，到设计包装，到最后的销售过程，让学生感受一个完整的从 0 到 1、从无到有的创作过程。在实验室中，我们引导每一位学生去创造有自己特色的日用品，给予他们充足的空间和支持。而学生给我们的反馈是笑脸，是充实，他们觉得真的能学到知识并且锻炼了动手能力。"

学生的全面收获不只在课堂上。STEAM 课程结束后，学校都会举办专场展示活动，学生可以向同学、教师和家长展卖自己的作品，也会在讲台上用各种手段介绍自己的课程成果。由此，进一步锻炼了合作能力、表达能力和领导能力。

学生们拿出的成果令他们非常有成就感，教师和家长也满眼都是惊喜。例如第一届 STEAM 课程周，齐宏源等 5 位学生针对北京每年春季的柳絮问题，提出了研发室内柳絮收集器的创意。在教师们的指导下，他们以小组合作的形式，精确柳絮收集器的外形、尺寸，优化工作原理，进行数据计算和 3D 建模，绘制图纸并加工成品……课程结束后，他们继续完善柳絮收集器并凭此申请到专利。

从“被隐形”到“再发现”，随着课程改革的推进，作为学校课程体系主体内容的学科课程必将成为改革的重点。尽管当今学科课程实施过程中存在着一些弊端和质疑，但是我们认为从学生发展需求出发，挖掘学科的育人价值，平衡社会对学科的期待，就能探索出一条学科课程变革和改进的道路。

[第五章]

打造科技、人文、艺术教育高地

学生可以在信息化生命科学、纳米与化学可视化、航空航天、风洞等十大高端科学探究实验室里研究自己感兴趣的课题，可以在鲁迅创作《阿Q正传》《故乡》等名篇的鲁迅兄弟旧居里与名家座谈交流，可以在北京金帆音乐厅不时地畅享艺术“大餐”……如今，内容丰富、特色鲜明的科技、人文、艺术课程，成就着三十五中学生的个性发展，成为学校的特色品牌。

丰富多元、可供选择的校本课程，是三十五中志成教育课程体系的重要支撑。我们希望通过开发与实施校本课程，帮助学生获得健全人格的全面滋养，发现潜能，发展特长。以终为始，我们从学校层面整体规划，并将科技与创新、人文与社会、艺术与审美三大系列课程作为重中之重，突破学校资源的局限，整合社会各界教育资源，开发出突出开放性、实践性和整合性的特色课程，打造科技、人文、艺术教育的高地。

一、围绕“成人”炼制三大特色课程

三十五中自建校之初就重视全面育人，在体育、艺术、科技教育方面形成了优良传统。2009 年开始，为求解“钱学森之问”、探索拔尖创新人才培养模式，我们着手重点打造科技类课程。推进过程中我们意识到，培养拔尖创新人才仅靠科技教育是无法走远的，应该科技教育、人文教育和艺术教育并行，培养学生兼具科学素养、人文精神和想象能力，成为全面和谐发展的完整的人。

合抱之木，生于毫末；九层之台，起于累土。确立课程建设的目标后，针对学校拥有的教育资源比较薄弱的现状，我们成立专门机构整体规划，以课程意识审视与学生成长相关的一切资源，将社会资源转化为课程资源，由点到线、由线到面，寸积铢累逐渐形成了内容丰富、层次鲜明的特色课程体系。

（一）课程设计的思路

人类的精神世界有三大支柱：科学、艺术、人文。科学求真，给人以理性；艺术求美，给人以感性；人文求善，给人以德性。对于高中生精神的成长与发展，尤其是“志成教育”希望培养的感性、理性与德性兼备的

"完整的人"，这三者具有奠基性作用。同时，这三者也是学生个性化发展需求"密集"的领域。所以，三十五中将科技与创新类课程、人文与社会类课程、艺术与审美类课程列入个性发展课程板块，作为学校特色课程建设的重中之重，挖掘资源，整合人力，加大课程开发与实施的力度。

1. 整体思路：满足学生多样需求　形成学校办学特色

作为志成教育课程体系的重要组成部分，校本课程是学校育人目标的重要支撑，是学校特色发展的重要支撑。在校本课程建设过程中，我们强调以终为始，以志成教育"立志·成人"理念为指引，在开发课程时不仅基于教师能开出什么课程，更基于学生终身发展需求和多样化发展需求以及学校育人目标而系统规划应该开设什么课程。一言以蔽之，学生的成长是课程建设的出发点和归宿点。

志成教育的终极目标是"成人"，帮助学生成长为人格健全、素质全面的完整的人。对个人而言，素质包括身体素质、心理素质、文化素质、科技素质、道德素质等。基于学生的素质全面发展需要，以及学校的传统和资源优势，三十五中近些年从学校层面特别强调五大类课程的建设：以科技与创新类课程提升学生的科技素养和创新能力；以人文与社会类课程提升学生的人文素养和人文情怀；以艺术与审美类课程提升学生的艺术素养和审美情趣；以生涯教育与素质拓展类课程提升学生的生涯意识和规划能力；以体育与健康类课程培养学生的运动习惯和健康素养。其中，科技、人文、艺术三大类课程属于志成课程体系两翼之一的个性发展课程板块，是课程建设的重点。

2. 非科技强校立志求解"钱学森之问"

三十五中大力发展科技教育有一个重要的引子，那就是 2009 年温家宝总理的调研。在座谈会上，温总理提到，"我多次看望钱学森先生，给他汇报科技工作，他对科技没谈什么意见，他说你们做得都很好，我都赞成。然后，他转过话题就说，为什么现在我们的学校总是培养不出杰出人才？这句话他给我讲过五六遍"，并表示"每每想到这些，我感到很内疚"。"总理之忧"更触动我们深思——当今世界，自主创新能力已成为国家竞争力的决定性因素，拔尖创新人才是国家的迫切需求。那么，作为一所中学，三十五中能否在探索拔尖创新人才的培养模式中有所作为呢？

分析钱学森、杨福家等科学大师的成长经历，我们认识到，高中阶段是发现与培养科技创新人才的关键期。钱学森先生曾经表示，一生中有两段求学经历毕生受用，第一个阶段就是在北师大附中学习的时候度过了“一辈子忘不了的6年时光”。物理学家、中国科学院院士杨福家对在格致中学度过的高中时光念念不忘，“格致中学改变了我，给了我人生观、兴趣，这两样对我一生管用”。

在美国首都华盛顿举行的一次关于推进美国科技创新的研讨会上，布朗大学前校长鲁斯·西蒙女士表示，她本人就曾在高中阶段参加过大学的暑期科学项目，从中受益很多。她认为，高等教育在美国创新人才培养中发挥着重要作用，但大学能否发现和培养更多具有科学潜质的学生，在一定程度上取决于中学科学教育的质量。

认识到高中在科技创新人才培养中具有的重要价值，我们决定以实际行动求解“钱学森之问”，着力开展科技创新人才培养课程建设和模式探索。

3. “住进”鲁迅的家，发力人文教育

近年来的科技崇拜与人文失落，让整个社会都尝到了苦果——那些被发明出来危害我们生命的技术，三聚氰胺、苏丹红也好，瘦肉精、地沟油也罢，哪一项不是出自经过训练的大脑？如果将社会的发展比喻成一台汽车的话，那么科技就是发动机，人文就是方向盘。如果方向出现错误，走得越快，离我们的目标就会越远。人文教育对人才培养具有基础性和战略性价值。

“住进”鲁迅的家，成为三十五中推进人文教育的一个转折点。2015年，三十五中高中部搬迁新址，位于新校舍内的八道湾胡同11号院，是鲁迅先生在1919—1923年的住所，先生在这里完成了《阿Q正传》《风波》《故乡》《社戏》等一百多种重要作品和译著。当时，鲁迅、周作人、周建人三兄弟曾同时居住于此，蔡元培、李大钊、胡适、郁达夫、钱玄同、毛泽东等众多前辈先贤、仁人志士都曾造访过此地。八道湾胡同11号院被学者认为是“民国时期最著名的文化沙龙，辛亥文化的重镇”。鲁迅被称为“民族魂”，其作品最被称道的价值就在于思想光芒和人文精神。

三十五中迁址事宜确定后，西城区政府为保护鲁迅三兄弟旧居，特意将其划入三十五中新校园。抓住难得的机遇，我们从研读鲁迅作品和研究鲁迅人物起步，高举“立人”教育研究的旗帜，发力人文教育。

4. 艺术教育薪火相传走向普惠

科学追求客观的真理，艺术倡导主观表达，二者看似矛盾独立，其实彼此成就共同发展。艺术的想象能力和形象思维能力，对于科学创新特别重要。法国文学家福楼拜曾说："艺术越来越科学化，科学越来越艺术化，两者在山麓分手，有朝一日，将在山顶重逢。"（曹阳，2008）

怀特海（2012）[35]则指出："在精神生活中，如果你忽视像艺术这样的伟大因素的话，那么你肯定会蒙受若干损失。我们的审美情趣使我们对价值有生动的理解，如果你伤害了这种理解，你就会削弱整个精神领悟系统的力量。"三十五中有着全面育人的传统，艺术教育始终薪火相传，20 世纪 50 年代学生民乐团活动已经开展得有声有色，学校民族管弦乐团于 1989 年由北京市教委授予学生艺术团最高荣誉"金帆艺术团"称号。金帆民乐团一直保持着活跃状态，堪称北京市中学生乐团中规模最大、编制最完整、管理水平较先进、演出水平较高的中学生民族管弦乐团。

随着教育理念的发展，我们提出要将艺术教育从少数学生的特长变为全体学生的福利，培养学生的审美能力、想象能力和创造能力。

（二）课程开发的策略

温总理到校调研后，三十五中树立了求解"钱学森之问"的教育理想。但对于当时的三十五中而言，这样的"志向"在很多人看来有点"痴人说梦"的意味。

2009 年，三十五中高中部还在西城区小口袋胡同 19 号，由于学校要搬迁，硬件设施多年未曾更新，仅有的 6 个理化生实验室设备陈旧、仪器落后，能保障国家课程标准规定的实验任务的完成，难以支撑学生进行更深入的实验探究的需求。

同样匮乏的还有科技师资。当时学校没有专职的科技辅导员，科技辅导员由感兴趣的综合实践活动课教师或物理、地理、生物教师"客串"，缺乏制度和待遇保障。但通过与西城区青少年科技馆的合作，机器人教育成为当时学校科技教育的一抹亮色，学生在各项机器人大赛事中屡有斩获。但整体来看，教师们开展科技创新教育的意识和能力还普遍薄弱，部分教师仍然将升学作为工作核心，甚至认为学生参加科技活动有碍正常教育教学。

质疑的一个重要方面指向学生。当时（原西城区和宣武区未合并）三十五中高中部入口分数线在西城区约排在第七位，生源学业水平中等偏上，并不拔尖。而广泛流行的观点认为拔尖创新人才理所当然地面向尖子生才能培养出来。2010 年国家级教育体制改革基础教育项目“探索拔尖创新人才培养模式”课题开题，三十五中提出申请却遭到拒绝：“三十五中这样的学校，也能培养拔尖创新人才?”

我们认为，每个学生都有潜能，努力激发每个学生的兴趣、开发每个学生的潜能是教育的应有之义。面向更多学生开展科技创新教育，培养他们的科学兴趣、科学素养和探究精神，一则关系到国民科技素养的提高，二则能为拔尖创新人才培养奠定扎实宽厚的基础。鲁迅先生曾经说过，未有天才之前，须有培养天才的土壤。我们中学教育要“做土”，不能让天才还没长成就因为缺了营养成了“绿豆芽”。

基于上述思考，三十五中明确了科技教育的定位：科技教育不应该仅为培养尖子生或少数拔尖创新人才服务，而是应该致力培育科技教育沃土，面向全体学生，点亮科学梦想。通过开展科技教育，让学生们了解前沿科学，了解科研事业，激发学生的科学兴趣，提升学生的科学素养，这对学生的终身发展都有帮助。如果有学生在此过程中确立了科学志向，这当然很好；如果发现与科学无缘，进而重新规划自己的生涯发展，但多少濡染些科学素养，也有益无害。

从被轻视到被认可，一次“借船出海”的合作给三十五中科技教育赢得了转机。2010 年，机缘巧合下通过与中国科学院京区科学技术协会的合作，三十五中开始了探索青少年科技创新人才培养模式的实践之路。通过合作创建“科技创新人才早期培养班”，学校探索了科技创新人才培养课程体系，吸引了有志向的学生；通过科技教育中心和博士创新工作室的建设，学校培养了专职科技教师队伍；通过高端科学探究实验室建设，学校进一步丰富了科技教育资源，培育了科技创新人才成长的土壤……

今天，三十五中拥有的丰厚课程资源，令许多同行“羡慕嫉妒恨”。但三十五中并非天生的“高富帅”，除艺术有金帆民乐团的传承外，学校在科技、人文等方面拥有的教育资源和支持系统原先都比较薄弱。底子薄、起步晚，如何快速成长、形成特色？我们采取了三大策略。

1. 整体推进，成立专门机构，搭建课程平台

为了加大特色课程建设的力度，由校长领衔，从学校层面整体统筹推进，并成立专门机构，搭建课程平台，负责聚合资源、打磨课程。

2011 年，设立拔尖创新人才课程开发中心，负责科技创新人才早期培养班的课程研发工作，后随着职能的拓展更名为科技教育中心。同年，将艺术教研组升级为艺术教育办公室。2014 年成立鲁迅书院，负责学校人文与社会类课程研发与实施。2015 年将体育教研组升级为体育教育中心。五大课程中心的主任均为学校中层干部，在我的直接领导下，独立负责相关领域的课程开发与实施，提升了工作的力度与效率。

在新校舍建设过程中，我们聚合各界资源，重点打造特色课程平台。在科技领域，与高校、科研院所合作建设 10 个高端科学探究实验室，作为科技与创新类课程开发与实施平台；在人文领域，复建鲁迅三兄弟旧居并建设鲁迅纪念馆，比邻而建的学校图书馆命名为鲁迅书院，作为人文与社会类课程开发与实施平台；在艺术领域，建设北京金帆音乐厅，聚合各界艺术教育资源，丰富艺术教育的内容，提升艺术教育的层次。

2. 主动出击，以课程意识整合各界教育资源

我们的特色课程建设可谓“十年磨一剑”，这十年也是资源整合的十年，整合资源是课程建设的重点与难点。面对学生多样化、多层次的需求，面对快速变化、日新月异的社会，我们深刻意识到学校拥有资源的局限性。所以，我们以课程意识审视与学生成长相关的一切资源，打开校门，主动与高校、行业协会、企业以及其他社会机构建立合作，吸引教师、家长、校友、学生等加入课程开发与建设的队伍，并跨越地域、国别与国内外同行们共建课程……聚沙成塔积累了丰厚的课程资源，提升了课程的品质，丰富了课程的层次。

有一句老话“贫居闹市无人问，富在深山有远亲”，生动地讲出了资源建设由贫弱起步的艰难。反思走过的路，我们认为整合资源有四大策略：①有心人天不负，有志者事竟成——有心人才能看到资源，有志者才能克服困难；②机会给有准备的人——伺机而动能够快捷捕获信息，有备而来能够降低合作成本；③有舍才能有得——获取资源尤其是优质资源，往往是有代价的；④资源无处不在——推开时间、空间的人为局限，集成所长为我所有。

3. 定点突破，连点成线丰富课程种类与层次

科技、人文、艺术教育对人的成长有奠基作用，应该是富有层次的，既要面向全体学生提升基本素养，又要面向个别学生促进个性发展。但由于课程资源不足，我们无法一步到位，所以采取定点突破、连点成线、全面跃进、整体提升的行动路线，在丰富课程内容和选择的基础上形成层次。

圈定重点，合力突破，是我校特色课程建设的一个策略。科技教育以科技班的课程建设为重点和突破，以此带动学校科技教育整体的发展与提升。人文教育以鲁迅人物和作品研究以及中华传统文化为起点和特色，拓展延伸，丰富人文课程的项目和层次。艺术教育以金帆民乐团和其他校级艺术团为龙头，着力打造“私人定制”的艺术课程，让每个学生都能有一项艺术特长。

（三）课程形成的特色

在特色课程建设中，我们注重课程的发展性、实践性和整合性，逐渐形成了鲜明的特色。

1. 开放性

在资源有限的情况下，要实现足够丰富，学校唯有“海纳百川”——开放性成就丰富性，丰富性有了开放性，就有了诸多可能性。

一是课程开发过程中吸纳各方力量，让课程更丰富，更有活力。例如校本课程的师资包括本校教师、高校教师、学生、家长、校友以及社会各界专家等，多种身份带来多种视角，丰富了教育生态。

二是课程设计实施不是封闭的，而是根据相关领域发展，与时俱进随时调整完善。教学内容及时反映现代科学技术和各门学科的发展以及人文社会科学领域的最新成果。例如小学段修学旅行的路线设计，在保留完善成熟路线的基础上，每年都会考察设计新的路线，建设形成丰富的资源库。

三是课程成熟后面向校外的需求开放，让更多人能享受到优质课程。例如高端科学探究实验室承担了北京市开放性科学实践活动的任务，开发线上课程，将通过线上线下结合的模式向国内感兴趣的学生开放。

2. 实践性

摆脱传统课堂的时空束缚，注重学生的生活体验和学习经验，把生活和世界尽可能多地还给学生——让学生们走出教材、走出课堂、走出学校，参与社会生活和实践，帮助学生建立知识与现实的联系，帮助学生将知识转化为实践技能，增强理解和综合运用知识解决实际问题的能力，也促进学生积极主动地完成知识的建构。我们鼓励学生从现实生活出发选择自己感兴趣的人文课题、科技课题，在教师的引领下自主探究。艺术鉴赏课则要求学生去看画展、听音乐会、做艺术志愿者。

3. 整合性

知识相互之间不是孤立存在的，在解决实际问题中学生需要综合运用多种学科知识。我们在特色课程建设中有意识地强调学科之间的融合，采取项目式学习和主题式学习等方式，培养学生的迁移能力、综合运用所学知识分析问题的能力和创造性解决问题的能力。不论是高端科学探究实验室课程，还是小学段修学旅行，涉及的课题研究基本都是跨越学科的。鲁迅书院开设跨学科传统文化选修课程，学生还研究“自然科学对鲁迅创作的影响”之类的课题。

二、培科教沃土　育创新人才

近三年来，三十五中在北京市和全国科技创新大赛获奖的总人次，在西城区中学跻身前四强，而且其中高级别的奖项也越来越多。在名校如林的西城区取得这样骄人的成绩，于三十五中而言属于“破局”之举。同时，学校十大高端科学探究实验室每年都吸引着大批国内外同行来考察访问，赢得了“国际水准”的赞誉。

这一鲜明的科技特色，在9年前还看不到丝毫端倪，那时候科技教育资源乏善可陈，获奖人次寥寥可数。9年间，学校以求解“钱学森之问”为目标，致力于为创新人才的成长“做土”，不断丰富土壤的成分和养分，终有所成，创新人才纷纷“长”了出来。

（一）借船出海，联手中科院创办科技创新人才早期培养班

2010年，三十五中正在孜孜以求、努力弥合科技教育面临的理想与现实的巨大落差的时候，一个机会降临到我们身上。

当时，中国科学院京区科学技术协会正在北京的中学里寻找合作伙

伴，准备利用其丰厚的科技教育资源，与高中合作培养科技创新人才，但与几所顶尖高中接触后，并未取得预期效果。中科院的一位专家向三十五中的一位教师透露了这个意向，我在了解情况后意识到机会来了——二者拥有共同的目标，而且中科院拥有的师资、硬件和课程正好能够弥补三十五中的弱势。

2010 年 5 月 12 日，三十五中和中科院京区科协签订“中国科学院科技创新人才早期培养方案”框架协议，合作举办科技创新人才早期培养班。通过该项目实现教育界与科技界联手，基于学生发展需求设计科技特色课程，突破传统课堂边界，将学校科技教育与同步进入国家院所实验室结合起来，引领学生在学习与实践中拓展科学视野、提升科学素养、锻炼创新能力。

2010 年 7 月 8 日，首届科技创新人才早期培养班研讨会召开，教育部、北京市教委、西城区教委、中科院的领导和专家以及科技班的任课教师参会。与会者主要讨论了科技班的总体定位、培养目标、课程方案与评价体系以及如何实现学校教育与中科院资源的对接等问题。学校为科技班设计了五大课程模块，包括学科基础课程、综合选修课程、中科院课程、学生社团活动课程和综合实践活动课程。中科院课程是中科院为三十五中科技班提供的特色课程，主要包括基础课程、实践活动和课题研究。当年，在学校统招的学生里，经中科院专家和学校教师联合面试，选拔了 80 名学生组成两个班。2010 年 9 月 26 日，首届科技创新人才早期培养班举行开班仪式。

2011 年 9 月 26 日，在第二届科技创新人才早期培养班开班仪式上，教育部基础教育课程教材发展中心原主任朱慕菊指出，三十五中科技创新人才早期培养班实现了“三大创新”——

制度创新：教育界与科技界联手，科学家真正走进学校，长期参与中学教育，成为教育体系的组成部分，这是一种教育制度的创新。美国、法国科学院都想进行这样的尝试却未成功。

课程设计创新：原来的学校课程都是由搞教育的人设计的，是以学科为中心的课程。现在把人的发展放在以学科为中心的层面之上，实现了基础教育课程与科技教育课程的融合，是一种课程创新。

人才培养模式创新：跳出追求高分的模式，以培养拔尖创新人才作为目标。课程是对一些科技前沿和科技问题的认识，对学生如何形成一种科学认识带来新的冲击，对整个中学教育带来新的挑战，是一种人才培养模式的创新。

那么，“三大创新”如何改变着科技班的教与学呢？

1. 科学家同行引领的科学路

基础课程单元的专家讲座，科考活动的专家相伴，课题研究的专家指导……在科技班，对中学生而言原本遥不可及的科学家，成为他们科学之路的引路者与同行人。

对多位创新型人才的追踪研究显示，对他们影响最大的是人，中学时期的教师更是其中最重要的人。三十五中科技班的学生们在科学家身边成长，科学家们的言行举止，尤其是问题意识、求知欲、较真精神等科学素养与科学精神，都潜移默化地影响熏陶着学生。

云南科考时，学生张昫旸研究的课题是“红背桂叶片背面为什么要那么红”，他从导师的科研经历中发现“善于观察、拥有好奇心和求知欲对做科研很重要”。一个细节令他印象深刻：“导师尽管已经做过无数次切片，但仍会反复尝试以求获得最佳切片，这种较真精神让我震撼。”

2. 以问题为中心的项目式学习

“污染土地修复技术研发”“奥数对中小学生数学学习成绩和学习兴趣的影响”“关于厨余垃圾产生现状、去向及再利用的调查研究”……这些都是科技班学生们研究的课题，从提出问题到解决问题，他们进行着以问题为中心的项目式学习。

不同于学校教育的学科中心，科技班的中科院课程采取以问题为中心的方式，即从一个实际存在的具体科学问题出发，然后延伸开去，不再局限于学科体系或学科界限。通过一个个具体的问题，激发学生的探究欲望，促使学生主动地构建新知识，尝试运用已有知识，通过逻辑思维、创造思维等去设计研究方案，探索解决问题的方法。

对学生而言，每个科学问题都像是一个项目，充满乐趣和挑战。李伟光同学参与了“小鼠脂肪来源诱导多功能性干细胞系的培养及分子鉴定”课题研究，并在研究过程中逐渐明晰了发展方向：“研究成果如果能真正应用到临床医学，那么器官衰竭患者们就能重新获得生的希望！未来，我要投身到这项事业当中！”

3. 突破课堂边界：从课堂讲授走向活动建构

在北京市某工业场地，采集0—20cm表层土壤低温保存备用，记录样点周边环境信息并用 GPS 定位；在中国科学院地理科学与资源研究所污染土地修复技术研发实验室，剔除土壤样品中的植物根系以及可见侵入体，用玛瑙研钵研磨，过 20 目、100 目尼龙筛，供砷和多环芳烃分析……完成这些专业操作的正是科技班的高巍等 3 名同学，他们正在研究污染土地修复技术。

当今中国教育存在的问题之一就是空泛的理念太多，与实践脱离太远。科技班让学生走出课堂，走进自然，走进实验室，走进工厂车间……在科学实践活动中完成知识构建，实现了“做中学”。

从课堂讲授到活动构建，学生的体验更加深刻，成长更加显著。学生高巍说：“想象中科学研究是非常帅气的，接触后才知道科学研究是非常‘磨人’的。科学工作不仅需要富有创意的想法、先进的技术，耐心与耐力也是不可或缺的。像我们组，光是把取来的土样研磨成实验所需规格，就花了好几个星期。”

经过科技班的培养，这些本来被认为并不拔尖的学生，拿出了出色的成果，发展出科技特长，树立起科技志向。近些年，科技班学生在北京市和全国科技大赛中获奖的数量和层次不断提升，每年有 20—30 名学生凭借科技特长获得高校自主招生资质，多数毕业生升学时选择了科技相关专业。

（二）乘势而上，催生科技教育“滚雪球效应”

与中科院合作创办科技创新人才早期培养班是三十五中科技教育大发展的一个关键事件。这“借船出海”之举树立起学校科技教育的品牌，增强了学校的资源吸附力。学校乘势而上，努力开发科技教育的人力、硬件、平台等资源，让科技教育产生了“滚雪球效应”。“你若盛开，蝴蝶自来”，这句话揭示了三十五中科技教育发展的内在逻辑。

1. 成立专门机构，招募博士教师

为了加大科技教育的推进力度和科技课程的开发力度，三十五中成立了专门的科技教育机构，拥有较大的自主权和决策权，直接对校长负责。同时，陆续招募相关专业的博士，提升教师指导学生开展科学探究和课题研究的能力。

2011 年 9 月，设立拔尖创新人才课程开发中心，设主任一名，部门主要负责中科院课程开发、创新实验室方案设计。下设博士创新工作室，首批招募物理、化学、生物三个专业的博士（后）各一名，负责指导科技班学生进行科学考察和课题研究等。

2012 年 9 月，拔尖创新人才课程开发中心更名为科技教育办公室，负责统筹全校科技教育工作和创新人才培养各项工作，设主任一名，陆续招聘硕/博毕业生多名，至 2015 年 2 月部门成员达 10 人。

2015 年 3 月，科技教育办公室更名为科技教育中心，下设博士创新工作室，同时将技术组教师整合，成员达 15 名，包括主任 1 名、高端科学探究实验室首席研究员 9 名（博士 7 人，硕士 2 人）、专职科技辅导员 5 名。至此，三十五中拥有了一支专业全面、科研指导能力较强的科技教育教师团队。

学校通过多项举措鼓励教师参与科技教育：设立专职科技辅导员（高端科学探究实验室首席研究员）岗位，特设不低于高级教师满课时量的岗位津贴，并计入班主任工作年限；在职称评定、学习培训、评优评先、出国考察等方面，把科技教育工作作为重要考量指标；支持和鼓励科技教师参加国内外学术会议和培训，全额报销相关费用；教师带领学生外出进行科技活动有专项补贴，国内外科技竞赛均有专项经费支持。

从科技教育机构名称的变化可以看出，三十五中科技教育的领域在不断拓展，受惠的学生面不断增加。如今，几乎每个学生感兴趣的科学探究方向，都能在校内找到相应的指导教师。学校对科技班实行校内校外双导师制，对参与中学生“英才计划”、北京市青少年科技后备人才早期培养计划、北京市青少年科技俱乐部、“翱翔计划”等创新人才培养计划的外培学员实行校外指导专家、校内课题指导教师、校内管理教师三导师制。

2. 争进各项人才培养计划，赢得更多人力财力支持

真正的科技教育不能关起门自己玩，需要把学生和教师带到更大的平台上去，让他们与同龄人、同行者切磋交流。三十五中以科技班为探高的阶梯，积极争取加入北京市乃至全国科技教育团体的人才培养计划，赢得了更多的人力财力支持，丰富了科技教育的资源，为学生发展提供更好的平台与支持，提升了科技教育的水准。

作为北京市教委重点资助的项目之一，“翱翔计划”是北京青少年科技创新学院推出的一项特色课程，高校、科研院所、区县教委、示范高中相关人员共同参与，实行三导师制，学生可以直接进入实验室开展研究。

“翱翔计划”初期我校并没有进入基地校范围，不过科技班探索的青少年科技创新人才培养模式与“翱翔计划”的培养模式有诸多可以互相借鉴之处，从而引起关注。2012 年，三十五中成功申请成为第二批北京青少年科技创新学院“翱翔计划”物理与地球科学领域基地校，获得专项资金，帮助北京市进行相关专业高中生的培养。

“北京市青少年科技后备人才早期培养计划”由北京市青少年科技中心发起并负责组织管理，主要面向本市高中一年级学生，遴选学有余力并有志于科学探索者，为他们提供与杰出科学专家和现代高新科技零距离接触的机会。2011 年，我们利用参加全国青少年科技创新大赛观摩的机会，向北京市青少年科技中心的领导汇报了我校正在进行的科技创新人才培养工作，申请到了“北京市青少年科技后备人才早期培养计划”基地学校的资格。

2013 年，三十五中入选中国科协和教育部主办的“中学生科技创新后备人才培养计划”（简称“英才计划”）第一批实验校，学校的高考表现并未达到该计划的预设线，但我们在科技教育方面的探索和成果打动了专家组。2014 年 11 月，三十五中入选北京市学生金鹏科技团生命科学分团，这是北京市政府相关部门对学校科技教育的最高肯定。

加入这些人才培养计划，获益最大的首先是学生。这几年，各项计划给予学校代培学生的名额不断增加。现在，三十五中每年有 30 余名品学兼优、学有余力、具有创新潜质的学生，通过各项计划走进科研院所和高校，在著名科学家指导下参加科学研究项目、学术研讨和科研实践等活动，感受名师魅力，体验科研过程，激发科学兴趣，提高创新能力。

与中科院合办科技班，三十五中每年要支付部分费用，最初这笔经费从公用经费中挤出来。但随着学校科技教育工作成效的显现，来自市区科协以及其他机构的人才培养项目的经费支持，已经完全能够支付这笔费用。这样的结果是意外之喜，其实也在意料之中。

3. 建立高端科学探究实验室，实现高端科技资源课程化

在科技班创办之后，我们发现学生进入中科院实验室做实验存在一些制约，比如开放时间和专业受限、交通带来的时间成本和安全风险等。但很多课题研究必须要专业的设备和指导，如何解决这个矛盾呢？当时高中部面临整体搬迁，我们统筹规划，筹谋由中科院专家作为专业支持，在新校区建设高端科学探究实验室，让学生能更方便、快捷地开展课题研究。

而且可以开发实验室课程，让科技班以外的更多学生受益。

前景是美好的，道路是曲折的。从建设场地到建设资金，从建设方案到课程开发，等等，一系列问题都是考验。最初根据中科院前沿科学的研究热点和学校对青少年科技教育的需求分析结果，确定了四个方向——生命科学、智能科学、空间遥感、航空航天。2011 年学校招兵买马，发出第一次招收博士毕业生的招聘启事，当年正式引进了纳米化学、生命科学和物理光学三个专业的博士毕业生。

实验室课程开发与实施的主力，是学校引进的相关专业博士。他们从科研院所毕业后直接到三十五中担任实验室首席研究员，负责实验室建设与课程开发，需要自己编写实验室教材，而这项工作又没有任何先例可循。如何把原本高年级本科生乃至硕/博研究生才可能接触的前沿科学原理、仪器设备给中学生讲清楚，这已经是一个非常具有挑战性的问题。首席研究员需要带领学生开展探究项目，让学生能够利用这些前沿科学仪器设备开展科学探究，经历从课题开题到撰写论文的完整过程。

在这个过程中，团队的力量体现了出来。实验室方案设计启动之初，学校对教师们就提出了要求，在建设实验室时首先要思考能够开展哪些课程。孙淑萍主任带领首席研究员多次请教科技教育专家，组织各项专业培训，制定了三十五中科技创新课程开发原则，数易其稿推出了实验室课程第一版、第二版、第三版，实验室课程也从最初的探究项目扩展到能够满足不同层次学生需要的课程体系。

经过近四年的准备与建设，2015 年 5 月，三十五中九大高端科学探究实验室——空间信息技术实验室、智能科学与技术实验室、信息化生命科学实验室、大数据与科学计算实验室、天文大数据实验室、纳米与化学可视化实验室、航空科学与技术实验室、航天科学与技术实验室、风洞实验室，陆续开门，向学生开放授课。2017 年 9 月，第十个高端科学探究实验室——由中国自动化学会和清华大学支持建设的人工智能机器人实验室正式挂牌。以下是其中三个实验室的简单介绍。

（1）纳米与化学可视化实验室

纳米与化学可视化实验室由中国科学院大学、国家纳米科学中心的专家团队作为支撑；建设有纳米材料制备、形貌表征、光谱学性质研究及纳米生物效应研究平台；还建立了计算化学虚拟平台，运用与中国科学院计算网络中心共同开发的计算化学软件，实现将枯燥的化学理论可视化。实验室建设融合了纳米与材料科学多个研究方向的最新成果，充分挖掘“纳米科技，新的世界”这一具有创造性的主题，激励青少年发挥创造力探索、追寻和揭示更多更深的奥秘。

（2）航空科学与技术实验室

航空科学与技术实验室由我校与北京航空航天大学合作建设；拥有两台飞行模拟器、高性能计算服务器、XFlow 计算流体力学软件、激光雕刻切割机、3D 打印机等设备。实验室能够实现航空基础课题的开发、航空前沿科技的教学以及航空领域前沿探索性课题的研究等多项功能；可开展的探究性课题方向包括创新飞行器设计与研究、微小型飞行器技术应用实践、空气动力学探究实验、计算流体力学探究实验等。在实验室，学生可利用飞行模拟器模拟民用通航飞机和军用舰载机进行飞行体验，利用激光雕刻切割机和 3D 打印机进行飞行器的制作，利用计算流体力学软件对飞行器设计方案进行气动分析，探索飞机气动设计方法。

（3）智能科学与技术实验室

智能科学与技术实验室依托中国科学院自动化研究所的科技资源优势，融合了该领域多个研究方向的最新成果。根据学生的认知水平和理解能力，实验室建设了智能移动机器人平台、智能交通系统平台、无线传感网络平台和新一代人机交互平台。对此领域感兴趣的学生，可在此学习、体验智能科学原理及应用，并在四个平台上开展课题研究。我们强调科学研究的自主性、探究性、实践性和开放性，着重培养学生的研究能力和创新能力，帮助学生在科学思想、知识结构等方面适应全球智能科技突飞猛进的发展。

高端科学探究实验室课程实行双导师制，由该实验室的首席研究员和高校教师担任学生开展课题研究的导师。

4. 成立少年科学院，发挥学生同侪效应

为了给更多具有科学兴趣和潜质的学生提供发展平台，探索跨越学段和学科边界的科技创新人才培养模式，2012 年 9 月 25 日，三十五中青少年科技创新学院（简称“少年科学院”）成立。所有学生都可以在这里选择自己感兴趣的科技活动或科技课程，从动植物到天文、地理，专业方向涵盖十几个大专业，学生们能够自主选择、自主活动、自主管理。

少年科学院包括科学探究部和科学普及部两个部门，每个部门下设若干个研究所或俱乐部。除选拔全校科研、教学、管理水平优秀的教师作为少年科学院的校内导师外，还聘请高校、科研院所专家作为校外导师。

科学探究部以学校十大高端科学探究实验室为基础建立，下设航空所、天文所、生命科学所、纳米科学所、智能控制所等十个研究所，招收学有余力、具有科学兴趣和志向、科研潜质突出的学生作为学员。选举科研、管理能力出色的学生作为所长、副所长，管理研究所日常课题研究工作，包括开题答辩、中期汇报、结题答辩、参加比赛等。同一研究所内高年级学生与低年级学生共同开展课题研究。定期组织高年级学员向低年级学员进行宣讲，分享科研的经验和乐趣，讨论科研中遇到的问题。高年级学生指导低年级学生学习本领域的基础知识、技术，介绍相关科研、比赛经验。

科学普及部侧重科学实践和科学普及，包括组织参与学校科技节、科技贸易节、北京市科技节闭幕式等。科学普及部以科技类社团、研究性学习及导师活动为基础建立，下设气象俱乐部、天文俱乐部、生命科学俱乐部等科普俱乐部，面向全校招收热爱科学实践、科学普及且具有良好科学潜质的学生。科普俱乐部由各部会长、副会长及骨干进行组织管理。每个俱乐部配备一个固定的实验室或主题教室作为活动场地和一到多名相关专业指导教师，开展社团活动、导师活动、研究性学习、科考等。科普俱乐部与科学研究所最大的区别在于更加重视科学知识的学习、实践和生活中小问题的科学解决。

在少年科学院，有同样志趣的学生聚集在一起，他们互帮互助、共同研讨，成为推进学校科学教育的重要力量。这样的学生团体，不仅有助于激发学生科学兴趣、提升科技素养，也有助于学生综合素质的全面提升。

（三）由点到面，形成科技教育课程体系

随着资源的丰富，三十五中的科技教育也从起步时的面向少数扩展到面向全体，科技与创新类课程分为三个层次，能够满足不同层次、不同方向、不同需求的学生。现在，每个有科学兴趣和科学潜质的学生都有机会进入实验室，在研究员的指导下开展课题研究。

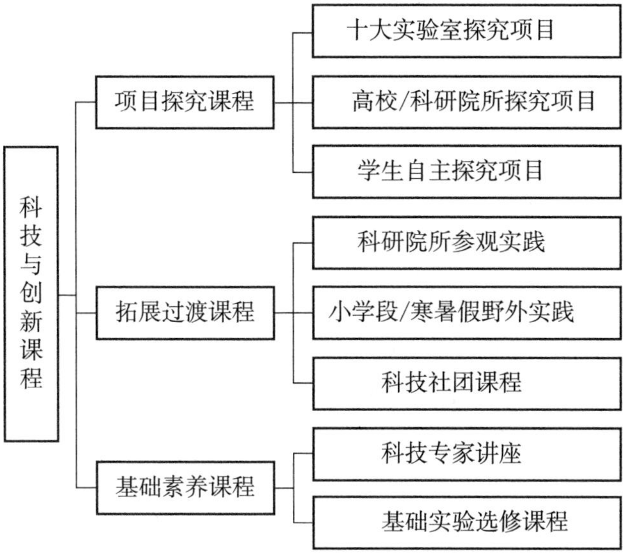

图 5-1 科技与创新课程体系

基础素养课程面向全体学生开放，旨在激发学生的科学兴趣，培养其科学素养和科学精神，包括科技专家讲座、面向全体学生的实验室基础实验选修课程等。

基础实验选修课程由高端科学探究实验室的首席研究员开设，以校本选修课的形式供学生选择。课程主要在各高端科学探究实验室展开，学生通过一些趣味小实验，学习前沿科学各领域基本原理和知识，同时学习实验室主要仪器设备的使用等。

拓展过渡课程的开设形式和内容比较广泛，开展场所也从校内扩展到校外，包括科技社团课程、科研院所参观实践以及小学段/寒暑假野外实践。学生可以根据自己的兴趣选择不同的拓展过渡课程。

随着我校科技教育的发展，学生科技社团活动更加活跃。天文社以学校天文大数据实验室直径达 8 米的球幕教室为主要活动空间，开展球幕影片赏析、天文现象观测实践、星图制作等活动，还可借助专业天文软件演示各种典型天文现象。学生经常自主设计并制作望远镜缩比模型或者各种活动星图，或者将自己的天文摄影作品、感兴趣的某一类天体以及天文现象制作成手抄报、海报、展板等，互相分享、共同提高。天文社学生曾前往贵州 FAST 500 米口径射电望远镜、国家天文台、云南天文台等实地参观，有 50 多名学生先后参加了 12 期国际小行星搜寻活动，取得骄人战果：发现主带小行星 5 颗、证认近地天体 4 个、观测虚拟撞击体 2 个。FlightClub 航模社以航空科学与技术实验室为活动场地，以小组为单位设计并制作航模，举行试飞活动等。航模社通过与北京航空航天大学的深度合作，为有志于航空事业的中学生提供深造的机会，选拔优秀学生进入北京航空航天大学实验室，开展深入的课题探究活动。社团成员、第六届科技班温润夏同学酷爱动手，希望能够自己亲手制作出一架古罗马弩炮并测试其各项性能，他将所有课余时间投入航模社和北京航空航天大学的实验室，最终完成了一架非常精美的古罗马弩炮并进行性能检测。

小学段/寒暑假野外实践主要是利用寒暑假或者小学段的时间，组织学生走进全国各地科研院所的野外台站等基地，体验科学研究的过程，了解科学家的生活，完成一系列相关小课题探究，并在活动结束后分小组进行汇报。野外科考实践成为全校学生最喜欢的科技活动之一，覆盖范围也从科技班扩展到全校学生。每年两次的小学段，有大批学生选择科考实践线路，开启自己的科学实践之旅。

项目探究课程定位于高端研究性学习，面向展现出较强的科学潜质和创新能力的学生，旨在让学生利用所学知识，自发提出问题，并尝试解决问题，完成一个完整的实验探究项目。研究的过程，学生可以寻求学校科技教师的指导并进入学校高端科学探究实验室，也可以到学校对接的高校、科研院所的实验室完成，还可以根据自身选择的问题领域自主到社会上的实践场所进行探究。表 5-1 和表 5-2 分别是 2014 级和 2015 级部分学生在校内高端科学探究实验室完成的项目探究课程课题列表。可以看出，学生能够基于身边的问题，利用所学知识和实验室资源，尝试寻求解决思路和方法。

表 5-1　2014 级部分学生参加项目探究课程完成课题列表

实验室名称	课题名称
航空科学与技术实验室	基于峰值功率跟踪器的太阳能无人机设计与研究
	短距起降无人机的设计与研究
	前掠翼布局小飞机研究与设计
	可变后掠翼布局小飞机研究与设计

续表

实验室名称	课题名称
纳米与化学可视化实验室	纳米二氧化硅在防晒化妆品中的应用
	纳米银的制备及抑菌测试
空间信息技术实验室	区域大气灰霾的卫星遥感监测方法与应用
	气溶胶光学厚度数据反演 PM2.5 方法研究

表 5-2　2015 级部分学生参加项目探究课程完成课题列表

实验室名称	课题名称
智能科学与技术实验室	便携式柳絮收集器
	侦测取样排障机器人
	仿生鸭的脚蹼研究
信息化生命科学实验室	产高效脂肪酶菌株的筛选及其实际应用的探究
	植物有丝分裂观察实验的改进
大数据与科学计算实验室	整数线性规划及其应用
	溶液中的 DNA 相互作用的模拟
	关于个税问题的探究
	人脸检测建模手机照片筛选
航天科学与技术实验室	星敏感器在航天中的应用及其在 STK 中的建模研究
天文大数据实验室	探索银道面十等星及以下恒星大气化学成分及规律
纳米与化学可视化实验室	玉米芯碳化物/磁性纳米材料复合材料的制备

我校借助与中科院合作办学的优势，充分挖掘外部资源，积极邀请国内外专家教授来校开展讲座，以多种方式普及科学知识，提升学生科学素养。

表 5-3　2016—2017 学年部分科技名家讲座

序号	授课专家	单位	讲座名称
1	张承民	中科院国家天文台	实现中国梦：高科技时代的学习力培养
2	Richard de Grijs	北京大学科维理天文与天体物理研究所	There and back again
3	周韬	北京航空航天大学宇航学院	导弹的前世、今生及其未来
4	陶建华	中科院自动化研究所	自然人机交互发展史
5	郭威	中国人民公安大学刑事科学技术学院	如何做科研，科学探案
6	昌增益	北京大学生命科学学院	蛋白质的奥秘
7	白武明	中科院地质与地球物理研究所	科学就在我们身边——地震、火山和地球
8	刘大禾	北京师范大学物理系	神奇的激光
9	石磊	中国航天报社	揭秘载人航天
10	陈光	北京航空航天大学能源与动力工程学院	从八一 90 周年阅兵谈现代歼击机的发展与特点
11	张继民	新华社	南北两极十大差异
12	陆龙骅	中国气象科学研究院	神奇的地球三极
13	刘大禾	北京师范大学物理系	关于引力波的探测

续表

序号	授课专家	单位	讲座名称
14	马润林	中科院遗传与发育生物学研究所	现代人类起源与迁徙
15	陈洪	空军指挥学院作战指挥系	世界军用无人机的发展与作战揭秘
16	王康	北京植物园	神秘的植物世界
17	朱进	北京天文馆	流星和流星雨
18	金雅芬	中科院数学与系统科学研究院	数学猜想的故事
19	赵晓光	中科院自动化研究所	智能机器人
20	郭传杰	中国科学技术协会发展研究中心	碳元素的科学传奇
21	何香涛	北京师范大学物理系	星际穿越能实现吗
22	原魁	中科院自动化研究所	服务机器人——承载人类的梦想
23	徐德诗	中国地震局	走进灾难　远离灾难

目前我校已经与几十个科研院所和高校建立深度合作，组织学生参加课题研究。每年通过中学生“英才计划”、北京市青少年科技后备人才早期培养计划、“翱翔计划”、“雏鹰计划”、北京市青少年科技俱乐部等项目选派几十名学生进入高校或科研院所实验室，依托校外优质资源，让学生在科学家身边成长。

（四）硕果累累，科技教育惠及校内外学生

经过 8 年的资源积淀和课程实施，三十五中形成了浓厚的科技教育氛围，科技教育涉及的领域、覆盖的学生数扩大，学生们的科学素养和科学精神普遍提升，实践能力和创新能力有所提高。部分对科技感兴趣的学生在教师指导下研发产出大量科技作品和科研成果，并在区、市、国家级比

赛和国际性赛事中屡获大奖。

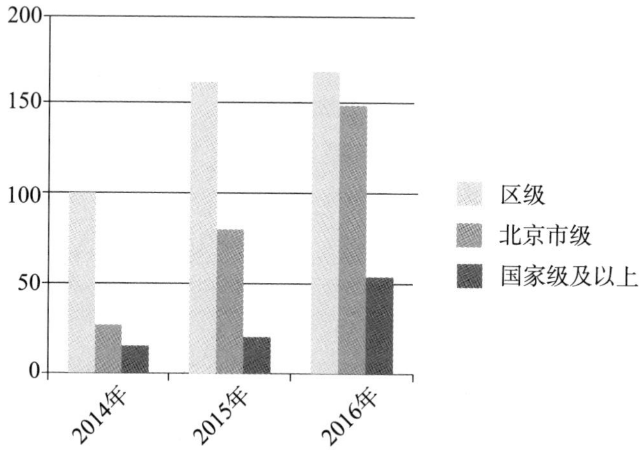

图 5-2　近三年三十五中学生在各项科技赛事中获奖人次的递增情况

与此同时，我们发挥学校的辐射带动作用，将多年积累的科技教育资源，通过多种形式向市区乃至全国有科学兴趣和潜能的学生开放，扩大了学生的受益面，提高了科技资源的利用率。

1. 第三方认可的学生成果连年增加

2014—2017 年，三十五中学子在科技活动中获得省级一等奖以上成绩有 100 余人次，有数百名学子获得省级三等奖以上成绩，学生科技获奖数量和质量连年攀升。

表 5-4　三十五中学生重大科技获奖统计（2014 年 1 月 1 日—2017 年 4 月 30 日）

序号	获奖时间	获奖名称	设奖单位
1	2014 年	第 29 届全国青少年科技创新大赛一等奖和星光创新思维奖	中国科协、教育部等
2	2014 年	第 14 届“明天小小科学家”奖励活动二等奖 1 人 1 项	中国科协、教育部等
3	2014 年	第 14 届中国青少年机器人竞赛一等奖 2 人 1 项	中国科协
4	2014 年	2014 第十届全国宋庆龄少年儿童发明奖金奖 2 人 1 项	中国宋庆龄基金会

续表

序号	获奖时间	获奖名称	设奖单位
5	2014 年	学生将“一种立交桥”申请为实用新型专利，专利号：ZL 2014 2 0817789.5	国家知识产权局
6	2015 年	第 30 届全国青少年科技创新大赛青少年科技创意作品一等奖 1 人 1 项	中国科协、教育部等
7	2015 年	第 15 届中国青少年机器人竞赛一等奖 1 人 1 项，二等奖 2 人 1 项	中国科协
8	2015 年	第 15 届“明天小小科学家”奖励活动二等奖 1 人 1 项	中国科协、中国科学院、中国工程院等
9	2015 年	ISEF 联席赛事美国气象学会专项奖 1 人 1 项	美国气象学会
10	2015 年	ISEF 联席赛事理光可持续发展专项奖 1 人 1 项	理光美国公司
11	2016 年	第 31 届全国青少年科技创新大赛一等奖 1 人 1 项，专项奖 1 项	中国科协、教育部等
12	2016 年	第 16 届“明天小小科学家”奖励活动二等奖 1 人 1 项，三等奖 1 人 1 项	中国科协、中国科学院、中国工程院等
13	2016 年	叶裕洋“第 16 届‘明天小小科学家’奖励活动”三等奖获奖作品“抛物线绘制尺”申请实用新型专利，专利号：201620727677. X	国家知识产权局
14	2016 年	国际青少年科学奥林匹克竞赛（IJSO）三等奖	IJSO 组委会
15	2016 年	第九届全国中学生趣味力学制作邀请赛 3 人团体一等奖 1 项	中国力学学会
16	2016 年	2016 RoboCup 机器人世界杯中国赛太空机器人之战项目一等奖 4 人 1 项	RoboCup 青少年世界杯中国组委会、中国自动化学会

续表

序号	获奖时间	获奖名称	设奖单位
17	2016 年	AMC 美国数学竞赛 12 年级二等奖 1 人 1 项	美国数学协会
18	2016 年	学生发明“一种无线充电装置及包含该装置的磁悬浮灯”获实用新型专利，专利号：201620656551.8	国家知识产权局
19	2016 年	学生发明“一种自动开门系统”获实用新型专利，专利号：201621245514.4	国家知识产权局
20	2016 年	F1 in Schools 科技挑战赛中国赛区总冠军 3 人 1 项，三等奖 4 人 1 项	北京市教委 F1 in Schools 组委会
21	2017 年	ISEF 联席赛事美国气象学会专项奖 1 人 1 项	美国气象学会
22	2017 年	ISEF 联席赛事国际离体生物学协会专项奖 2 人 1 项	国际离体生物学协会

成果获奖的背后，是一个个学生鲜活的成长故事。三十五中 2017 届毕业生、第五届科技班的赵松睿同学，高一上学期入选第十五期北京青少年科技后备人才早期培养计划。在一年半的培养周期里，她在中国科学院过程工程研究所张锁江院士课题组曾少娟老师指导下开展科研实践。她的研究项目“吡啶类离子液体的合成表征及 CO_2 吸收性能研究”取得了阶段性成果，先后荣获第 36 届北京青少年科技创新大赛一等奖、第 15 期北京青少年科技后备人才早期培养计划最佳学员、第 31 届全国青少年科技创新大赛一等奖、2016 年度北京市中小学生银帆奖、第 15 届北京市青少年科技创新市长奖，并入选 2017 年中国科协 ISEF 冬令营，获得了参加 2017 年 9 月第 29 届欧盟青少年科学家竞赛的资格。经 2017 年中国科协青少年国际交流项目遴选，赵松睿获得第 29 届欧盟青少年科学家竞赛欧洲化学与分子学协会专项奖，实现了中国在这项赛事上零的突破。在参加中科院实验室课题项目探究的过程中，赵松睿同学确立了自己未来的志向——做一名化学科研人员，在参加高校自主招生时选报的专业全部为化学类，并将中国科学院大学化学学院作为首选，次选北京大学化学与分子工程学院，最终被北大录取。

2. 开发线上课程，向全国开放高端科学探究实验室

在多年的科技教育推进过程中，三十五中在科技教育资源整合、科技创新人才培养、科技项目和实践活动开发等多个方面进行了积极探索，形成了自己独特的经验。作为“先富起来的人”，我们主动带动更多人“富起来”。

2013 年 3 月 15 日，三十五中创新人才培养协作体成立，以此加强校际交流合作，发挥辐射带动作用。2016 年三十五中正式成为“全国青少年科技辅导员培训基地”。2016 年 8 月，三十五中与中国科协青少年科技中心等多家单位共同发起建立了“全国青少年科技创新教育资源协作网”，旨在发挥优质科技教育资源的辐射带动作用，促进校内外科技教育的协同融合，全面提高青少年科技创新教育水平。

从规划之初，我们的高端科学探究实验室就不只为校内学生服务，而计划面向全国有科技兴趣和潜质的学生开放。目前，实验室通过北京青少年科技创新学院“翱翔计划”、北京市初中开放性科学实践活动等多种形式，面向西城区乃至北京市所有青少年学生开放，形成了三十五中特有的跨学科、跨学段、跨区域的人才培养模式。

在互联网时代背景下，我们正在探索线上线下相结合的课程实施模式。我校高端科学探究实验室与高校、科研院所密切结合，融合了前沿科学的多项成果，且配备了一批兼具教育与科研背景的硕/博毕业生作为实验室专职科技教师，为线上线下课程开发工作奠定基础。在新高考改革方案下，高中学生必修课从 122 个学分压缩到 88 个学分，选修课学分大大增加。如何提供学生需要的选修课程，很多学校不具备这些资源，我校实验室课程资源必须共享，为更多的学校和学生服务。现在，我们正在录制实验室课程微视频，打算推出实验室线上课程。面向全国尤其是西部欠发达地区的学生，他们可以在网上选修课程，然后通过冬令营、夏令营的形式，进入实验室开展科学探究。2018 年 4 月 1 日，三十五中高端科学探究实验室课程在全国青少年科学素养平台正式上线。

2017 年 8 月 17 日晚，由中国科协、教育部、科技部等共同主办的第 32 届全国青少年科技创新大赛专项奖名单揭晓，我校获得“全国十佳科技教育创新学校”称号，并以示范性和可推广性夺得“十佳科技教育创新学校之星”殊荣（全国仅两所，中学和小学各一所）。这是全国最高层次青少年科技赛事对我校科技教育开拓与创新的肯定。

三、树人文精神　立中国学人

通过对拔尖创新人才的研究我们发现，拔尖创新人才不仅有伟大的创造力，更要有伟大的责任感。拥有了伟大的责任感，才有为人类进步、社会发展去创造、去努力的动力和毅力。这种伟大的责任感来自对人的命运的关切和对人的价值的追求，需要在深厚的人文精神土壤上生根、发芽。

“无穷的远方，无数的人们，都和我有关。”鲁迅先生的这句话，镌刻在三十五中图书馆——鲁迅书院的主墙上，启示着师生们学习先生的慈悲与大爱。“住进”鲁迅的家，我们以树人文精神、立中国学人为目标，着力构建具有志成特色的中学人文与社会类课程体系，迈开了学校人文教育改革的步伐。

（一）回到原点，固本培元

一个多世纪以来，中国教育重理工轻人文现象严重，整个社会因为轻视人文而造成功利主义和实用主义泛滥，空气污染、食品安全、信任危机等各种社会问题频发。人文教育式微是我们不得不面对的社会现实。从另一个角度来解读，当今社会发展比任何时候都更需要高质量的人文教育。

“术必有道”，一个人的人文精神正是其“道”的核心部分。我们认为，人文精神之于学生个人，是其自我发展的基础；之于社会，是社会文明进步的基础；之于国家，是国家软实力发展的基础。培育学生的人文精神与“中国学生发展核心素养”不谋而合，更与增强文化自信和立德树人的根本任务相一致。

“人文精神，即是在历史中形成和发展的，由人类优秀文化积淀、凝聚、孕育而成的精神……这种精神品格，在宏观方面，汇聚于作为民族精神脊梁的民族精神之中；在微观方面，体现在人们的气质和价值取向之中。如追求崇高的价值理想，崇尚优良的道德情操，向往和塑造健全、完美的人格，热爱和追求真理，养成和采取科学的思维方式，等等。”（冯虞章，1998）[1] 季羡林、周来祥等学者都认为人文精神是具有层次性的。结合三十五中的育人目标，我们提出中学阶段需要重点培养学生四个层面的人文精神：第一个层面是对生命的尊重关怀与对生命价值的追寻，拥有健全的人格，能够与自我、他人、社会和谐相处；第二个层面是家国情怀，有社会责任感和高远志向，找到主动学习的动机和动力；第三个层面是文化传承，能够理解并弘扬优秀传统文化和现代民主科学精神；第四个层面是国际视野，增强开放意识，具有世界眼光、人类胸怀。

培养学生的人文精神，需要通过接受人类优秀文化特别是中华优秀传统文化的熏陶，从中获得思维的启迪、人生的智慧和博大的情怀，并将其转化为自身的精神品格，融入自己的世界观、人生观和价值观。（冯虞章，1998）[2] 所以，高质量的人文与社会类课程体系是树立学生人文精神的坚实保证。可我们不得不承认，在过去相当长的一段时期内，基础教育阶段的人文教育是碎片化、教条化的，存在被边缘化的倾向甚至现象。处在这样的大环境中，三十五中的人文教育也多多少少地存在类似的问题，如何突破困境、破解困局呢？2014 年，学校成立鲁迅书院作为人文与社会类校本课程开发的主体和管理机构，整合校内外资源，着力构建人文与社会类课程体系。

对于学校人文与社会类课程体系建设，我们形成了以下共识：

其一，从指导思想看，课程体系的价值取向应遵循社会主义核心价值观，秉承学校“立志・成人”的办学理念，以树立学生人文精神、培养学生核心素养为首要任务。

其二，从课程内容看，当以民族传统、中华文化为主要内容，联合高校、科研院所、博物馆等社会力量，同时充分发挥学校本身所具有的厚重的历史文化底蕴的作用，涵养师生中国情怀，打造校园中国风格。

其三，从课程结构看，应当是立体的、多元的、开放的、可持续发展的，能够满足学生多层面的需求，能够符合国家进步、社会发展对人才的人文素养所提出的越来越高的要求。同时，课程体系是一个活的生态系统，具有强大的生长力，能够和科技、艺术、体育、生涯教育等课程体系顺畅衔接。

三十五中人文与社会类课程体系包含普惠型课程、拓展型课程和研究型课程三个层级，以学生个性化发展和社会化完善两方面的需求为依据进行设计。普惠型课程面向全体学生，通过常规课堂（如在语文课程中研发鲁迅专题课程）、各类讲座、读书沙龙、信息素养培训等课程，使学生具备基本的人文学科知识，积淀最基本的人文素养。拓展型课程通过选修课和专修课的形式展开，面向对人文与社会科学有兴趣、希望进一步学习的

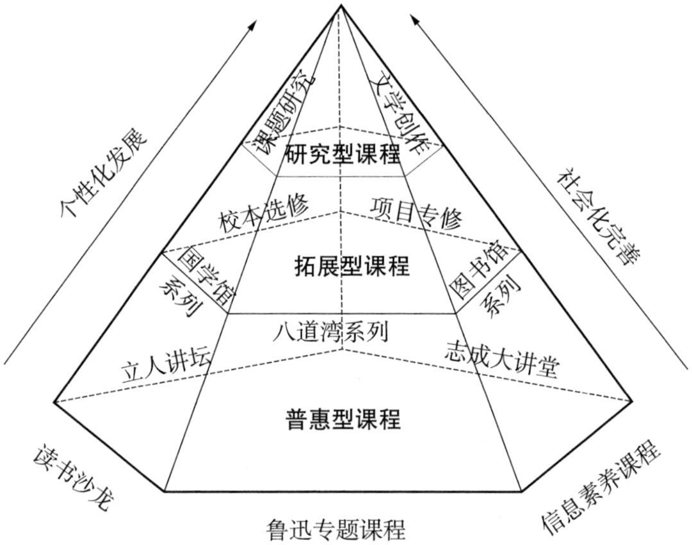

图 5-3　人文与社会类课程体系图

学生，根据学校现有资源，我们研发了国学馆系列、八道湾系列、图书馆系列课程。研究型课程主要包含课题研究和文学创作两部分，主要面向在人文与社会科学领域有较高科研素养和学术追求的学生。

三类课程之间并不是单纯的难度分级或者是受众分级，随着课程实施的不断深入，课程之间有可能出现上升或者下放的现象，这就是课程体系活力的表现。

回到原点思考，我们明确我们所要做的就是要用具有三十五中特色的人文与社会类课程，在每一个志成学子心中树立人文精神，把每一个志成学子培养成具有中国传统文化底蕴和中国人应有之风骨的中国学人。

（二）渠清如许，为有活水

课程体系要有生命力，就必须是一池活水，有源源不断的能量补充。我们在开始建设学校人文与社会类课程时就注意到了这一点。我们从教师资源、环境资源两方面着力，为课程体系打造源头“活水”。

1.“内挖外引”　提升师资力量

课程体系建设的起点和关键是教师团队的建设，有了高质量的教师团队才可能有高质量的课程。三十五中人文与社会类课程建设第一个三年计划中的重要目标之一，就是吸引并培养一批具有扎实专业基本功的专兼职讲师，为学校人文与社会类课程的充分开展储备充足而优质的师资力量。

根据课程体系发展的需要，我们设计教师团队模型，于校内挖掘教研组力量，校外广聘合作专家，并借力校外专家团队发展校内教师团队，快速组建团队、提升质量、增强力量。其中，鲁迅书院研究员是课程开发与实施的中坚力量，基本为相关专业的硕士和博士，具有相当的学术造诣。像边冬燕老师为毕业于北京师范大学文学院现当代文学专业的博士，杨宗蓉老师为毕业于南开大学中国现代文学专业的博士后。

校内教师团队还包括通过校内双向选择、聘任形成的兼职教师队伍，由校内有志于参与人文与社会类课程体系建设的一线教师组成，其特点是有丰富的中学一线教学的经验，有深厚的学生基础，对学情、校情了解深透，实践能力强，实践经验充足。

兼职教师团队的组建工作依托各个教研组进行。教研组是校内教师天然的科研团队，书院和教研组的合作带来双赢的结果：人文与社会类课程的建设要打破学科壁垒，使跨学科教学成为一种常态，书院依托各个教研组共同建设课程，引发教研组之间产生频繁的跨学科交流，同时书院利用自己的资源优势和信息优势，为各个教研组尽可能提供教科研的便利条件，促进教研组工作的全面发展。

校外专家团队是通过学校与北京师范大学、北京鲁迅博物馆等高等院校、科研机构、博物馆和社会组织等合作，聘请各领域的专家学者形成专家资源库。这个专家资源库使我们的人文与社会类课程与当下人文社会科学的科研一线直接对接，将中学课程与大学课程和学术前沿有效衔接，使整个体系并不仅仅局限或封闭在中学教育阶段，从而更趋科学化，更能为学生的终身发展服务，也使课程体系更加生态化，更具生命力。

除了为课程建设提供直接的师资支持外，校外专家团队还为我们的校内教师团队提供系列的培训课程，提高校内教师团队的整体质量。内外相合，为课程的有效实施提供了有力保障。

2. “筑巢引凤”激活环境资源

八道湾胡同 11 号鲁迅兄弟旧居，三套四合院中内置的志成国学馆，构成了三十五中极富冲击力而又丰富的人文与社会类课程资源，很多人都评价说“得天独厚，无法复制”。是的，三十五中之有八道湾胡同 11 号，亦如杭州之有西湖，是天然的。但如何用好这些天然的环境资源，体现的是一个学校的教育眼光和人文情怀。这，才是真正的精华，而这，可以被“复制”。

三十五中高中部校园的中心位置坐落着志成楼。这座始建于 1915 年的中西合璧的二层小楼，于 1928 年被送给志成中学校，因外形似遵义会议会址被师生昵称为“遵义楼”。2007 年该楼被北京市规划委和文化局列入北京市优秀近现代建筑保护名录（第一批）。从小口袋胡同 19 号到赵登禹路 8 号，遵义楼见证着学校的发展与变迁，承载着历届师生们的记忆与情感，迁址时我们听取专家意见异地复建遵义楼，并为铭记建校宗旨而命名为“志成楼”。在这里学生不仅可以读建筑、读历史，更可以在历史的长河中看到今天自己的位置。

在志成楼的迁建中，体现出一所学校的历史观和育人观，尊重历史、重视历史、懂得珍惜，这不仅仅是一种情怀，更是一种人文底蕴，也正是我们要通过课程传达给学生的思想和意识。我们把学校历史作为最为鲜活生动的人文与社会类课程资源进行发掘、设计，从李大钊、邓萃英、张伯苓等先贤初创志成到现在校园里每一天的生活，志成楼里楼外的故事都是我们最宝贵的财富。正是确立了这样一种指导思想，我们才有资格来谈我们对八道湾胡同 11 号鲁迅兄弟旧居和志成国学馆的发掘使用。

1919 年初鲁迅全家北迁，买下八道湾胡同 11 号这座三进的四合院，这是唯一一个鲁迅三兄弟成年之后合家而居的地方。鲁迅兄弟居住在此时，这里是新文化运动的思想高地。毛泽东于 1920 年 4 月 7 日来此探讨“新村”问题；当时的社会名流、学界达人，如蔡元培、胡适、钱玄同、刘半农、郑振铎、沈雁冰（茅盾）、郁达夫、许地山、沈尹默等都曾到这里一起讨论研究。

在三十五中高中部迁址之前，八道湾胡同 11 号已经成为一个混居大杂院，完全看不出院落原来的样子。意识到八道湾胡同 11 号独特的历史价值，三十五中在建设新校园过程中，和北京鲁迅博物馆（北京新文化运动纪念馆）合作，努力挖掘史料，追求原样复建，这才有了今天的鲁迅兄弟旧居。复原只是第一步，我们还争取各界力量支持，争取八道湾胡同 11 号应有的“名分”。

我们挖掘八道湾胡同 11 号蕴藏的教育价值，将历史底蕴转化为最好的教育资源。八道湾胡同 11 号正以“鲁迅纪念馆”的身份，重新走进大家的视野，我们将用它讲述“一座院落·一所学校”的故事。在这里，我们能看到同为新文化运动先驱并同在北大任教的李大钊先生和鲁迅先生会面的现场，感受到先生精神的感召；我们能看到鲁迅先生创作《阿Q正传》的场景复原，体悟先生为国为民的深重情怀；我们可以在鲁迅书房里读书、讨论，碰撞思想，秉承先生之“尊个性、张精神”的主张；我们可以在“鲁迅的艺术世界”中畅游，和文艺青年鲁迅一起玩设计、绘丹青，用艺术作品讲述自己的家国梦想；我们可以在立人讲坛聆听名家讲座，或者登台讲一讲自己的观点，演一演心中的故事，表达自己对社会人生的思考；我们可以看到这个院落的前世今生，更可以读到志成和这个院落和五四先贤们的血脉维系，思考今天的我们应该书写怎样的历史。八道湾胡同11号不仅是鲁迅先生秉笔“呐喊”的现场，不仅是新文化运动风起云涌的现场，而且是我们实施人文与社会类课程的现场，是我们和历史、和先贤对话的现场，是志成精神薪火相传的现场。

紧邻八道湾胡同11号，学校以同一建筑风格建设了学校图书馆，命名为“鲁迅书院”。我们在图书馆内策划设计了“鲁迅是谁”常设展览，力求以丰富多彩的图像、通俗浅显的语言，从多个视角来描述鲁迅，让鲁迅以朴实的形象呈现在观众眼前，使来访者尤其是学生，能够认识一位更真实、更亲切的大先生。

2015年9月25日是鲁迅先生诞辰134周年纪念日，三十五中和鲁迅文化基金会共同发起成立中国鲁迅立人教育研究会。研究会致力于系统收集、整理和研究鲁迅“立人”教育文献资料，立足现代中国教育发展的大视野，在中国传统教育体系和西方现代教育理论双重背景下，结合鲁迅社会改造与国民改造思想，对鲁迅“立人”教育思想进行深入、透彻、整体的研究，并将其应用于当前的学校教育教学实践，为基础教育“立德树人”提供切实有效的实施途经和示范性课程体系，推动国家人才培养和教育改革创新。

三十五中高中部所处地区属于四合院保护区，新校园建设过程中，我们保留重建了前公用胡同三座不同制式的四合院，设立志成国学馆和志成书画院。2017年1月21日，在全国人民代表大会教育科学文化卫生委员会和北京市政府的支持下，中华出版促进会、线装书局和三十五中正式签署《“中华人民共和国线装书申遗第一基地”框架协议》，基地落地三十五中志成国学馆。线装书承载了造纸术和印刷术两大发明，是最具有中华民族特质的文化符号之一，是中华文明世代传承的重要载体。“文化自信”不仅来自强大的文化要素，更来自强大的传承力量。线装书申报世界非物质文化遗产，对于保护传统文化根基，提升中华文化的世界影响力和传播力，有着深远的意义。

线装书申遗第一基地落地三十五中志成国学馆是传统文化与基础教育的完美结合。基地将围绕申遗开展学术交流、新闻发布、展览展示等一系列活动，同时从教育入手，使青年一代能够真正接触到民族文化的源头，将“文化自信”从基础教育抓起。我们将根据申遗工作的需要，精选出最具代表的申遗书目，按照最规范的传统线装书技艺，制作出一整套垂范后世的经典申遗专用线装书，永久收藏在线装书申遗第一基地，彰显其历史价值和意义，发挥其教育教学、文化传播的巨大作用。

目前，线装书申遗第一基地内设线装书文化交流中心和中华书画篆刻文化交流中心，陈列有《钦定文渊阁四库全书（原大影印版）》和各种新善本、再造善本。线装书申遗第一基地致力于“保护文化根基，传承国书血脉”的伟大事业，我们将把基地建设成为西城区、北京市乃至全国中小学开展中国传统文化教育的基地，建设成为基础教育传统文化课程的研发基地，建设成为北京市乃至全国的传统文化学术研究基地，建设成为在“一带一路”倡议中展示中国传统文化及教育成果的传播基地。

在三十五中，历史资源被尊重、被盘活，成为独特而富有魅力的教育资源，进而引来更多的教育资源，这就是我们的“筑巢引凤”。

3. 联手高校研发特色课程

2016 年 3 月 21 日上午，三十五中与北京师范大学文学院签署了战略合作协议，双方在教学改革、人才培养、社会活动等方面进行深入合作，有效推动基础教学改革、实现高等教育与基础教育之间的无缝对接。

在合作中，我们借助北师大文学院语文学科的优质教育资源，研究制定具有示范性和普适性的基础教育人文与社会类校本课程系统；在人才培养方面将推进拔尖创新人才培养项目，拟为优秀学生设置人文与社会类的大学先修课程，拓展传统中学教学模式，进行中学与大学的无缝衔接，增强学生的传统文化素养。双方共同打造一个推广文学、国学的社会传播平台，通过举办演出、研讨会、讲座等社会活动，提升传统文化和中国文学的社会影响力。

（三）一木一石，聚沙成塔

鲁迅先生说："巨大的建筑，总是由一木一石叠起来的，我们何妨做做这一木一石呢？"我们深知，人文教育最需要的是坚守，是耐心，是日积月累和锲而不舍的追求。在人文与社会类课程体系建设中，我们精心地设计每一项活动、打磨每一节课堂，聚沙成塔，形成了三级课程体系，以厚重的底蕴、亲切的面孔和多样化的形式来增加课程的"黏度"，沁入学生的内心。

鲁迅相关的课程是三十五中的人文与社会类课程的特色和品牌。鲁迅被誉为"民族魂"，其作品教学能够为中学生和中学教育提供基础人文精神的滋养。鲁迅"立人思想"的主旨——思想的自由、精神的独立、人格的全面，正是我们人文教育的追求。住在鲁迅的家里，我们责无旁贷地下大力气开发与鲁迅相关的课程。课程的指导思想不是灌输鲁迅有多么"崇高"，而是通过作品研读和人物研究还原"鲁迅是谁"，寻找鲁迅与学生之间的生命契合点、连接点，引领学生主动走近鲁迅、感悟鲁迅、学习鲁迅。

1. 普惠型课程例说

普惠型课程面向全体学生，结合国家课程，通过常规课堂、讲座、实践活动、沙龙交流等形式使学生具备基本的人文学科知识，提升最基本的人文素养。在鲁迅书院的普惠型课程中，有和语文课堂紧密相连的鲁迅系列课程，有名家云集的"立人讲坛""志成大讲堂"，也有师生共建、教学相长的"志成读书人沙龙"，还有细水长流、点滴浸润的"走近先生"……我们期望通过普惠型课程为"中国人"奠基，使学生拥有中华文化的底蕴，对中华文化充满热情，具备成为合格公民基本的人文素养，拥有悲悯的情怀和判断的能力。

在三级课程体系中，普惠型课程最基础。因为基础，所以体量最大，受众面也最大，我们对其质量和效益的要求也最高。

（1）鲁迅系列语文课

鲁迅是入选中学课本篇目最多的作家，且覆盖初高中各个年级，而我们又有得天独厚的八道湾胡同 11 号，因此，我们以鲁迅作品为主要研究对象，围绕初一至高三语文课本选用的鲁迅篇目，加上《呐喊》《彷徨》

《野草》《朝花夕拾》等必读名著开展鲁迅名篇讲读和鲁迅专题课教学。

每个年级要围绕语文教材有步骤有重点地教学，从初一、初二的单篇启蒙到初二、初三的专题教学，再到高中的整本书阅读，循序渐进。从情感体悟到理性思维，步步深入。

①初一、初二：启蒙式提升，教学篇目的背景启发。如《从百草园到三味书屋》《阿长与〈山海经〉》中对“爱”的诠释；《风筝》背后的自我批评；《社戏》中对自然的热爱。

②初三：专题教学设计。如初三、高一的故乡、孔乙己、百草园——故乡专题；风筝、呐喊——自省专题；范爱农、藤野先生、韦素园君——写人专题或做人做事专题；《朝花夕拾》整本书阅读。

③高一：鲁迅作品整本书阅读——《呐喊》《彷徨》《野草》整本书阅读和单篇精读相结合。

④高二：鲁迅杂文研读——鲁迅的“逻辑思维”。

下面简要摘录几段学生课程随笔，一窥他们在课程学习中的收获。

我们总是在说自己被社会大趋势所迫，不得不随波逐流。但是，从“故乡”的时代到现在，已经换了几代人，而社会依旧有许多本质上的问题没有被改变，而我们现在又说我们被迫改变。那么，社会还有进步空间吗？社会难道不是一个个人组成的吗？社会如果会影响我们，我们就不会对社会造成影响吗？如果会的话，又为何不对社会造成好的影响呢？目前中国的强大只是表象，所以鲁迅先生的思想至今需要我们去理解去体味去继承，先生已经为我们开辟出了一条道路，我们所能做的至少是沿着这条道路走下去，对自己有要求，拒绝麻木恣睢地生活，中国便是有未来的。（舒玙璠）

有独立的自己，并不意味着眼中只有自己。鲁迅先生曾说过：“无穷的远方，无数的人们，都和我有关。”鲁迅先生在当时的社会中依旧能保持自己的思想，尽管使其非常寂寞痛苦，却仍然心系天下。你，我，他，社会是一个共同体，不能仅仅生活在自己悲伤欢喜的小天地中，满眼都是自身利益。（杜佳佳）

先生的精神更值得今天的人们去学习。随着互联网的普及，网络成为人们畅所欲言的一个平台。于是便出现了一些人，他们盲目地骂国家、骂政府、骂社会。任何事件都可以成为他们谩骂的题材，只要新闻一出，他们便对相关的人员进行指责乃至破口大骂，甚至与此毫不相关的人和事也无端受到了他们的批评。看着铺天盖地“慷慨激昂”的评论潮水般涌来，我的心中便充满了无奈与悲伤。因为无论这些人说的有无道理，都只能满足一时的口舌之快罢了，事件不会因为他们的一番话而发生任何改变。若真有人对某个事件不满，想要改变它的话，就应该像鲁迅先生一样，开辟一条道路，并脚踏实地走下去。先生是当时少数清醒的人，但更可贵的是他有实干的精神。他写文章是为了唤醒国民们，而不是批评辱骂。他发出的是呐喊，而非盲目愤怒的指责。(汪睿易)

我们的课程设计不局限于完成语文学科教学任务，更重要的是通过深读鲁迅，带领学生反观自我和当下，拥有独立思考的精神，培养批判性思维的能力和习惯，懂得反省自我和反思社会，对社会人生有更深层次的思考。我们也期望通过这一课程，引领学生认识一个更为全面也更为真实的鲁迅先生，能够更好地走近先生，理解先生的思想，传承先生的思想和情怀。

（2）志成大讲堂

对必修课程进行局部课改试验的同时，我们尝试举办名家讲座，依靠众位名家深厚的积淀，依靠“大家小说”的独特魅力，吸引更多的学生来了解传统文化，了解更为广阔的人文与社会科学领域。于是，志成大讲堂品牌课程应运而生。

志成大讲堂力邀北京师范大学文学院、中国社会科学院等高校和科研院所中一批奋斗在教学一线、深受学生欢迎且底蕴深厚的学者担任主讲嘉宾，带领学生触摸民族文化，建立作为中国人的文化自信，并进一步思考身为一个中国人的文化意义，思考如何让自己成为真正意义上的中国人。

在“百家讲坛”圈粉无数的北京师范大学文学院李山教授带着我们去一窥中国人的精神家底——《诗经》，从“关关雎鸠”到礼乐文明，再到现代社会的种种情结，让我们感觉到我们和祖先之间看似横亘着泱泱数千年，但实际上却是血脉相连、息息相通。古文字造诣精深的北京师范大学王立军教授从汉字之象到汉字之神，条分缕析，娓娓道来，带领我们通过一个一个美妙的汉字读懂祖先的生活，读懂古人的智慧，读懂中华优秀文化之于当今社会深刻的意义和巨大的作用。很多同学第一次觉得汉字是如此有血有肉，有情有趣。鲁迅研究名家、北京师范大学李怡教授从网络谈到评论界对鲁迅的不同声音，从而谈到鲁迅的作品，谈到当下社会对鲁迅的误读，进而谈到文学的本质，谈到鲁迅的悲悯，谈到鲁迅对信息社会的警惕，谈到独立思考的重要性，给我们上了一堂对教学、对人生都大有裨益的课。此外，李小龙（古代文学）、卜师霞（古代汉语）、康丽（民俗学）、张国龙（儿童文学）、刘倩（比较文学）、谢琰（古代文学）、梅笑（社会学）、曾俊霞（管理学）等青年学者走进“志成大讲堂”，用他们渊博的学识和非凡的亲和力，赢得了全校师生的热烈欢迎。

志成大讲堂有的讲座是面向全校师生的，有的是为某一年级学生量身打造的，每月举行1—2次，每学年举行12—14次，无论是在提高师生个人人文素养方面还是在营造整个校园人文氛围方面都产生了润物无声的作用。在校园里，提到“志成大讲堂”，不再仅仅是一个空间概念，还是一个名家云集、底蕴深厚的文化地标。令我们欣喜的是，有的学生还与专家们建立了长期联系，随时求教。我们播下一粒种子，却可等待一片花开。

（3）立人讲坛

立人讲坛设在鲁迅纪念馆正房内，以鲁迅先生教育思想核心词“立人”命名，是鲁迅“立人”教育思想的学术研究和发扬传播的基地。立人讲坛活动不仅面向三十五中全体师生，还面向鲁迅立人教育研究会会员和所有有志于鲁迅立人教育思想研究和传播的单位和个人。

立人讲坛中，顾明远先生为我们讲授“鲁迅的教育思想与实践”，阐释鲁迅的儿童观和青年观，带领每一个身在中国教育大潮中的我们深刻反思该如何为人师长、为人父母；刘国胜先生带来“鲁迅立人思想”专题讲座，他通过长期的研究和实践告诉我们立人思想之于现实生活的重大意义，并指出教育的使命不仅仅是让学生在走向社会之后能够安身立命，更重要的是满足学生精神的追求，提升其生命的质量，实现每个人不同的社会人生价值；黄乔生先生的“一座院落一所学校”讲座，带我们走进时光的隧道，看到八道湾胡同11号的前世今生……在众位鲁迅研究名家的带领下，我们在八道湾胡同11号这个特殊的历史现场，阅读鲁迅、研究鲁迅，寻找今天的“立人”之路。

（4）志成人读书沙龙

志成人读书沙龙是鲁迅书院的传统活动课程，每个学期都有特别的主题，读书论坛春有“人间四月读书天”、冬有“围炉书话”，还有“走近先生”“走近四库全书”等专题活动。

读书论坛从主讲到听众都采取自由报名的形式，师生不限，形式不限。其中不乏名师主讲的“《西游记》背后的故事”“林语堂与鲁迅的分分合合”“文字的演变”等，也有学生主讲的“《红楼梦》与《牡丹亭》”“平凡还是伟大”“推理背后”等。教师与学生、问者与答者、主讲与听众，大家都是志成读书人——我们不仅爱读书，还喜欢切磋交流、互相补益。

“走近先生”活动通过观看纪录片带领学生走近蔡元培、胡适、梅贻琦、陈寅恪、梁漱溟等民国名家，感受大师风范，思考人生方向。从春寒料峭的三月，到暑热逼人的六月，每周三、周五中午的志成讲堂，总有几十个铁杆粉丝一起，与先生们共赴一场跨越时空的约会。在这里，我们安静地聆听历史的声音，涤荡并沉淀自己的内心，透过诸位先生来审视自我的意义和价值。当主持人预告下一集是胡适先生时，居然有女生可爱地尖叫：“这才是真正的男神啊！”事实证明，先生们不是远去的背影，更不是历史上的符号，而是时空无法磨灭的男神！播放竺可桢校长那一集时适逢高三模拟考，但讲堂里坐着的居然还有高三的学生。有个学生说：“今天的作文考题其中一个是‘陪伴’，我相信有先生们陪伴的人生会有不一样的质地。”

“走近四库全书”活动，利用“中华人民共和国线装书申遗第一基地”陈列的《钦定文渊阁四库全书（原大影印版）》，向学生普及《四库全书》及中国书籍和出版印刷史的常识，亲眼看见、亲手触摸民族文化的瑰宝，使学生更加真切地感受到民族文化的厚重与博大精深，更加真切地感受到书籍的神圣性、文化的神圣性，也更加深刻地体会到“文化传承”四个字的分量。

2. 拓展型课程例说

拓展型课程面向对人文与社会科学有兴趣且有一定基础的学生，通过校本选修课、项目专修课等形式呈现。我们希望通过拓展型课程为新一代“中国学人”奠基，他们拥有自我学习的能力，拥有较为扎实的人文与社会科学的基本知识和基本方法，更具有随时质疑的精神和挑战权威的勇气，拥有独立之精神、自由之思想。

（1）鲁迅系列选修课

课程由鲁迅书院专职和兼职研究员承担，面向对鲁迅研究有兴趣，希望在语文课和日常阅读基础上进一步深入了解鲁迅和鲁迅思想的学生，使学生能够感知鲁迅“立人”思想，培养学生多角度观察和独立思考的能力。

课程围绕“鲁迅生活与创作”“鲁迅的精神世界”“鲁迅与中外文学”

等方向开设系列课程，均以鲁迅命名。具体如下：

鲁迅阅读课：读鲁迅写的书、读鲁迅读过的书，研习先生的思想和精神，尝试剖析自我，反思社会。

鲁迅创作课：师生共同学习鲁迅的写作经验，教师引导学生深入生活，写下属于自己的文字。

鲁迅表演课：学生在教师的指导下对鲁迅作品进行剧本化改编并表演，还可以为鲁迅先生创作剧本，演绎自己心目中的大先生，更可以通过研读鲁迅作品、理解鲁迅思想，结合当下生活原创剧本，通过戏剧表达对现实的思考。

鲁迅游学课：绍兴、北京、上海、厦门……通过修学课程，带着学生追寻先生的足迹，在历史的现场与先生对话，看到先生的人生轨迹，也看到先生背后更深广的中国社会，看到先生的思想之于中国的力量。

鲁迅艺术课：鲁迅不仅是文学家，还是艺术家，他有着极高的书画造诣，平面设计也有颇多传世之作。他为自己的作品进行封面设计，还常常为朋友作品操刀，更应蔡元培先生之邀为北京大学设计了校徽，校徽沿用至今。此外，在金石研究、古董收藏和版画艺术等领域他皆有建树。鲁迅艺术课就是带领学生走进鲁迅的艺术世界，并体验艺术创作的过程。

（2）跨学科传统文化选修课程

跨学科传统文化选修课程是鲁迅书院联合本校多个学科骨干教师共同研发的。现代社会要求人才具备能够从比较广阔的视角思考和处理问题的知识基础和创新能力。在教师个体本身并不具备跨学科知识结构的今天，我们打破学科界限，带领学生从不同学科角度对同一研究对象进行多角度多层面的研究学习，无疑是实现学生跨学科学习、培养跨学科思维的良好途径。

目前，中华优秀传统文化课程情境课程研发小组成员来自高中部和国际部，覆盖语文、文综、外语、化学、物理等多个学科。“中华优秀传统文化和不同学科都有着密切的关系”已经成为研发小组成员共识。中华优秀传统文化是活生生的中国人的生活文化，我们打破常规课堂时空，对教学形式进行变革创新，把学科与传统文化紧密结合起来，让传统文化以更生动更自然的方式、以情境体验的方式融入学生的学习之中，真正实现文化“活”的传承。

在“天人合一中国节”选修课程中，有语文老师带领学生随节而歌，有物理老师和大家一起探讨荷花灯的原理，有政治老师带着大家一起去做调查，还有外语老师引领进行东西方节日文化的比较。在“一生有礼”礼仪课程中，我们请来了国际部外教为我们讲授国际礼仪，同时，有语文老师讲授人生仪礼，有物理老师讲授社交礼仪，等等。“汉字的文化解析”也是一门有趣的课程，书法老师讲授汉字演变并不罕见，但化学老师讲授“汉字与衣食住行”就与众不同了，深谙发酵原理的化学老师将化学与生活与汉字紧密结合，简直要把课堂变成“舌尖上的中国”。学生们在这样的课堂中不仅感受到了传统文化之魅，更体会到不同学科融会贯通的神奇。

（3）人文社科普及选修课程

目前，人文社科普及选修课程面向高中部学生开设，未来希望能推广到各个校区。该课程由本校教师和北京师范大学各专业的优秀学生共同开设。我们选择普通高中课程中鲜有涉及或者涉及不深的学科，尽可能多地向学生展示人文社科的众多领域。

在大家比较熟悉的文学、历史等学科中，我们开设了诸如走进百家争鸣的时代、唐宋笔记小说趣谈、民国社会风尚等更有指向性的课程。而在大多数学生不太熟知的学科中，我们开设了图书馆学入门、社会人自救指南、统计学的前世今生、经济学思维与方法、电影艺术评析与影评撰写等入门型课程。

课程开设以来，受到学生的广泛关注与好评。很多学生反映，这些课程不仅让他们看到了课本以外更广阔的人文社科的世界，而且对他们确定自己未来发展方向具有重要意义。

（4）项目学部专修课程

项目学部专修课程是为六年一贯制课改项目班专门设计的课程，其课程难度介于一般选修课和研究类课程之间，师资由北京师范大学文学院提供，每门课程配备授课教师和指导专家，依据项目班学生实际进行设计。目前已经开设的课程有诗歌吟唱、北京民俗研究、文学创作、《论语》研读和社会学入门等。

诗歌吟唱通过传统的艺术形式，带学生走进更为深邃的传统文化的世界。当学生用尚显稚嫩的嗓音慷慨唱出《关山月》，当他们用最朴实的语言告诉我们一个学期课程学习的点点滴滴，我们相信，诗歌已经走进了他们的心灵。

文学创作课程的师生联合推出了校园刊物《斐偲文学》，该刊一经面世，便一刊难求。学生从文学创作课上学到的不仅仅是创作的手法和技巧，更有对文学、对人生的真诚和执着。正如《斐偲文学》卷首语所写：“文学是真诚、自由的表达。它来自真实的感情，而真实的感情来自真实的体验……每一个有志于文学的创作者都能坚持真诚、自由，并最终获得直面人生的力量。”

3. 研究型课程例说

研究型课程面向在人文与社会科学领域有较高科研素养和学术追求的学生，通过高品质课题和高品质创作的方式呈现。我们希望通过研究型课程为新一代“中国学者”奠基，帮助他们更接近学科前沿，更靠拢学科核心，更加懂得人文与社会科学之于国家民族的科学价值和精神价值，具备严谨的治学精神、强烈的社会责任感和历史使命感。鲁迅书院形成以学术兴趣和学术专长为纽带的学生学术团体，营造校园人文学术氛围。

高中部新址位于八道湾胡同，为了向北京胡同文化致敬，我们保留了胡同的肌理，用石板把胡同铺出来。道路旁边放置了一些民俗雕塑，如捏糖人、推铁环、抽陀螺等，这些都是非常具有北京胡同文化特色的景象。当然，最重要的是八道湾胡同 11 号鲁迅兄弟旧居。“家里”的这个资源引起了师生的兴趣，成为鲁迅书院研究型课程的重要主题。

罗奕伟同学的“八道湾胡同研究”课题，对八道湾胡同的变迁及到访八道湾胡同的名人名家进行了探究，分析如何通过传承和发扬历史文化对其进行开发。这项研究获得了第十二届“中国少年科学院小院士课题研究成果”全国展示交流一等奖。

谭岱颖同学立足学校资源，从中华优秀传统文化传承与发展的角度出发，对校园建筑对传统文化的传承作用和承载的教育功能进行了研究，形成了课题“浅谈中国传统建筑元素在现代建筑中的运用——以北京市第三十五中学高中部校园为例”。此课题荣获第十三届“中国少年科学院小院士课题研究成果”全国展示交流一等奖。

“树人文精神，立中国学人”，我们通过三级课程的次第开展，为学生搭建了一个多元立体的人文与社会类课程体系，为不同需求的学生打开了不同的人文社会学科的视野，以期培养学生的人文情怀，提升学生人文素养，完善学生的人格，增添学生时代的使命感与责任感，让学生对国家民族怀有“脉脉的温情”。

四、人人懂艺术　人人有才艺

艺术教育是三十五中通向全国乃至世界的一张“名片”。曾经撑起这张名片的主要是金帆民族管弦乐团领衔的校级艺术团，如今备受赞誉的是学校全覆盖的艺术教育理念以及追求“私人定制”的艺术课程体系。

秉承“人人懂艺术，人人有才艺”的理念，我们致力于打造私人定制的艺术课程，让每个学生都能选择自己喜欢的艺术课程，选择学习的时间和深度。

（一）艺术教育的“大用”与全覆盖理念

在唯分是图的功利主义教育价值观里，艺术教育被认为“无用”而遭到有意无意的忽略。德国诗人、哲学家席勒在《审美教育书简》中指出：如今是需要正支配一切，沉沦的人类都降服于它那强暴的轭下。有用是这个时代崇拜的大偶像，一切力量都要侍奉它，一切才智都要尊崇它。在这架粗俗的天平上，艺术的精神功绩没有分量，艺术失却了任何鼓舞的力量，在这个时代的喧嚣的市场上艺术正在消失。

不过，三十五中自建校之初就重视艺术教育，并且艺术教育逐渐成为学校的特色。不管时代如何变迁，学校一直支持和鼓励学生开展艺术活动，尤其近年来更是着力推行艺术教育的“全覆盖”。“无用之用，是为大用”，我们认为艺术教育具有任何其他教育无可取代的价值。

艺术是人类文明的重要组成部分，能够调节、丰富和发展人的精神生活，能够给人带来精神上的愉悦甚至感染一个人的灵魂。我们每个人都曾有过这样的体验，在遭遇挫折或心情低潮时，可能是一部电影或者一首歌曲帮助我们走出阴霾。正如席勒所说，有促进健康的教育，有促进认识的教育，有促进道德的教育，还有促进鉴赏力和美的教育。这最后一种教育的目的在于培养我们的感性和精神力量的整体达到尽可能和谐。艺术教育对完善人性有着极为深刻的意义。以美引善、以美扬善，通过艺术教育培养学生健全的人格、高尚的情操、积极向上的人生观，是艺术教育的“大用”。

随着信息时代的到来，越来越多的人文学者、科学工作者、教育工作者、媒体工作者等各行各业的人们，从艺术中汲取灵感，将艺术的思维方式渗透到自己的工作和研究中。艺术的感受力、想象力和创造力，已成为促进现代社会进步的重要动力。通过艺术教育培养学生优雅的审美情趣，教会学生发现美、感知美、展示美、创造美，使学生艺术地生活、创造性地工作，这也是艺术教育的“大用”。

“我们一直在强调素质教育，为什么成效还不够明显？”温家宝总理到校调研时提出的这个问题，是三十五中近些年教育改革求解的命题之一。美育在素质教育中具有不可替代的作用，我们通过艺术教育落实美育，推行艺术教育全覆盖，作为提升素质教育成效的重要抓手之一。我们追求的艺术教育不是少数特长学生的“秀场”，而是全体学生的“舞台”，倡导“人人懂艺术，人人有才艺”，并将才艺证书作为“五证”之一。

我们希望通过全覆盖的艺术教育，尽可能多地让学生接触艺术、接触经典，其目的不在于让学生掌握一门乃至几门才艺，或者让他学到多少艺术的知识，更重要的是帮助学生开阔视野、感悟人生，提升学生的感受力、审美力、鉴赏力、想象力、表现力和创造力，初步形成正确的世界观、人生观、价值观，从而成为一个情趣高雅的人，有激情、有创意地生活。

培养学生具有中华民族的传统文化底蕴，我们在艺术教育中特别注重开展民族艺术教育，把民乐、京剧、书法、国画等国粹艺术引进课堂，以沛筑、茶艺、篆刻等非遗课程为载体带领学生感受传统文化之美。2010年成立志成校友、国画大师娄师白书画艺术学校，让学生有机会零距离接触当代艺术大师。2011 携手昌平区第二中学金帆民乐团、安慧里中心小学金帆民乐团成立“金帆百人华乐团”，2015 年在金帆音乐厅设民族器乐博物馆，让校内外学生感受民乐魅力。2017 年联手梅兰芳后人以及梅兰芳纪念馆成立中国京剧梅派艺术传承基地，在学校推广京剧艺术。通过民族艺术教育，引领学生欣赏、感受、体验民族艺术，帮助学生形成对民族文化的认同感与自豪感，继而主动传承民族文化遗产。

（二）“私人定制”艺术课程

以美育人、以情怡人，三十五中艺术课程体系以审美和人文素养培养为核心，以创新能力培育为重点，结合学校小学、初中、高中集团化办学情况而构建。经过几年打磨，形成了“三横一纵”的美育课程体系，即纵向以课程目标为基准，建立小学、初中、高中“贯通式”美育课程框架；横向则以课程服务对象为基准，设计了基础型、拓展型、研究型“融通式”美育课程结构。纵横相交，使得每一位学生在每一个节点上都能找到适合自己的课程，为每一位学生“私人定制”艺术课课表。

1. 课程结构

为了满足不同层次、不同爱好的学生需求，我们探索开发了面向全体的基础型课程、面向部分学生的拓展型课程和面向个别学生的研究型课程，以更加丰富、个性的课程激发学生的学习兴趣、提升学生的艺术素养。

一是基础型课程，面向全体学生，旨在帮助学生明白“什么是艺术”（美学）“什么是好的或不好的艺术”（艺术批评）、“人类创造了什么样的艺术”（艺术史）、“未来的艺术将是怎样的”等重要问题。了解世界经典艺术作品，拓展国际视野，丰富情感体验，培养对生活的积极乐观态度，形成积极思考人生的意义、不断完善人格以及终身学习的价值趋向。在获得丰富的审美经验、发展完善艺术能力的同时，养成尊重他人、自尊自律、自我激励的品质与良好的团队协作精神。

二是拓展型课程，面向部分有兴趣且有能力的学生，引导学生尝试具有个性特征的艺术鉴赏与创作，在不断地探究和追问中体验艺术所表现的丰富内涵，理解艺术中蕴涵的人文价值。

艺术团是拓展型课程的重要载体。三十五中以金帆民乐团为龙头，拥有合唱团、舞蹈团、京剧团、话剧团、管乐团、行进打击乐团、娄师白书画艺术学校等校级艺术团（合称“七团一校”），学生自主成立艺术社团10余个。通过艺术团课程，提升和发展学生的艺术感知、艺术创造及艺术表现能力；使学生学会鉴赏、分析不同类型的艺术作品，并借助艺术语言进行有效的交流与探讨，形成合作、分享、积极进取的个性品质与创新意识。

三是探究型课程，面向个别有意愿在某一个领域进行研究的学生，帮助学生深入学习必要的艺术专业知识和自主学习方法，掌握基础知识和能够继续学习艺术的方法，提升艺术实操能力。

2. 课程形式

在尊重国家课程标准的基础上，结合校内资源进行公共基础课的有效整合和设置，对课时进行有效整合，对课程内容进行优化组合，将一部分课程内容以大师课的形式呈现，课程对象也不再是一个班级而是一个年级，这样大大提高了课程的品质。

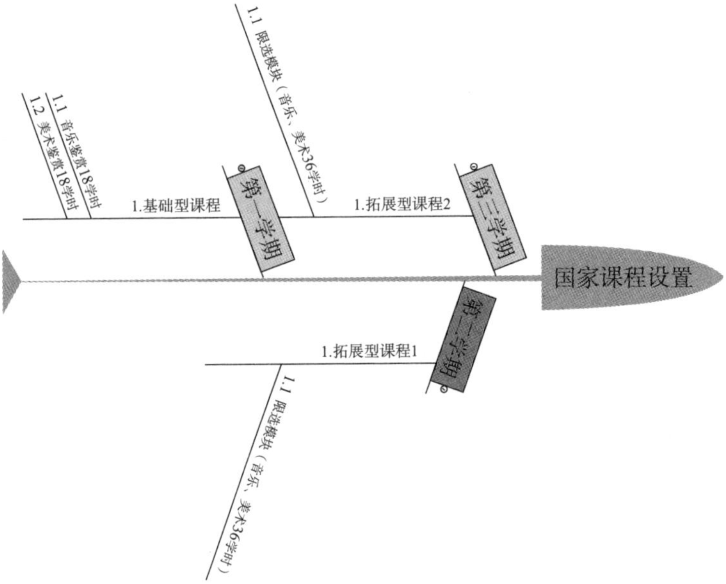

图 5-4　艺术与审美类课程国家课程设置

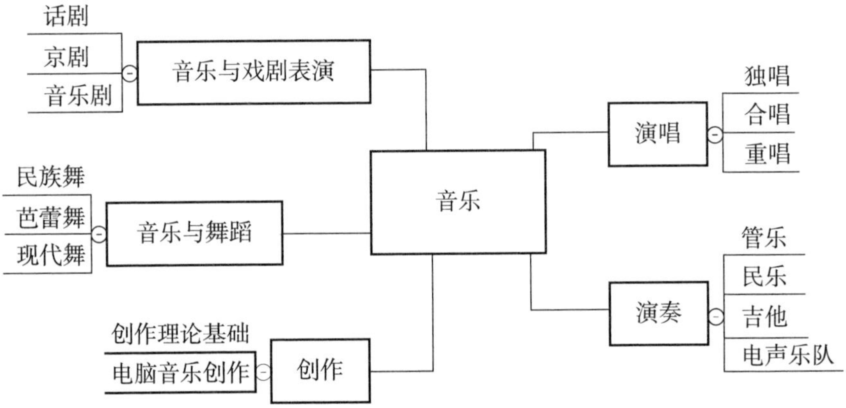

图 5-5　艺术拓展型课程音乐课程设置

拓展型课程是依据国家课程标准结合学校的艺术教育资源而开设的，其目的是在提升学生艺术素养的基础上满足个性化需求。艺术拓展型课程在原有课程模块基础上进行细分，使得每一门课程更加专业，更符合学生的需求。同时，将原有的 18 个课时进行一定扩展，提升课程的精深度。

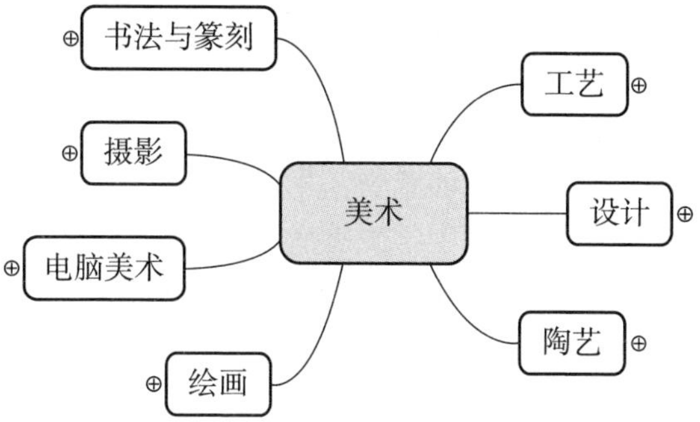

图 5-6　艺术拓展型课程美术课程设置

基础型课程采用必修选学、“因生制宜”、突出专业特色的方式开设；拓展型课程采用选修方式，采用兴趣与内容相结合的方式开设。基础型课程开设在同一时间段，全体艺术教师同时开设鉴赏课程，学生依据教师的专业特点和授课特点选择适合自己的艺术教师。拓展型课程在两个学期开设同样的内容，学生依据自己的兴趣选修。为了保证学习的全面性，在选修规则上进行必要的设置。如第二学期选择了音乐类的课程，第三学期就必须选择美术门类，反之亦然。

（三）创新课程的呈现与评价方式

我们积极探索教学方式和评价方式的创新，让学生参与其中，变被动熏陶为主动体验，提升了艺术课程的教学效果。

1. 大整合、大迁移、大贯通

为了加深学生对艺术作品的感受与理解，我们创新课堂教学，通过学生艺术团现场展示作品、跨学科解析还原作品、到校外零距离感受作品等形式，调动学生的兴趣，促发学生的体悟。

我们一直倡导“学生是最好的课程资源”，艺术赏析课程充分利用“七团一校”的学生资源，由各个艺术团对其中的欣赏内容进行现场展示、讲解。这样，艺术课堂由单纯的平面欣赏转化为多感官的综合刺激，有助于加深学生对作品的感受和理解，体会到艺术就在身边。

我们甄选传统文化主题，尝试用主题课的形式，进行多学科联合教学，探索“大整合、大迁移、大贯通”，通过不同的艺术形式给学生以多维度的艺术感受。如“敦煌”主题教学中，分别从语文、音乐、舞蹈、美术、历史、地理不同角度解读敦煌，竭力还原敦煌“面目”。

此外，我们将课堂延伸到校外，组织学生进入国家大剧院、首都博物馆等高雅艺术殿堂，让学生能够感受艺术之美；组织学生每学年用一周的时间赴各地进行艺术采风，带领学生感受自然之美。学校还开创了“民族魂”系列主题美育课程，已成功举办民族魂—长城情、历史情、奥运情等12 场专场音乐会，观众总人数达六万多人。

2. 以证代分，以展（演）代评（考）

艺术是人类以情感和想象为特性，来把握和反映世界，表达对世界及自身、对二者关系的看法的一种特殊方式。艺术本身是非语意性的。按照传统的一考定分的模式，其实不能全面完整地评价学生的艺术水平。为此，学校开创了“以证代分”“以展（演）代评（考）”的多元评价方式。

学生想取得选修类鉴赏课程学分、获得才艺证书，三学年中需参加一场演出、展出一幅作品、当一次艺术志愿者、欣赏五场音乐会、观看过五场画展。为了给学生提供艺术鉴赏的资源，我们依托艺术教育专家联盟、北京金帆音乐厅、民族器乐博物馆、国家大剧院、首都博物馆等提供艺术资源。相应参演信息与观展信息于演出前两周在校园网上相应专区公布，学生在网上报名，报名截止日期为演出当日。教师现场依据报名名单考勤。学生所做调研报告及相应的调研资料以电子文档的形式，在观演（展）一周内通过网络提交，并对参与课程进行评价。教师依据现场考勤和作业提交情况对学生赋予相应学分。参演以现场视频、音频、图片内容为准，参展以作品为准。学生自行参加的活动需提前在网络上提交申请至艺术中心，得到认可后方可确认学分。

音乐靠演，美术靠展。艺术作品的生命力决不能靠寥寥几句评语就能涵盖。以展（演）代替评价就是要打破传统课堂上教师用“好”与“不好”、“像”与“不像”、“准”与“不准”来评价一个学生的艺术水准或艺术作品，通过展演的形式，让学生能够得到充分展示，真正享受艺术带来的快乐。近些年，三十五中几乎每年都举行全校师生自编、自导、自演的“志成杯”艺术节才艺展演暨颁奖典礼。每次展演历时一个月，节目形式多样，有书画作品展、歌舞、曲艺、魔术表演，几乎涵盖了所有艺术门类。从个人报名到班级展示，再到年级选拔直到全校展演，层层选拔，人人参与，每一名学生都是这个舞台的主人。

（四）引进来与走出去：课程资源的整合运用

以高中校舍搬迁为机遇，学校整合建设了一批艺术教育资源。坐落在学校的北京金帆音乐厅，是全国唯一一座建在中学的、拥有管风琴的音乐厅。音乐厅内的民族器乐博物馆，收集了来自全国各地的民族乐器，学生志愿者会穿上各个少数民族的服饰来演奏民族乐器，传承和弘扬民族历史与文化。此外，我们设立了志成书画院。这些硬件资源的建设，为我校艺术教育奠定了良好基础。

在师资队伍建设方面，我们大力推行“引进来”策略。学校采用“共享教师”的模式，聘请区域内优秀教师来学校执教，实现了区域内教师资源的优化配置。此外，我们引进各领域既懂专业又懂教育的专家、学者作为学校艺术教育的一支生力军。“吴灵芬教授指挥工作室”“娄师白书画艺术学校”“王甫建指挥工作室”等名师工作室、艺术学校落户我校。面对艺术教育门类众多、专业要求较高的实际，我们组建了艺术专家联盟工作室，充分发挥专家的引领、咨询作用，为艺术教师专业发展、艺术课程科学开设等提供智力支撑。例如，中国合唱协会在我校设立“Harmony爱乐合唱基地”，吴灵芬教授邀请国际合唱大师来华讲学、开展合唱教师的培训，首都师范大学、中国高中六校联盟在我校设立“中小学音乐治疗中心实践基地”，在周世斌教授指导下研究以音乐舒缓学习考试带来的压力，助力学生健康成长。

与此同时，学校的优秀教师、学生资源以“志愿支教”的形式，输出到甘肃武山、贵州丹寨、海南三沙等欠发达地区，助力这些地区对口帮扶学校美育工作的开展以及当地教师素养的提升。

三十五中整合各种资源，加强课程开发与建设，与中国音乐学院、北京电影学院、中央音乐学院、中央民族乐团等专业机构合作参与中国国际合唱节、中华诗词课程等，成为“一带一路”项目学校。学校还是“中华人民共和国线装书申遗第一基地”和“中国京剧梅派艺术传承基地校”，相应地开发非遗传承、京剧等传统文化课程。

抓住每一个机遇，经过近10年的努力，三十五中积淀了丰厚的科技、人文、艺术教育资源，初步形成了立体多元的课程体系，每一个学生都可以在这三个领域获得适合自己的发展。在艺术方面，2009—2017年，学校民乐团、合唱团、行进打击乐团以及舞蹈队的演出在国际比赛、全国比赛以及市级展演中夺得一等奖（金奖）21次。在体育方面，我校篮球队、游泳队、田径队、舞蹈队、击剑队、武术队以及定向越野等项目全面开花，2016—2017年在西城区、北京市、全国的比赛中获得前三名40余次。学生凭借“八道湾胡同研究”“浅谈中国传统建筑元素在现代建筑中的运用——以北京市第三十五中高中部校园为例”“自然科学对鲁迅创作的影响”等人文社科类的研究项目，在中国少年科学院小院士评选中获得一等奖等多个奖项。三十五中成为科技、人文、艺术教育的高地。2017年，我校获得“全国十佳科技教育创新学校”，夺得“十佳科技教育创新学校之星”殊荣。同年，我校被评为全国群众体育先进单位、全国学校艺术教育先进单位，获得北京市群众体育精神文明奖。我们的“高地”建设之路还在继续，我们希望通过沉淀更新，提高课程效益，将科技教育、人文教育和艺术教育打造成学校的品牌特色。

[第六章]

提高学习力的留白课堂

课堂是育人的主阵地，最能体现“专”。曾经，三十五中与许多学校一样，教师们凭借“专”满满地占据课堂，恨不得把时间掰开来用，希望给学生再多些知识，再多加巩固。但在课程改革中我们逐渐转变了观念：原来课堂教学不只是知识传授的过程，而是师生共同活动的一段生命历程，学生的智慧有时是我们教师所不如的。

新的理念下，我们推动课堂教学的变革与转型，明确教师挖掘学生内在潜力、探寻学生生命活力制高点的课堂责任。给学生一点自学的时间，给学生一点讨论的余地，给学生一点思考的空间，给学生一点质疑的机会，给学生一点交流的时间——这“留白”让教师有工夫关注学生的情感体验和思维成长，这“工夫”让学生真正成了主体、主角。

一、认识“留白”，选择“留白”

“留白”是我国传统艺术的重要表现手法之一，主要是指在艺术创作中为了更充分地表现出主题而有意识地留出空白，留下想象的空间。它被广泛用于中国绘画、诗词等领域中，极具中国美学特征。

借鉴于课堂教学，三十五中的留白课堂是指在课堂教学（前）中（后）有意识地给学生留出空白的时间与空间，鼓励学生思考、探索、想象、表达、交流，让学生的思维、情感、表达等有生成、生长、发展的时间和空间，通过自己的探索研究去填充空白处的内容。那么，我们为什么要选择构建留白课堂？

1. 令人恐惧的“成功”课堂

三十五中对课堂留白的研究源于对一种课堂的反思。在这样的课堂上，教师是毫无疑问的主角，滔滔不绝地讲，讲得多、透、实，所有教学内容不留任何“盲点”；学生则更像配角甚至是观众，被动地听与记，或者“答对”教师所有的提问。

这些看似“天衣无缝”“行云流水”的课堂往往被认为是成功的，却逐渐让我们感到恐惧。在这里，学生成为知识的容器，被填的鸭子，他们学习的积极性和主动性被打压，更别提想象力和创造性。杜威（1999）在1916年完成的《民主主义与教育》中指出，“教育并不是一件‘告诉’和被告知的事情，而是一个主动的和建设性的过程，这个原理几乎在理论上无人不承认，而在实践中又无人不违反”。而我们进行的课后追踪表明，这样的课堂教学实效性其实远未达到教师的预期。针对这种现象，2012年我们就向教师们提出：静悄悄的课堂是可怕的课堂，没有思想碰撞的课不算好课。

那么，怎样才能让学生在课堂上主动思考、主动探究，产生思想碰撞尤其是高质量的思维碰撞呢？我们认为，教师必须学会在课堂上“后退”，给学生留出“空白”，才可能让学生成为学习的主体。课堂留白是以退为进，教师把更多的精力放在培养学生的学习兴趣与能力、关注学生的思维碰撞与成长上，强化“教”服务于“学”的理念，不要纠结教学环节是否完整落实，不要耿耿于怀知识重点、难点是否讲得充分透彻，留一些余味让学生自己思考揣摩，促进真正的学习。

2. 留白保证学生主体性，是志成教育的必然选择

如前所述，志成教育的基调是尊重学生的主体性，促进学生自主发展。课堂是学生成长的主渠道，如果我们的教师将课堂填满了，就侵占、剥脱了学生思想、思维的自主性，就与我们的大局冲突了，那么将造成志成教育的“人格分裂”。

三十五中希望培养学生成为具有科学精神和探究意识的创新型人才，需要在校园活动中给学生提供充分的自主活动、自我表现和自我发展的机会。尤其是在课堂中，要以学生为中心，鼓励学生在自主探究中学会获得知识、建构知识体系，融会贯通并灵活运用所学知识，去发现和解决问题。

我们一直强调“会学比学会更重要，学会思考比学会知识更重要”，为此必须狠下心来在课堂“留白”，将“教”与“学”两个环节融为一体，让学生成为课堂的共建者，让学习变成学生自己的事情。

3. 从学习力视角看留白的必然性

在实践中，我们体会到课堂留白的必要性。裴娣娜教授关于学习力的分析，则令我们认识到课堂留白的必然性——全球性的信息社会与知识社会革命导致基础教育发展的深刻变革，“这种变革的焦点就集中在培养学生发现知识、选择知识、创新知识与驾驭知识的学习能力与批判创新意识上面，集中在那些足以帮助学生在信息社会（知识社会）得以生存与发展的最为核心的能力与品质，即学习力上面”（裴娣娜，2015）[360]。显而易见，学习力的培育与生成必须建立在学生自主学习的基石之上。

“学习力是学生的生长力，是学生生成和发展过程中所具有的生命能量与活力。学习力包括三个层次六个要素，第一个层次由知识与经验、策略与反思、意志与进取三个要素组成，第二个层次由实践与活动、协作与交往两个要素组成，第三个层次涉及批判与创新这一个要素。”（裴娣娜，2015）[365] 这六个要素与教师的“包办”相冲突，需要学生的主动作为，可以说学生学习力的生成需要课堂留白，而留白课堂同时也指向学生学习力的生成。学习力决定着学生“独立地支配自己的学习资源与学习方式”的能力，从而影响着课堂留白的空间与质量，可以说学习力又是留白课堂学生层面的基础。

4. 课堂留白引发自我建构，提升思维质量

从艺术角度上说，留白就是以“空白”为载体进而渲染出美的意境的艺术。艺术大师往往都是留白的大师，方寸之地亦显天地之宽。留出的“白”予人以想象之余地，“此处无物胜有物”。我们以为，大气象被具象了就未必成其为大气象，这是留白的妙处之一；妙处之二在于“审”，留白把美的建构、感受交还给了受众，受众其实也在创造其美，成了创作者。而且我们认为审出美需要前提，留白必须是高质量的布局，这个布局促使受众审出的是美而非其他，否则留白就成了“留疤”。

在美国，教育因为没“留白”曾输过一场官司。俄亥俄州一位年轻的母亲因幼儿园教自己的孩子认识英文字母而向法院起诉，她认为幼儿园阿姨在黑板上画个圆圈，孩子可以说是月亮，可以说是鸡蛋，甚至可以说成孩子所认为的任意与圆形相关或不相关的东西。而一旦幼儿园教孩子说这个圆圈是字母“o”，孩子想象的翅膀就被剪断了。

在中国，叶圣陶先生毕生都在致力于实践、探索并推广教育的留白艺术，他认为“自己摸索得来比向别人学更重要”“凡为教，目的在于达到不需要教。故随时宜注意减轻学生之依赖性，而多讲则与此相违也”，故而以为“好的先生不是教书，不是教学生，乃是教学生学”“自能读书，不待老师讲；自能作文，不待老师改。老师之训练必做到这两点，乃为教学之成功”。（方明，2006）

我们的认识很朴素，课堂上教师留出的“白”要由学生去填补，这要动脑筋，直接激发大脑的思维活动；而没有留白学生跟着教师“走”时，主要是听觉与视觉刺激，间接刺激大脑活动，并且这个刺激未必发生，毕竟坐堂旷课是由来已久的顽症。我们反复告诫教师，教满了就相当于把吃的喝的都嚼成了渣，学生吃到的是教师吐出的骨头，教师其实应该是煨火的，看着火候请学生喝汤、吃肉，然后消化、吸收，进而才有了成长。

教育是科学与艺术的结合，理性认知、感性表达，因此在呈现层面艺术化多一些，留白课堂作为课堂教学的艺术化表达方式，符合教育科学与艺术的双重属性。

二、留白课堂特征及实施策略

相对于满堂灌的“填鸭式”课堂，留白课堂意味着教师在课堂上从主演变成导演，学生从群众演员变成主演，是学生主体意识的彰显，是师生的角色的“你退我进”。著名教育家苏霍姆林斯基说过，有经验的教师往往只是微微打开一扇通向一望无际的知识原野的窗子。留白的实施，就在于打开这扇窗子。

（一）留白课堂与四项教学原则

建构主义的学习观认为学习的过程是个体主动建构自己知识的过程，知识的建构必须以原有的学习经验和认知结构为基础，在对新信息进行意义建构的同时对原有经验进行改造和重组。只有学习者主动地在信息与自己原有的经验之间建立联系，通过同化、顺应的双向相互作用，学习才会发生，知识才能建构。

基于这一理论指导，结合实践，我们确立了四项教学原则：①尽可能给学生提供充分的思考时间；②尽可能给学生提供学法指导；③尽可能给不同的学生提供与学习内容匹配的学习方式；④教学的问题来源于学生，问题的解决依靠学生，评价还给学生。原则给教师们留出了弹性创造的空间，譬如在学生的学习方式上，有的内容需要讲给学生听，有的内容需要学生自主学习，有的内容需要小组合作，等等。其所圈定的“中心思想”指向“留白”，我们认为，真正对四项教学原则进行观照就形成了留白课堂。

（二）留白课堂的特征

点燃和提升——怀特海（2012）[66] 指出，“教育的全部目的就是使人具有活跃的智慧”。教师要激发学生的学习兴趣和求知欲望，点燃学生的智慧火花，引领学习方法的获取和思考能力的提升。

互动和碰撞——水尝无华，相荡乃成涟漪；石本无火，相击而发灵光。教师应制造机会，促进师生之间的多向交流和深度对话，引领学生质疑问难、争鸣辩论、寻根究底，催化思维碰撞，引领意义建构。

独立和合作——学习力理论将“实践与活动”“协作与交往”作为影响人自身发展的两个内在机制。教师要给予学生独立思考、自主探究和讨论沟通、交流融合的空间，引领自主、合作、探究式的学习。

放手和生成——教师要敢于放手，留出空白让学生想、学生说、学生做，变被动接受为主动探索，引领学生不断提出更有价值的问题，提高课堂生成的质量。

（三）留白课堂的实施策略

德国著名的民主主义教育家第斯多惠（2001）说，“教学的艺术不在于传授本领，而在善于激励、唤醒和鼓舞”。“一个坏的教师奉送真理，一个好的教师则教人发现真理。”显然，把自己知道的讲清楚相较于让别人领悟自己知道的要容易得多，因而课堂留白比课堂填满要更富挑战性。

留白不是随意而为的，要在教学过程中更高效地优化学生的个性体验，激发和培养学生的主动意识和创新精神，需要运用高超的教学技巧和教学智慧。基于我们的实践，要实现有价值的留白，教师要扮演教学过程的重组者、情感体验的创设者、思维碰撞的点火者、动态生成的推进者，从而让课堂真正成为焕发学生生命张力的乐园。

1. 留白的核心

疑问是启动思维活动的钥匙。孔子说“疑，思之始，学之端”，亚里士多德说“思维从疑问和惊奇开始”，苏霍姆林斯基也强调教师要积极创造条件使学生“面临问题”。问题是思维的起点、探究的开端。有了问题，才能激发学生学习探究的意识。思维活跃了，探究问题的热情才会爆发出来。问题是思维的核心，一切探究和创新都是围绕问题展开的。

问题是思维的磨刀石。“学贵有疑”，没有问题的课堂、没有解决问题的课堂没有存在的价值。而且问题的质量、解决问题的质量与生成问题的质量决定着思维的质量，进而决定了课堂的质量。许多教师一抛出问题就急于寻找答案，为找到中意的答案而满意，其实这是问题质量低的直观表现。叶圣陶先生说，好的提问必令学生运其才智，勤其练习，领悟之源广开。我们认为课堂上解决问题出现摩擦甚至是顿挫感是好事，而顺顺畅畅、行云流水，好看却未必有用。

问题是螺旋式上升的阶梯。没有疑问就不会有探索，质疑往往会打破思维的平衡状态，出现活跃的不平衡，急需求得新的平衡。在这个反复构建平衡的过程中，问题丰富了学生的情感体验，刺激了学生的创新意识，实现了学生思维水平的螺旋式上升。

有价值的问题链是留白课堂的核心。

2. 留白的时机

在课堂这个有局限的时空里，学生学习的对象有教师、教材、同学与自己。留白就是教师压缩自己的教，给予学生更多向教材、同学与自己学习的机会，其时机把握当在认知冲突、思维顿挫之时，这显然需要整体布局、实时抓取。

尤其难以做好的是实时抓取，这不仅是个技术活，更是个良心活——涉及教育价值观。课堂上面对学生偏离备课预设的主见，是将教案进行到底还是顺着学生提出的有价值的问题前进？许多教师选择了“教案”，他们在教学过程中害怕学生提问：一怕干扰课堂教学不能完成教学任务；二怕一时回答不了，影响自己的形象和威信。而很多时候教师自我感觉良好的课堂，其实往往只是愉悦了自己，他们为了保证教学环节的顺利推进，经常以“冷暴力”的形式阻止课堂上有价值的生成，挫伤了学生的情感与思维。

课堂上的生成是师生的“即席创造”，是“无法预约的美丽”。我们鼓励教师课堂上实时抓取“留白”，为教学资源的生成留一个空间，因为追求有价值的生成比顺利实施教学计划更重要。要坚守课堂的核心价值永远只在于学生的发展、提升与完善，这意味着我们要舍得在实施中变更甚至放弃自己精心准备的教学设计。

3. 留白的分寸

孔子说："不愤不启，不悱不发。举一隅不以三隅反，则不复也。"朱熹解释："愤者，心求通而未得之状也；悱者，口欲言而未能之貌也。启，谓开其意；发，谓达其辞。"叶圣陶先生的表述则更为直观："可否自始即不多讲，而以提问与指点代替多讲。提问不能答，指点不开窍，然后畅讲，印入更深。"

要实现这样的效果，可以将留白视为课堂教学中隐形的"脚手架"，设置留白要注意学生的认知水平，过难会导致学生无从下手，挫伤其学习的积极性，过易则不能激起学生的求知欲，失去留白的意义。为此，一来教师应提前充分做好学情分析，准确把握学生的最近发展区；二来实施中教师应关注学生的学习状态，包括他们的学习兴趣、积极性、注意力、学习方法与思维方式、合作能力与质量、发表的意见建议、可能提出的问题与争论乃至错误的回答，准确把握学习小组的最近发展区，预设好当生长点出现时应对的措施，从而给学生留下自主体会和悟解的空间。

在具体教学中，还应特别注意根据教学目的和教材内容精心设计留白，把线牵在手里，不要让学生"跑题"。一定要掌握好尺度，课堂上的时间与机会成本都是昂贵的，留白是为了更好的生成。

4. 留白的节奏

节奏影响状态，松散拖沓要不得，紧张刺激也得适量。留白作为作用于思维的手段，要放置于整个课堂来把握节奏，在保证大平衡的情况下，基本要求在于教师要收放自如，以让学生张弛有度。预设的留白要"放得下、拿得起"，即时的留白要"停得下、等得起"。

另外要特别注意课堂结语，这个时候的留白如果做得巧，富有余味，能够把对学生的影响延伸到生活和大千世界里，就相当于把教学的风筝放飞于天空中。

5. 留白的生成

法国哲学家狄德罗说，质疑是迈向哲理的第一步，提问是一个人从已知伸向未知的心灵触角。因此课堂的价值决不能止步于释疑，留白不能浅尝辄止，要激发、培养学生的问题意识。依照四项教学原则，我们以问题为核心借留白把课堂还给学生，力求以知识学习为媒介，对学生进行兴趣培养、智力开启、思维发展、情感陶冶等全方位的"成人"教育。

基于教学常规的要求，结合我们对留白的核心、时机、分寸、节奏、生成的理解，我们确立了留白的策略：优化流程—以学定教—问题推进—任务驱动—现场抓取。留白课堂的“珍珠”就是富有价值的预设问题与生成问题，问题的探索、求解、生成就是串联珍珠的线索。

三、留白课堂的设计与构建

在引领教师充分研讨、认识留白课堂的特征及实施策略后，我们鼓励教师们自主实践运用，积极探索出自己满意的留白课堂。目前，“曲问”教学、小组合作探究式教学以及项目式教学等多种留白课堂的教学模式，已经在三十五中遍地开花。

（一）“曲问”教学

真做学问、做真学问，就必须要学要问。提出一个问题往往比解决一个问题更重要，因为解决一个问题或许只是一种技能，而提出新的问题、新的可能性，从新的角度去看问题，却需要有创造性的想象力。

提高学生的思维能力和实践能力，都离不开“问题”这个“抓手”，“问题”是留白课堂的核心。课堂提问的留白，一言以蔽之，就是钱梦龙（2006）先生所提出的“问宜曲”。多一点“曲问”，让思考者的思路转一转弯，不仅增加了思维的空间，也提高了思维的质量。我们努力打造有质量的“问题教学”，逐步形成以“设问、解问、追问、新问”为线索的“曲问”教学模式。

1. 设问

问题是思维的向导，设问就是创设问题情境，充分发挥学生的主体性，启发学生积极思维，帮助学生把握关键，掌握重点，突破难点，剖析疑点，理解本质。问题设置要有针对性、启发性、探究性、典型性、艺术性，要科学合理、深浅适度，切合学生实际，激发学生探索求知的欲望和热情。设问贯穿课堂教学的始终，水准取决于教师的基本功，尤其是教师对课标和教材的驾驭能力，以及对学情的了解程度。

2. 解问

解问是解决教师和教材设置的问题，可以是学生独立完成或合作完成，也可以是师生共同解决。在探究求解的过程中，进一步提升学生的思维品质，激活课堂，促进合作，启发智慧。解问充分体现教师主导、学生主体作用，必须建立在学生自主探究、合作学习的基础上。

3. 追问

学生求出问题的答案不应是问题解决的终结，还应进一步揭示问题的本质和解决问题的规律。在教学推进的节点，往往产生新的问题，教师进行追问，能建立前后知识的内在联系，构建体系，引发深度思考从而弄清因果，区分异同，明晰本质，举一反三，触类旁通。通过有针对性的追问，养成学生勤思、善思、深思的良好习惯和不断探索的科学精神，激活学生思维，开拓学生思路，提高学生分析问题和解决问题的能力。同时教师和学生适时的反问、续问以及对问题进行适当的变式则使问题更清晰，使思维更深刻。师生恰当和适度的追问是教师智慧的标志。

4. 新问

万事万物处在矛盾之中，矛盾无处不有，有矛盾就有问题存在，一个问题解决了，新问题又产生了，新的创新、新的高度由此开启。要充分发挥知识的正迁移作用，把新的需要解决的问题纳入学生原有的认知结构中，完善学生认知结构。新的问题要起到承前启后的作用，要具有发散性、综合性，要体现“实践—认识—再实践”的认知规律——这正是课堂教学的目的所在。

科学合理地运用“曲问”构建留白课堂，能使学生在科学探究的过程中表现出极大兴趣，深刻体会认识发展的螺旋式上升规律，从而赋予课堂教学新的生命活力。学生个体的自主和独立人格受到尊重，学生之间和师生之间的人际互动圆融共生，师生的情感体验得以丰富、有效思维得以提升，师生充满生命的感动，课堂激荡智慧的火花。

5. 教学案例

《在桥边》中课堂“曲问”

授课人　北京三十五中语文教师杜广运

留白，是传统绘画的一种极高境界，讲究着墨疏淡，空白广阔，以留取空白构造空灵韵味，给人以美的享受。教学不可能面面俱到，也不应该面面俱到，要努力为学生“留白”。

2016年12月，我在哈尔滨市第三中学（简称“哈三中”）参加中国高中六校联盟赛课活动，组委会指定的篇目是人教版高中选修教材《外国小说欣赏》第五单元中的《在桥边》。早就听闻哈三中的学生水平很高，备课时我进行了有针对性的备课和问题预设，但实际上课时学生的水平还是超出了我的预设。我当堂调整授课思路，充分利用“曲问”解决了实际问题，达到了很好的教学效果。

在“研习课文，品味情节”教学环节，我预备的问题和预期答案如下。

1. 乱数

（1）怎样乱数？

第三段：“我以此暗自高兴，有时故意少数一个人……当我发起怜悯来时，就送给他们几个。”“当我恼火时，当我没有烟抽时，我只给一个平均数，或更低的数字；精神愉快时，我就用五位数字来表示我的慷慨。”

（2）为什么乱数？

第一段：“整天，整天，我的不出声音的嘴像一台计时器那样动着，一个数字接着一个数字积起来，为了在晚上好送给他们一个数字的捷报。”这就是“我”的工作，“我”早已等同于一架“计时的机器”了。这个工作对“我”而言是枯燥、无聊、单调、空虚、灰暗的。

（3）“我”想通过乱数表达什么？

“我”对这个工作不满意，但为了生存，“我”又无力抗争。“我”唯一能做的反抗就是故意制造不准确：“我以此暗自高兴，有时故意少数一个人；当我发起怜悯来时，就送给他们几个……当我恼火时，当我没有烟抽时，我只给一个平均数……”这些充满反讽和揶揄的笔调表露了“我”对这种生活的不满和反抗。

2. 不数

姑娘来的时候，和她同时过桥的人，“我”一个都没数。

（1）为什么此时会不数？

因为“我”心爱的姑娘此时过桥了，在单调、枯燥的工作中，姑娘的出现就像一泓清泉，冲淡“我”对毫无意义工作的不满，点亮了“我”原本灰暗的生活。这是主人公无聊生活中的唯一亮色了。

（2）姑娘从桥上经过的时候，“我”的心理感受是什么样子的？

课文第三、四段：“我那不知疲倦的心跳简直就停止了突突的声音。”“所有在这个时间内走过的人，我一个也没有数。这两分钟是属于我的，完全属于我一个人的，我不让他们侵占去。”“我的心又停止了跳动……”“所有一切有幸在这几分钟内在我蒙眬的眼睛前面一列列走过的人，都不会进入统计中去而永垂不朽了。”“这很清楚，我爱她。但是她什么也不知道，我也不愿意让她知道。”“我在爱她。这是很清楚的，我在爱她。”

（3）齐读，感受“我”的心理。

“我”是真的在爱着她了！在姑娘过桥的那个瞬间，如此美好而激动人心的几分钟成了主人公的全部幸福所在。

3. 漏数

主任过来检查时，“我”把她一个人漏数了！

（1）为什么这次“我”会数得如此认真？

主任统计员的出现，直接关系到“我”的生计问题。“我”的内心由之前的“愉悦和欢快”重又跌回了谷底，“我”内心充满了紧张和矛盾。

（2）为什么“我”数得如此认真，但还是把她给漏数了？

表面上看，“我”为了生计，压抑住了自己对姑娘的感情，“因为我必须数，不能再目送她过去”，而在内心深处，仍然是真挚的爱情和精神世界的真正寄托压倒了空洞无意义的职业——“我一辈子也不会把这样漂亮的女孩子转换到未来完成式中去；我这个心爱的小姑娘不应该被乘、被除，变成空洞的百分比。”

（3）姑娘是“我”的什么？假如换一个姑娘，“我”会把她漏数吗？

毫无疑问，她是“我”追求的爱情，同时，她又不单单是爱情。那个“可爱的姑娘”代表“我”心中美好的事物，是“我”的精神寄托，并不代表“我”的现实追求，所以不具有特殊的固定性。换另一个可爱的人，甚至动物，“我”也会这么做。

（4）漏数有意义吗？作者想通过漏数表达什么？

“漏数”并不能改变现实，但它表现出对美好事物的维护、坚守，表现出一种精神追求。对姑娘的爱与其说是爱情，还不如说是主人公的一种精神寄托，是他在这样的社会氛围、这样的个人境遇中，依然坚持的对美好希望、美好事物的一种守望。

（5）漏数的结果是什么？

结果是“我”被调去数马车，反而获得了与姑娘进一步接触的机会。这结果虽有点出人意料，但又在情理之中，因为小说的主色调还是比较明快的。

可是，当我创设好课堂情境抛出第一个问题时，课堂立即就变成“热闹的课堂”（黑龙江省教研员评课时的评语）。学生们一下子把我镇住了，他们问一答十，不仅在十分钟左右回答了我问的第一个关于“乱数”的问题，还把下面的“不数”和“漏数”的问题也回答了，甚至把下一个环节“探讨问题，分析主旨”的问题也解决了。看来，学生们利用手中的资料和强大的互联网，已经全部读懂领会了小说的内容和主题，我的课堂没法按照原有思路进行下去了。

这使我想到了北京四中语文教研组长在高三时的无奈，学生屡次要求教师不要再讲了，让他们上自习吧。可能在互联网时代，在教师和学生掌握信息对等的情况下，优秀的学生凭自学已经学会了，不需要教师讲了。可此刻是赛课，我不能让学生用剩余的半个小时上自习呀！我想到了“曲问”，授课思路豁然开朗、柳暗花明。

联系本小说单元的讲授要点之一“情节的摇摆”，我在学生热闹地回答问题结尾时，忽然提出小说的分类。我问，“小说分为故事类小说和非故事类小说，你们认为本文属于哪种类型？”“故事类小说。”我接着问，“中国传统小说基本属于哪一类？”“故事类小说。”我又问，“‘四大名著’中，情节简单重复而又吸引人的是哪部？”“《西游记》。”我接着问，“《西游记》中妖精们对唐僧的诉求是什么？”学生回答后我总结就两个事——“吃他”和“嫁他”，这高度的概括引得学生们哄笑，完全由刚才洋洋洒洒地自我展示回到我的问题上来。我接着板书《西游记》中“情节的摇摆”：

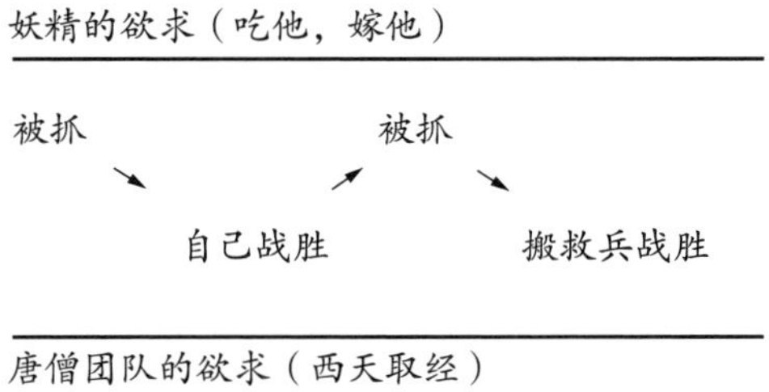

图 6-1　《西游记》中“情节的摇摆”

当我板书完，留白的提问顺势引出：“请同学们自己思考后也绘出《在桥边》中情节的摇摆！”这个“曲问”设计效果很好，学生们开始沉思、模仿、讨论、绘图，我在讲台上气定神闲、运筹帷幄。接着，学生们展示交流，我和同学们一起讨论、评点，进行“补白”，最后总结。

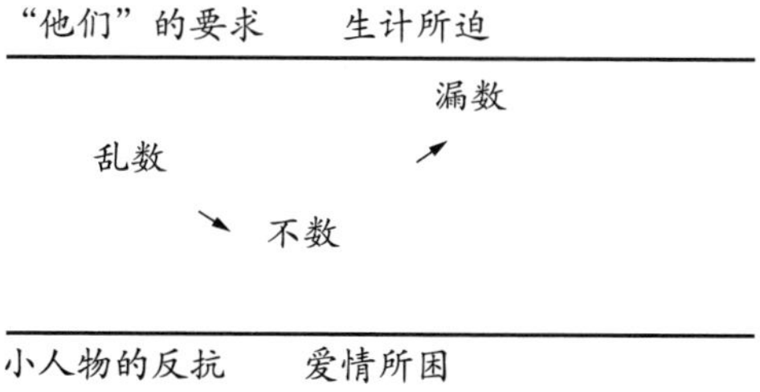

图 6-2　《在桥边》中“情节的摇摆”

最后，我进一步留白，让学生发挥想象，主人公在被安排“数马车”这个美差后，情节又会如何摇摆？

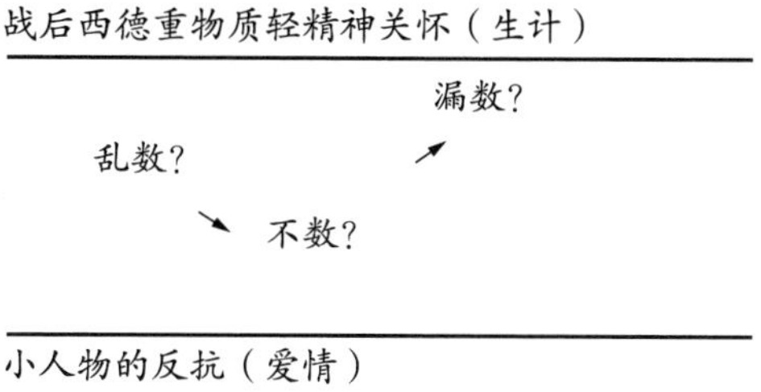

图 6-3　设想数马车的“情节的摇摆”

在评课时，黑龙江省教研员对这次课堂提问的留白和“曲问”的效果，用“点赞”“很棒”做点评，给予高度评价。

课后反思：从学生的角度来说，问的留白艺术，表现在两个层面。第一层面是鼓励学生质疑，有利于培养学生独立思考的能力。心理学研究认为，当学生把学习上遇到的矛盾由内部语言转化为外部语言时，原来并不十分清楚的问题便明朗化了，思维过程也随着清楚起来，这一“悟”的过程，就是思维留白的过程。处理好感悟和质疑的关系，首先就是在教学中，腾出一块比较大的时间让学生充分地质疑问难。第二层面是对学生所提出的疑问，教师应当做出判断与筛选，视问题采取相应的措施，不宜直接作答，否则就可能迁就了学生，使其形成思维上的惰性。正确的做法是让提问者再深入地思考，有质量与有难度的疑问，可以组织学生进行一些讨论，甚至有些问题可留给学生课后去思考，以培养他们的探究精神与能力。

“学生作为发展主体，是个体的‘我’要学习、要发展、要生成，而不是由外在的诸多主体将其当作被动的物来进行规训和塑造。”（裴娣娜，2015）[365]“曲问”引导学生自己动脑来解决自己面临的问题，推进学习力的提升。

（二）小组合作探究式教学

学习不仅仅是课程内容的学习，还是学生智力建构与社会性发展的综合过程。裴娣娜（2015）[365]教授提出的学习力“第二个层次由实践与活动、协作与交往两个要素组成，第三个层次涉及批判与创新这一要素”，说明真正的学习应该是群体性的，而不仅是个体的；是反思性的，而不仅仅是接受性的。

小组合作探究式教学是教师通过指导小组成员展开合作，发挥群体的积极功能，提高个体的学习动力和能力，完成特定的教学任务的一种互助性学习方式。小组合作探究式教学改变了教师垄断课堂信息源而学生处于被动地位的局面，充分激发了学生的学习兴趣与学习潜力，促进学生间的交流协作与互帮互助，有助于学生在吸收借鉴中反思创新，是一种指向学习力生成的留白课堂。

1. 小组合作探究式教学的价值和目标

（1）锤炼学生创造性思维

教学中的一些开放性的内容可以用不同的方法加以解答，通过合作学习的形式，每个学生都有机会提出自己的思路，同时又分享别人的观点，在讨论不同方法优缺点的争辩过程中，学生的思路就会越来越明晰，能多角度、多侧面地寻求问题解答的策略，而且为了提出不同观点学生会调动自己的求异思维，这些思维方式对于培养学生的创造性思维十分有利。许多在当前的认知水平下仅凭个人的能力难以解决的问题，通过集体的智慧常常被学生们创造性地加以解决。

（2）提升学生合作能力

合作是人类社会赖以生存和发展的重要动力，培养在人类活动中的参与和合作精神是教育不可缺少的重要组成部分。《教育——财富蕴藏其中》指出学会合作是面向21世纪的四大教育支柱之一。在小组合作探究式教学中，学生们在课堂中主动提出问题，进行交谈、倾听、解释、思考、反思，在观点分享与协商的过程中，学会在团队中积极参与、学会倾听、尊重他人、有效讨论、客观评价、互帮互助等，有助于提升学生的合作能力。

（3）满足学生成就感

在“填鸭式”课堂中，教师一味“自我陶醉”地讲解，学生中那些令人充满兴奋和富有挑战的思想会由于老师的“倾心倾力”而被湮没，学生在课堂学习中缺乏成就感。让学生带着问题参与到知识形成的过程中，教师引导学生根据现有知识探根溯源，让学生在自主探究、合作探究中获得知识、巩固知识，一种“我也能行”的积极情感油然而生。这种价值感和成就感的满足，可以提高学生的学习热情和信心。

“把课堂建设成学习共同体是教师最重要的工作之一，甚至比正式的教学行为还要重要。课堂作为学习共同体影响着学生的投入程度和成绩，决定着一个由一群独立的个体组成的班级能否顺利发展成为极具凝聚力的团体，它充满希望，互助互爱，有旺盛的求知欲。”（阿兰兹，2007）我们希望通过小组合作探究式教学，把班级建设成这样的学习共同体。

2. 小组合作探究式教学的实施

（1）精心筛选，创设合作的条件

优秀教师的成功之处往往就是懂得用“正确”的教学模式处理“正确”的教学内容。学校开展了“什么样的课适合小组合作探究式教学”为题的讨论，各个学科教研组的教师们结合学科特点，进行了热烈的讨论和深入的分析。

数学组认为那些要求发挥集体智慧和力量的学习任务才适合合作学习。按照课堂需要研究的问题来分类，数学组总结出三类问题：拓展性问题、比较性问题、复杂操作问题。拓展性问题要求学生多方面思考，提出并寻求解决问题的多种方案、思路；比较性问题要求学生利用已有知识，对新知识和问题进行比较、分析；对于复杂操作问题，由于问题比较复杂，学生个人难以完成，需要分工协作。例如，高一数学组选取了函数零点和诱导公式，高二数学组选取了空间中的垂直关系和类比椭圆与双曲线等教学内容尝试小组合作探究式教学。

语文组在进行小组合作探究式教学中，由一开始的单篇适合发散思维的“小课题”，逐渐拓展到纵深领域的“小专题”。高一的教师选择了《米洛斯的维纳斯》这一课，抓住断臂的维纳斯“残缺美”这个话题，“点燃”学生，聚焦个体差异，引发学生的思考。在合作探究活动中关注学生，聚焦任务——由“残缺”到“残缺美”，引发学生对“残缺美”产生条件的探讨。最终“留白”，引申到虚实相生的哲理，并进行分层作业设计。（详见下文留白课堂的精品案例《〈米洛斯的维纳斯〉之“残缺美”探讨》）

为了让学生在合作前思维碰撞的时间再长一些，语文组教师在学习诗歌单元相关鉴赏技巧的基础上，尝试着在古代诗歌和外国诗歌上进行专题的小组合作，选择了爱尔兰诗人叶芝的那首英文诗《当你老了》，引导学生借用鉴赏古典诗词的方法，解读外国诗歌，着眼于中西方文学的对比。这一次“任务群”的划分，是将任务项重新合并，生成翻译组、文本解读组、比较阅读组、再创作组和爱情观质辩组。学生生成了一系列的作品集，体验到了“我注六经”的翻译之美。学生结合古诗词的元素，其中一个酷爱《长恨歌》的学生对照英文原诗，翻译、改写创写诗，融入了古典文学的元素，让就读于北京外国语大学翻译系的学长也不禁赞叹。教师们还将“任务驱动”程序拓展到以刻画人物形象为中心的小说单元，如对“守财奴”葛朗台人物形象的分析，激发学生抓住矛盾冲突比较集中的部分进行“情境还原”，改写成剧本。

（2）立足实效，优化教学策略

每一次合作学习都需要教师的精心设计，无效的合作往往源于教师的随意，因此细节设计决定成败。针对每一个讨论主题，教师都要明确它在课堂上的作用与价值，并以此为基础为它设计适合的深度和广度。开放度的大小完全靠具体的学习任务控制，合作的时间也要相匹配。明确的任务与分工可让学生集中精力，专心于自己小组的研究。比如数学组王蕾老师“类比椭圆研究新的曲线”一课中对合作学习任务的描述是：“任务：用类比椭圆的研究方法尝试研究双曲线的标准方程、图像和几何性质；要求：每个组员将研究项目和过程认真记录在报告上，并将研究结果填在表格中。”这样的要求让每个学生有事做，同时一个小组为了展示出自己的成果，必须相互合作、取长补短。

语文组教师发现，有效的任务驱动是成就探究合作的关键。第一阶段，先给出学生“任务驱动系列”，其中包括“必选项”和“自选项”，让学生运用先前学过的“形象、情志、手法”解读诗歌的脉络，自主完成宋词专题的鉴赏。同时，进一步落实分工细则，突出“形象、情志、手法”的解诗过程。第二阶段，不断关注学生的个体，写出《我的人间词话》之随笔。在评价表中，进一步强化“分工”落实，在相关项目中加入了“问题探究及结果”。这实际上是在留白阶段，有意识地形成思维训练序列，定位“探因—选择—假设”的循环路径，积淀可以“自圆其说”的理性思考。这样的思维训练序列特别有助于高二学段的议论文写作，我校李冰老师的“议论文写作语段分步训练”课，正是这种思维训练序列的升华。

化学组在教学策略上达成以下共识：小组合作前需对学生进行小组合作技能的培训；小组合作内容要根据实际教学内容进行选取，并做好合作时间的规划；小组合作不仅仅只是课堂上学习的一种形式，还可以延伸至课前，渗透至课后；在进行小组合作的同时还要关注学生自我独立思考的过程，关注学生在个人反思中对知识体系的整理完善过程；要设计合理的方式，保障小组合作的实效及学习内容的落实。

（3）关注个体，重视小组评价

小组合作最容易出现的问题就是滥竽充数，组内人人都要有参与感，每位同学都要有不同程度的收获，这就要求人人都有具体分工，任务责任到人。这样组内成员方可互帮互助，共同探讨，主动参与到讨论中。为保障这样的局面有序进行，提高合作质量，使合作不流于形式，就要在每一组中安排相应的负责人，讨论过程的记录员、讨论结果的汇报员等，并不定期地互换角色；同时教师要深入小组，了解每名学生参与合作的状态，尤其是要对基础相对较弱的学生给予更多的关注和指导。通过教师对学习小组的评价及成员间的评价，逐步提高学生参与小组合作探究活动的意识，帮助学生养成合作学习、自主学习的习惯。

附：

小组合作谏议书（学生反馈）

昔有先生立志于危难，谓“有志者事竟成”，故立校志成。立校近百年，才俊如云，尚思进取。应时代之潮流，改废旧弊；创五制之革新。校址新成，古韵幽然于外，科技精锐于内。因材施教，首开合作先河；平台广阔，雄鹰凌飞于此。

小组合作者，集众人之智也。凡有难题，非一己之力可得；集思广益，则事半功倍，可迎刃而解也。行此事者，敏才思，展睿智，促交流，足益于学。然事必如此，则或智或疑，或惫懒者也。

尝有学霸傲然于群雄，以己之力得全班之造化，才思敏锐，对答如流，见者无不钦喜。然学习非一日之功，授业非一人之能，视一人之能为众之所能，故能者愈能，惑者愈惑，非善者也。

夫教学改新，非制度改新，而在于人。师者授之新法，习者得其思维，诸君共勉，以效绵薄之力，则跻身名校，指日可待也。

3. 教学案例

我们探索、倡导留白课堂，但并未给出精准定义，提供的构建策略也侧重于方向性指导。如何较为真切地感受留白课堂？我们选取了《米洛斯的维纳斯》作为课例，一者授课教师比较纯熟地运用了“留白”，二者这篇课文本身就在解析“留白”艺术，在这“双关”的语境中，可以更好地领略课堂留白。

《米洛斯的维纳斯》之“残缺美”探讨

授课人　北京三十五中语文教师李虹

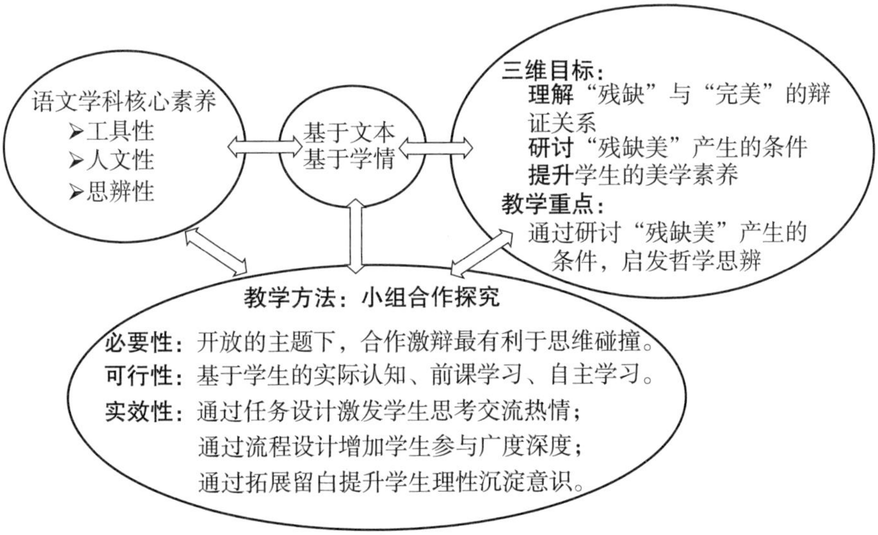

图 6-4　《米洛斯的维纳斯》一课的目标定位与方法选择

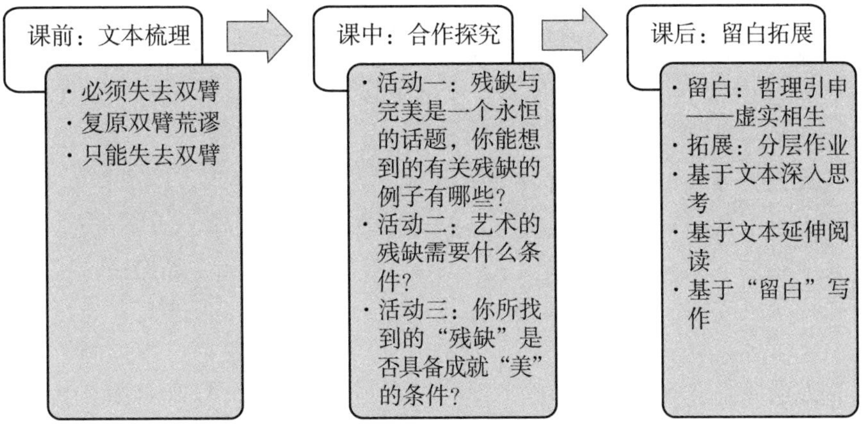

图 6-5　《米洛斯的维纳斯》一课的教学过程

觉醒一、预设前瞻——放手·点燃智慧

1. 学案引领——聚焦个体差异。

2. 必要的文本梳理。

核心指向：残缺与完美是一个永恒的话题，你能想到的有关残缺的例子有哪些？

觉醒二、合作激辩——关注·思维碰撞

第一次思维碰撞：学生分小组合作研讨：“残缺与完美是一个永恒的话题，你能想到的有关残缺的例子有哪些？”每个小组都聚焦“任务”，学生们可以交换浏览，合并“同类项”可以按照文学、艺术、生活等领域归纳，汇总交流。教师关注“碰撞”后的整合，给出“分工建议指导”（1-2 人负责勾画、合并“同类项”，标出类别；1 人核对；1-2 人汇总、记录填写纪要；1 人代表汇报）。

第二次思维碰撞：针对前面提出的问题，各小组进行汇报交流。学生要学会倾听，不要重复前一个组汇报时阐释过的事例。

第三次思维碰撞：针对前面提出的问题，通过归谬假设引导、文本语句检索、同伴观点激赏，引导学生深度思辨残缺与完美的辩证关系。

第四次思维碰撞：对残缺与美的关系进一步深入思辨，引导学生反思再讨论“你所找到的‘残缺’是否具备成就‘美’的条件？”由此清除审美迷雾，体悟“残缺”成就“美感”的条件。

觉醒三、升华拓展——留白·理性积淀

第一次理性沉淀：以艺术创作中“留白”为例，引导学生换个角度思考“残缺”与“完美”的关系。让学生感受艺术的虚实相生，例如，深山藏古寺、踏花归去马蹄香、蛙声十里出山泉等。

第二次理性积淀：布置开放式作业，让学生三选一。1. 学完本文后，就“残缺”与“完美”谈谈自己的看法，写一篇400字左右的短文。（基于文本的深入探讨）2. 阅读《废墟之美》（2014高考北京卷阅读题）或余秋雨《文化苦旅》中的《废墟》，写一篇读书笔记。（基于文本的延伸阅读）3. 一个被称为最短的科幻小说的作品。“地球上最后一个人独自坐在房间里，这时忽然响起了敲门声……”将维纳斯的美和这部科幻作品进行比较，看看它们有哪些共性的东西。试试将它补充为一篇完整的文章。（基于“留白”的写作）

学习力觉醒——结语

博学之，审问之，慎思之，明辨之，笃行之。

课堂反思：本节课着眼于“‘残缺美’是有条件的美”，这个话题具有开放性，适合进行小组合作探究研讨，并可以激发学生纵横联想、深入思考，通过思维碰撞与激辩生发质疑，拓展留白教学的深层思维空间。

“残缺与完美是一个永恒的话题，你能想到的有关残缺的例子有哪些?”课前设计的这个小组合作探究题旨在“请君入瓮”——维纳斯的断臂引人遐想，就好像是一种留白，把学生带入一个关于残缺的研讨范畴。然后引出对“残缺美”产生条件的激辩，此时需要勾连文本，突出语文学科的教学特点。本文是社科科普文，按照文体分类应属于论述文。读懂论述文极富逻辑性的“概念、判断、推理”的思维过程，一个重要的方法就是“选区间，筛信息”。面对如此抽象的论述文，筛选信息的一个必要原则就是“抓关键词”，揣摩作者的观点，进而有效地清除审美迷雾，也为下一步的留白探讨奠定基础。

小组合作探究需要具备几个必要的条件。第一，课前一定要布置明确的研讨任务；第二，课上合作交流时要有明确的任务及分工建议；第三，课堂讨论时需要填写研讨纪要，时时监控落实；第四，涉及同类任务汇总，引导学生学会倾听，不再重复前一个组阐释的事例。这种训练本身就是培养学生的概括、归纳、表达能力，为下一步的留白探讨提供必要的能力保障。

在小组合作学习的留白过程中，渗透思维训练序列：残缺—残缺美—残缺美质辩。在对“残缺”留白探讨的基础上,借助从文本中提炼出来的有关“残缺美”生成条件的理论表述，再度审视之前研讨过的有关“残缺”，这次留白旨在形成二次激辩讨论，适时进行审美常识补注，小结生成本课的重点研讨方向：“残缺美”是有条件的美。作为审美受众，我们更倾向于对完美的追求。

小组合作探究学习要求本节课的整体设计力求集中，不可能完成预设的所有环节，所以本节课着力解决的是“残缺美”生成的条件，而对于“复原荒谬”及“只能失去双臂”两个开放性话题可以作为课堂上留白的空间延续。在“残缺美”的质辩之后，再度借鉴哲学中“虚实相生”的理念，完成对题画“深山藏古寺”“踏花归去马蹄香”“蛙声十里出山泉”的创意设计，以“留白”解读“留白”。

最后的作业设计也体现着分层给定目标：基于文本的探讨；文外拓展阅读；基于“留白”的写作——续写结尾。旨在进一步沉淀学生语文学习的学习力，将留白拓展到更深的领域。

（三）项目式教学

所谓项目式教学，是指依据教育目标和教育内容创设“项目”作为教学的中心，在教师的引导下，学生通过信息收集、方案设计、项目实施等完成一系列特定的任务。这是一种以学生为主体的探究式教学方式，让学生在主动完成项目的过程中通过解决一系列相互关联的问题，理解和把握课程要求的知识和技能，体验创新的艰辛与乐趣，培养分析问题和解决问题的思想和方法，增强学科核心素养。

项目式教学主张先学后教、先练后讲，强调学生的自主学习、主动参与，学习过程成为一个人人参与的创造实践活动，调动了学生学习的主动性、创造性、积极性，培养了学生的创新精神和实践能力。目前，三十五中多个学科的教师都在探索项目式教学。例如，历史学科通过项目式教学，培养学生对时代和历史发展有脉络性的个体认知与总体把握；化学学科通过项目式教学，培养学生探究的思路和方法，养成学科特有的思维能力和观念。

1. 项目式教学的特点

项目式教学根据教学的实际需要，以项目或任务为主线来重新组织教材内容，学生围绕特定项目的主题展开实践探究，使用各种认知工具和信息资源支持自己的学习，在活动中建构起新的知识体系，有利于提高学生的自主学习能力尤其是获取信息、加工信息和处理信息的能力，以及发现问题、分析问题、解决问题的能力。这些项目或任务往往基于现实问题，具有跨学科的特点，有助于培养学生的跨学科思维能力。

项目式教学有利于突出学生在教学过程中的主体地位。在项目式教学中，教师的作用首先是提出学习项目和任务，一般不给结论性的东西；要求学生利用手中的资源自主学习，运用已经具备的知识去分析学习项目和任务中的问题，思考解决所遇到问题的方法，探寻解决问题的步骤。可以说，学生唱“主角”，而教师转为“配角”。项目式教学重在关注课堂上学生对学习内容的真实感知和理解，以及学生学习能力的实际发展和进阶。

项目式教学鼓励和支持团队合作。项目式教学中，学生往往要组成一个小团队，为完成学习项目和任务而合作学习、共同努力，成员之间是一种密切的交流与合作关系，这能提升学生的团队合作能力，有助于学生学会自省和赏识他人。

2. 项目式教学的关键

在项目式教学中，教师应该重点关注以下几个方面。

（1）项目设计的注意事项

选择适合学生的学习项目，才能充分调动学生的学习积极性和创造性，所以项目式教学取得成功的重要前提是事先设计出方向明确、难易适中、实际操作性强的学习任务。项目设计需把握教学目标和学生需掌握的关键知识与能力，结合学科与课程知识、学生已有的知识经验与兴趣以及社会亟须解决的问题，并且考虑到学生可以利用的相关学习资源。

我们认为，日常项目选择的点不宜过大，应当首先对学生需要掌握的整体知识脉络进行概括，使学生在有着宏观把握的基础上进行微观探索。在学生探索之后，教师需进行有效的概括总结以及归纳升华，使学生对知识形成由线到点最后到面的整体认知。

（2）不同阶段的教师角色

在教学过程中，教师应当为学生完成相应的学习任务提供及时的指导与帮助。我们将项目式教学划分为三个阶段，教师在各个阶段扮演的角色也有所不同。

在准备阶段，教师要担任学生学习的指导者，向学生提供与完成教学项目相关的知识、信息与材料，指导学生寻求解决问题的办法。在实施阶段，教师要担任学生学习的组织者和指导者，负责营造学习氛围，创设学习情境，组织和引导教学过程，当学生在完成任务的过程中遇到具体困难时，给予具体的帮助。在评价阶段，教师要担当学生学习的评价者，帮助学生对项目式教学的目标、过程和效果进行反思，评价学生的独立探究能力和小组合作精神。

（3）和谐包容的学习环境

学习的顺利展开离不开良好的学习环境。这种学习环境不仅包括运用网络、多媒体等新技术为学生提供的外部硬件环境，更重要还应包括学生学习过程中和谐、民主、安全的学习心理环境。尤其是当学生们面对陌生复杂问题时，是否敢于提出想象、假设，是否有质疑的勇气。

美国心理学家和教育家布鲁纳曾说过：学生的错误是有价值的。在项目式教学过程中，教师在面对学生的多种思维时，要智慧地留下空白，让学生充分展示思维过程，对错误中的“闪光点”，给予肯定和欣赏，有效“激活”其合理成分，促成学生学习的完成。在对项目内容进行评论和评估时，要尊重学生的成果，培养学生的自信心。

3. 项目式教学的步骤

项目式教学是以学生为主体，教师提出相应的学习任务后，由学生自主完成学习任务的分析、对任务中所涉及问题进行思考及对相关资源进行运用，并通过与同伴进行交流与合作，最终能够解决问题的一种教学方式。为了帮助学生在学习过程中实现真正意义上的自主建构，我们的项目式教学一般分为 7 个步骤，如表 6-1 所示。

表 6-1　项目式教学的一般实施步骤

步骤	教师	学生
项目介绍	明确项目式教学法	了解项目内容
文献检索自主学习	提供资源、设备、学习素材	查阅文献进行学习
分析讨论制定方案	引导学生分析讨论	优化整合设计方案
实施操作	指导学生实施项目	初次实施项目
展示成果	观察学生的项目成果	分享自己的项目成果
交流讨论	引导知识学习	学习新知识进行项目优化调整
成果汇报及评价	对学生作品做出评价	提取教师和同学建议并加以改进

4. 教学案例

酿制苹果醋

授课教师　北京三十五中化学教师王影

（1）项目课题设计

“酿制苹果醋”项目是以学生自制苹果醋为项目实施内容，在酿制苹果醋的过程中提出问题，查阅资料，做出假设，聚焦苹果醋中产生香味的物质。利用科学探究的一般方法，研究乙酸乙酯的生成过程。在问题解决的过程中，运用三重表征的认知策略，使知识结构化，形成认知模型，进而发展学生宏观辨识与微观探析、证据推理与模型认知等化学核心素养。

（2）具体实施过程

①项目介绍。

让学生了解酿造技术的重要意义，介绍各种酿制产品在日常生活中的用途，提高学生们对项目内容“酿制苹果醋”的兴趣。

②学习探讨。

在介绍完项目后，学生们自主学习和查阅文献，设计酿制苹果醋的步骤和方法。教师在这个过程中及时发现学生在设计过程中出现的问题，及时调整教学指导和学习的策略。

③酿制苹果醋。

学生分组进行实验，同时安排组员分工，设立小组长，使小组组员能有效合作，从而完成酿制苹果醋的过程。

④交流讨论，学习新知。

各组展示酿制出的苹果醋，发现问题，提出实验操作的改进和有机化学知识的疑问。在教师的指导下，学习有机化合物乙酸的性质，解释在酿制过程中出现的相关问题，并改进实施方案。

表 6-2 “酿制苹果醋”项目式教学设计

活动内容	活动意图
环节 1：聚焦研究问题 【介绍】 学生自制苹果醋的经历。 【聚焦问题】 学生在分析的基础上提出问题： 1. 苹果醋中产生香味的物质是什么？ 2. 这个过程中发生了什么反应？	肯定并赞扬学生主动发现问题、提出问题并尝试解决问题的意识和精神。 在自制苹果醋的过程中，发现问题并聚焦本节课的研究问题。
环节 2：形成认知模型 【做出假设】学生分析苹果醋制作过程中的物质，并提出假设： 1. 苹果含有产生香味的物质。 2. 苹果中的某些物质和乙酸反应生成了有香味的物质。 3. 乙酸和乙醇反应生成了有香味的物质。 …… 【实验研究】 通过实验研究乙酸和乙醇反应是否生成了有香味的物质，并进行分析。	引导学生应用科学探究的基本程序和方法：发现并提出问题，做出假设，确定研究的问题，实验探究，理论分析，最后得出结论。在此过程中形成认知模型，学习运用类比的方法解决问题。

续表

活动内容	活动意图
【演示实验】 教师：演示乙酸和乙醇反应的实验。 学生：观察并记录实验现象。 【布置任务】 根据乙酸、乙醇溶解性和分子结构的关系，推测其分子结构，写出可能的结构简式并说明理由。 【小组活动】 根据观察到的实验现象和资料卡片上的信息，书写乙酸乙酯可能的结构简式，并说明依据。 【讨论交流】 学生提出乙酸乙酯可能的结构简式，并说明依据。 【归纳概括】 酯化反应的概念。 【反思回顾】 回顾研究过程，建构认知模型，认识乙酸的分子结构对其主要性质的影响。 【实验分析】 学生结合酯化反应的实验过程记录，分析实验装置和实验操作等具体问题。	学习运用三重表征的策略分析宏观现象与微观结构之间的关系，并用符号进行表达。 在解决问题的过程中完善知识结构，学习研究方法。 发展宏观辨识与微观探析、证据推理与模型认知等化学核心素养。
环节3：完善知识结构 【自主分析】 从宏观、微观、符号的角度分析醋除水垢。 【布置任务】 回顾已有的知识和新生成的知识，全面描述乙酸。 【小组活动】 绘制全面描述乙酸的结构图。 【展示交流】 学生展示绘制的结构图，在比较的基础上，形成描述的角度和内容。	将解决问题过程中运用的旧知和形成的新知进行整合，形成结构化的知识体系，落实描述物质的方法。

续表

活动内容	活动意图
环节 4：解决新的问题 【布置任务】 苹果醋中含有一种有机酸——苹果酸（$HOOC—CH(OH)—CH_2—COOH$），设计方案研究其性质。 【小组活动】 设计并交流研究方案。 【展示交流】 展示方案，在交流的基础上，巩固认知模型和三重表征的策略。 【回顾总结】 这节课的主要知识结构和方法模型。	经历以上的学习过程，学生既完善了关于乙酸这种具体物质的知识结构，又具备了研究典型有机物的方法和能力，为了检测学习效果，设计一个应用评价的环节，让学生自主解决面对的新问题，在此过程中巩固学过的知识和方法。

⑤成果展示及评价。

各组绘制海报汇报苹果醋的酿制方法并解释说明其中的化学物质变化及反应过程，展示产品，相互交流品尝，评比出最佳项目成果奖。

（3）教学反思及评价

①提出具有挑战性的项目内容。

本项目课题是从学生自制苹果醋的过程中提出问题，让学生有足够的探究空间，通过类比的方式认识苹果醋中产生香味的物质。在实验探究和原理探究的过程中，自主生成新的问题。

②强化学生自主学习的过程。

在建构认知模型的过程中，为学生提供足够的时空资源，利用三重表征的认知策略，形成科学的研究方法，保证最大限度的自主性。

③建立结构化的知识体系。

在项目实施和讨论环节中，在解决实际问题和小组合作的过程中，深化对学科知识的认识，逐步建立并完善结构化的知识体系，发展学生宏观辨识与微观探析、证据推理与模型认知等化学核心素养。

④未来努力的方向。

将“项目式教学模式”应用在乙酸的教学中是一种尝试，由于水平有限，经验欠缺，对教学活动的组织驾驭能力有待提升。下一轮的教学可以考虑将乙醇和乙酸的内容进行整合，基于实际问题的、有主题的项目式教学更适合目前学生的发展目标，更有利于培养学生的化学核心素养。

在一个快速变化的社会，那种依靠在学校学到的知识就可以应付一切的时代已经一去不复返了。三十五中“往前眺望 30 年”，为学生终生发展奠基，这样的教育价值观决定了我们必须探索、追求“教是为了不教”的境界，必须狠下心来“留白”。“留白”把课堂还给学生，逐渐塑造了师生平等、民主、合作、共生的课堂文化，课堂成了师生学习的共同体，学生成了学习的主人，增长了发现知识、获取知识、选择知识和运用知识的智慧。这样的学生才具备终身学习的能力，才具备适应社会的能力。

[第七章]

基于课程创新的制度重建

随着学校课程改革的深入推进，单一、固化的教学生态系统，与不断丰富的课程种类和课程资源，以及多元化、个性化的学生发展需求之间的矛盾日益凸显。尤其是相对固定的行政班授课制，难以满足学生对课程的个性化需求，影响了课程实施的质量。

如何基于课程创新进行制度重建，支撑促进学生全面而有个性发展的课程体系有效运行？三十五中在建设可选择性课程体系的基础上，重构学校教育教学管理模式，以选课走班为核心，系统推进“五制”综合改革，尊重学生的主体性，改变了课程等教育资源的供给方式，促进了学生的个性发展和主动发展。“五制”改革，是我校推进“私人定制”个性化教育模式的重要举措，是学校育人模式系统的改革，也为普通高中探索新高考制度下的学校教育教学管理模式提供了借鉴。

一、课改深处是学校制度的重建

我们谈课程育人，不仅是课程的内容育人，而且课程的结构体系、实施方式、评价方式等都蕴含着重要的育人价值。对一所学校而言，如何把众多的资源落地，变成学生的课程，化为学生的所得？这就需要学校根据课改需求和育人需求，进行课程管理制度的重建。

（一）推行个性化教育，重构学校教育生态

从 2009 年起，三十五中将创新人才培养和素质教育成效作为学校教育教学改革的核心。研究中我们发现解决这两个问题有一个共同的突破点，那就是面向个体提供教育。社会学家高夫在研究人的个性与创造性之间关系的时候发现，个性化品质与个人的创造力呈正相关的关系。个性品质越强，创新性也就越强。（肖起清，2003）而素质教育与个性化教育在本质上是统一的，没有个性化教育就不可能有真正意义上的素质教育。

近些年来，北京市的招生政策导向强调公平与均衡，优质中学接收的生源日趋参差多态。三十五中高中部学生的学业基础和发展方向差异扩大，学校打破“划一性”教育的需求日益强烈。如何在班额没有明显减少的情况下，改变“只见森林不见树木”的局面，面向个体帮助每个学生找到适合自己的发展路径？三十五中明确提出要探索个性化教育模式，实行

“私人定制”的教育。

我们理解的个性化教育，就是将学生作为教育教学的核心，发现并尊重学生的个性特征和天赋潜能，尽可能提供多样化的学习资源和支持性的学习环境，允许学生自主选择课程，根据学生个性制定教育教学的方法策略，为每个学生提供合适的教育，让学生的个性、潜能得到充分、全面、和谐的发展。

学校推行个性化教育至少应该从五个方面着手：教育环境的开放性；教育资源的丰富性；教育内容（时间、手段等）的选择性；教育指导的针对性；教育对象（学生）的自主性。近些年，三十五中的教育教学改革与实践一直都围绕着这些方面开展，逐步重构学校的教育生态。

（二）课程配套制度重建，赋予学生选择权

推行个性化教育，尊重教育对象的自主性和增强教育内容的选择性是基础。没有自主就谈不上个性。近年来，我们倡导尊重学生的主体性，在社团活动、修习课程等多个方面赋予学生自主选择的权利，培养学生自主决策、自主发展的能力。同时，我们将课程建设和课程结构创新作为增强教育内容选择性的重中之重，学校的课程类型、内容与层次日趋丰富，可以给予学生选择的空间越来越大。

如何把学校的课程变为学生的课程，让每个学生都能享受“私人定制”的课程？我们发现传统的以固定班级为学习组织方式的教育教学管理模式限制了学生的选择，难以支撑促进学生全面而有个性发展的课程体系的有效运行，难以保障课改理念的贯彻落实。

显然，从满足学生多样化、个性化发展需求出发，要深入推进课程改革，不仅要关注课程开发与建设，还要关注配套制度重建，关注学生实际所得。课程改革的深处是制度重建。如何建立支撑课程运行的学校教育教学管理制度，让学生的选择权落到实处，引领学生自我发现、自我规划、自主发展，找到适合自己的发展路径，同时提升课程实施的质量，成为摆在我们面前的一个问题。

（三）“五制”改革的“出炉”与推进

三十五中对教育教学管理制度创新的思考，与2012年申报北京市自主排课与自主会考实验校密切相关。在这次申报过程中，我们对学校的课程建设、特色发展和考试评价等进行了重新规划思考。

如何支撑促进学生全面而有个性发展的课程体系的有效运行，推进个性化教育？以问题为导向，我们开展了文献研究、比较研究等。2012年学校参加中国联合国教科文组织全国委员会重点项目、中国教育学会“十二五”教育科研规划重点课题“基础教育国际化人才培养国际比较研究”。2013年、2014年，学校先后派出两批教育教学干部和骨干教师赴美实地考察学习，重点研究美国高中的课程建设、课堂教学、学校管理、学生指导等，并在回国后组织专题研讨会。

在此过程中，“五制”改革的思路逐渐清晰，它体现着学校育人和课程的价值取向及发展目标，从课程实施、教育指导和课程评价等层面保障教育的个性化。

2013年，三十五中入选北京市自主排课与自主会考实验校，为教育教学改革赢得了更大的空间。同年，我们拉开了“五制”改革的大幕。“五制”改革是一项系统性改革，所以推进过程中我们主要采取项目研究和行动研究的方式，以及分步实施、先行试点的推进策略。2013年9月，我们开始在国际部试点分层走班以及导师制、学长制。2014年7月召开“五制”改革专题研讨会，确定高中部“五制”改革的方案和时间表。同年9月在高中部启动学部制和导师制，11月在高一年级的部分学科试行分层走班。

选课走班对学生个性化发展的促进与成全令我们鼓舞。国际部2014届有个女生娇娇初中就酷爱写作，尝试写网络小说，理想是当一名战地记者，但是数、理、化学习方面非常弱。传统的“一刀切”模式下，她把大量时间与精力放在补自己怎么也学不明白的数学、物理上，没有时间写爱写的东西，过得很痛苦，甚至对未来失去信心。在国际部走班制下，她文科选择最高端的课程，花费大量时间学习语文、英语阅读写作等课程，理科仅选择最基础的课程。同时，学校基于她的优势特长给她搭建了许多发展的机会与平台，例如让她发表文章、创建微信公众号、参与学校新媒体中心工作等。高中毕业，她如愿以偿被美国伊凡斯维尔大学新闻专业录取，2018 年本科毕业又成功成为伦敦艺术大学圣马丁时装学院和伦敦时装大学的研究生，并且拿到《纽约时报》等多家单位的邀请，实现从“学渣”到“学霸”的逆袭。

2015 年 3 月高中部搬迁到新校区，学校全面实行走班制、导师制、学长制、学分制、学部制，高一年级全科参与走班制改革，推出课程方案及选课走班方案 1.0 版。2016 年 7 月，对学部制进行方向性调整，从纵向学部调整为横向的年级学部，完善导师制、学长制、学分制，进一步改革课程设置方案和选课走班流程，推出课程方案及选课走班方案 2.0 版。2016 年 12 月，学校开展以“现代学校制度建设，推进‘五制’改革”为主题的教育教学成果奖的申报，鼓励全体教职工对改革成果和问题进行总结与反思。2016 年 12 月 6 日，北京教育科学研究院在我校召开以“课程自主创新与制度重建”为主题的三十五中自主排课实验项目研讨会，进一步肯定了我校在课程建设、“五制”改革等方面的探索实践。

2017 年 7 月，我校在高中部、初中部和国际部全面落实推进“五制”改革，以深化学部制建设为“五制”改革的龙头抓手，突出学部主任负责制，管理重心直接下移到学部。根据北京市新高考方案，再次完善推出课程方案及选课走班方案 2.5 版。

二、“五制”综合改革的建构与实施

促进学生个性化发展，要为学生提供丰富多元的教育资源，并允许学生自主选择，走班制的推行势在必行。但是，选课走班不仅仅只是教学组织形式上的变化，同时会带来学生管理、教学、评价等一系列新问题，所以必须进行系统性变革。以走班制为核心，我们推进“五制”综合改革，重建学校教育教学生态系统。

“五制”即走班制、学部制、导师制、学长制和学分制。每种制度都有自己独特的价值与功能，而制度之间又形成了一个互为补充、密不可分的整体。其中，选课走班让学生对学习的选择权落到实处，导师为学生发展提供个性化指导，学长为学生发展提供可借鉴经验，同时促进学生社会化，学部为学生提供归属感，学分记录、鼓励着每个学生的独特成长。

“五制”作为一个整体，形成了学校关于教育教学管理的系统性设计。

其中，走班制和学部制是两个关键。以走班制为改革的核心，实行导师制、学分制，组成学校课程实施及支撑体系。以学部制为改革的支撑，辅以导师制、学分制，组成学校课程实施与评价、教师聘任与考核、学生管理与指导体系。“五制”相互配合，共同作用，才能确保选课走班的教学质量和育人成效。

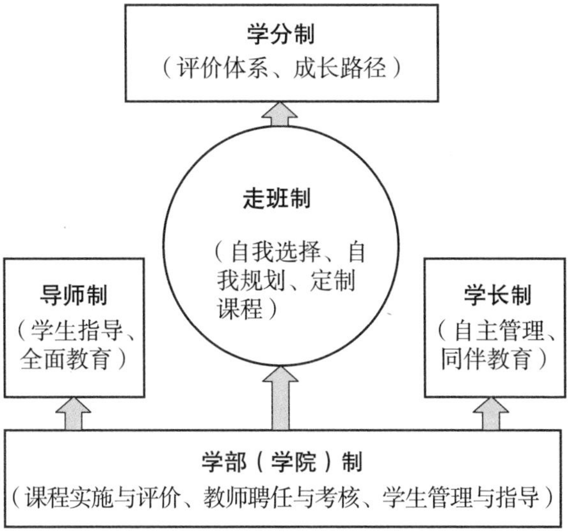

图 7-1　“五制”改革结构关系图

（一）一个学生一张课表——走班制

从多元立体的课程体系，到学生多样化、个性化的发展，需要赋予学生对课程的选择权，选课走班的推行成为必然。在走班制下，学生作为选择的主体，基于不同的兴趣、程度和目标自主选择课程，组成教学班，到不同教室上课。

但选课走班绝不是分层上课，而是基于学生的差异，包括兴趣、基础、潜能和目标的不同，允许个体的学习起点不同、到达终点不同、实现路径不同。选课的过程就是学生选择和预见自己未来的过程，是学生自我规划、自主选择、自主激励、自我实现的过程，有助于激发学生的内驱力，培养学生负责的品质。

选课走班，为学生个性化学习的有效落实奠定了外部基础，有助于挖掘和发挥学生的潜力、让所有学生各得其所地发展。选课，迫使学生认识自己，分析自己的优势和劣势，认真思考自己的未来。当我们把选择的权力真正交给了学生的时候，也教会了学生尊重、信任、负责、鼓励、欣赏，培养了学生的契约精神和规则意识。一个有理性精神、学会选择的学生，才有可能为未来的大学生活和职业生涯做好准备。

1. 选课，让个性化学习成为可能

学生在学科发展方面的基础、潜能和方向存在着显著差异。基于学生能力水平和学科知识特点，我们进行学科分层分类教学，面对不同层次的学生设定和选择具体教学内容、教学方式和评价方式，提升教与学的针对性。

经过三轮编订，目前学校各学科课程设置方案安排如下：高一（上），数学、物理、化学、语文、历史、地理、政治设置 A、B 层课程，英语设置 A、B 类课程；高一（下）和高二，数学、物理、化学设置 A+、A、B、C 层课程，其余学科分层分类课程方案不变；高一、高二两年，信息技术、通用技术、生涯教育各开设 4 个模块课程，艺术中心开设 7 个模块课程。

架构科学、内容多元、层次合理的志成课程体系，构成了可供学生选择的课程。在此基础上，我们实施选课走班，学生可以选门类、科目、课题、项目（喜欢什么、兴趣爱好、特长优势），选起点、选终点（难度、高度），选广泛涉及还是一门精通（课程数量、深度），选时间和顺序（先后、组合、考试时间），选课型、选教学（学习）方式（适合、选老师），选导师、选学院。通过选择，每个学生都能根据自身发展需要，自主选择适合自己的课程，形成独一无二的课表。

那么，学生如何才能科学合理地选课，选出学习的方向和动力，避免为考试为分数而选课的功利化导向？我们每年都会更新《学生选课指导手册》，全面介绍学校的课程结构、课程和学分设置、选课类型以及模块考核（学分的获得）等，并建议学生根据自己的学习兴趣、在某一领域的学习潜能、未来的发展方向、与家长的共识以及首席导师（班主任）、导师和任课教师的指导意见进行选课。也就是说，学生选课的关键点是了解学校的课程设置、要求和资源，认清自己的发展方向和学习需求。

高一（1）班学生小 A，他的课表是数学 B 班、语文 A 班、外语 A 班、物理 B 班、化学 B 班、政治 A 班、历史 A 班、地理 A 班。其中语文是从 B 班升到 A 班，历史是从 B 班调到了 A 班，地理也是从 B 班调到了

A 班。这样的调整是他自己的意愿，因为能够与未来选科匹配。小 B 是高一科技班的学生，实行必修课分层选课以后，大多数学科仍在程度较高的班，但也有部分学科他自己选择了程度较低的班，以求集中力量突出优势。学生小 C 的英语基础不太好，没有学习兴趣，没有实行选课走班时，老师有时讲得快他就听不懂，而分类分层以后，他根据自己的薄弱点选择了以词汇和小说阅读为主的英语教学班课程，教学班同学都是与自己学习需求差不多的学生，教师课上针对训练多，他的英语技能提升快。这样，他有获得感了，也有兴趣了。

高二的一位物理老师同时教相对薄弱的 B 班和较好的 A 班，还兼任首席导师。他说，选课走班制实施以后备课目标性更强了，针对性更强了。对于他所任教的 B 班，他会更注重基础和规范的养成，学生比较喜欢这样的课堂。不过班级管理比过去的行政班管理要思考的问题变多了，比如作业怎么交的问题，由于学生分布在 6 个不同的教学班，他会任命 6 个学科小组长，等等。另一位语文老师认为，分层走班的教学关注个体更多一些，这对学生的自我认知、自我管理与规划能力的发展都有帮助。如果说行政班的班级授课制教学是补短的教学，那么分层走班制的教学就是扬长的教学。

毕业生谈选课走班的收获

个性化可选择的课程让我找到了动力和方向。高一第二学期，我们来到新校舍，平生第一次面对走班上课。化学我开始选择了隋明明老师的基础 B 班，老师的教法非常适合我，激起了我对化学学习的兴趣，让我变得主动、自信。此后，在隋老师的鼓励指导下，我又选择了化学 A+班，我发现自己爱上了化学，从此一发不可收拾！直到我进入学校的高端化学实验室研究课题，进入“翱翔计划”，获得全国青少年科技创新大赛一等奖，我坚定地选择了以化学研究为自己的职业方向，凭借自主招生有幸进入北京大学化学与分子工程学院……可以说，因为选择化学课程让我发现了一个新的自己，是我人生梦想开始的起点。我们毕业后建立了 U18 学长联盟，我会把我的选课经验和成长经历告诉我的学弟学妹。（2017 届毕业生赵松睿）

每个人的优势和想法都不一样，选课走班给我提供了更多思考和选择的空间。当然，有了选择，就有了要承担的责任。开始很不适应，学习缺少压力，自己松懈，时间一下就过去了。一个学期后重新调整选课的层级，对数、理、化加大了难度，数学选择有挑战性的 A+，其他科目给自己减压，不再盲从地选 A 或 A+的课。我还学会了规划学业，例如英语课要练什么技能每个学期都有计划，自习课时间也悄悄地利用起来，还要挤出时间进实验室研究感兴趣的科技课题……学校生活虽然没有了整齐划一的集体行动，看似个性自由，但其实每个人的步伐都是向自己的目标坚实前进。这段经历练就了我的自主学习能力，让我进入北京大学后适应良好。另一个感觉就是不厌学，我和我的同学从来没有要高考后撕书的欲望。选课走班带给我最大的变化就是让我学会自主管理、规划自己，不仅为分数而学习，对学习读书总是保有最大的热情，因为我知道做这件事的意义所在！在不同的教学班上课，我的朋友圈扩大了，这让我积累了好多的经验，很多的人生的“第一次”体验，都发生在我不同的同学圈子里。这让我在大学多了一份从容和成熟！（2017 届毕业生王鹿鸣）

2. 选课走班方案的设计与突破

排课是选课走班面临的一大难题，可以说给学生的选择权越大，排课的难度也越大。三十五中选课走班方案历经三次改进，最大限度地把选择权交给学生，用自我规划指导自主选择，用自主选择驱动自主发展，体现选择给学生的真正意义和价值。

1.0 版是在有限的教师和教室资源下，按照各学科的分层分类方案和学生的实际情况设计出多样化的课程搭配，以供学生选择。创新点是我们设计出四套课表，课表 1 适用于偏文科类学生，课表 4 适用于理科类有 A+课程的学生，无特殊要求的学生则可以在 4 个课表中的任何一个课表中选课。采用先到先得方法选课。

1.5 版的突破点是实现学生对教师的选择以及实现师徒听课。创新点是四套课表中的教师搭配提前展示给学生，学生选课第一步是通过选择某个课程而进入某个课表，满足学生对最喜爱老师的选择。

2.0 版的突破点是最大限度地扩大了学生的选择权。创新点在于不再采用先到先得方式，而是先选课再排课，选课时把我们开设的所有课程全部展示给学生，学生按照意愿填报学科和教师志愿，再进行排课，最大限度地满足所有学生的志愿，扩大学生对课程的选择权。同时，突破了走班上课后带来的学生管理难题，实现了实时记录走班上课的学生的考勤，并做到及时通知首席导师和学部主任。

2.5 版最大的特点是在北京市 2017 年秋季学期进入高考综合改革实施阶段的背景下，通过排选课实现了对学生所选科目和课时的差异化处理。学校通过增加“选考体验课程”，为学生“六选三”提供尝试和体验的机会，并且在排课过程中确保 100%满足学生对选考科目的需求。

在这个过程中，我们形成了一套选课走班方案的设计研制程序——

第一步，资料收集：收集学生需求、各学科分层分类教学方案，拟定课程数目。

第二步，课程安排：统筹各学科的课时、教师、教室信息，同时兼顾学科教研时间及学校统一活动时间，进行课程安排。

第三步，制定方案：根据实际情况，制定合理的选课方案。通过不断实践和总结，我们最终形成了 2.5 版选课方案，能够最大限度地满足所有学生的需求。

第四步，学生选课：制定出合理的选课规则和便捷的选课流程，组织所有学生在规定时间内进行选课。选课后依据数据进行科学的排课，最大限度地满足所有学生的选择，形成个性化的学生课表。

第五步，课程调整：制定合理的调课原则和规范的调课程序，让学生在开学后两周内可以进行课程调整。

第六步，课程管理：按照各学科的特点和要求，每个课程都对每位学生进行过程性评价，建立与选课走班相适应配套的教学常规管理机制，确保走班上课不流于形式，让学生学有所得，保证学习质量。

3. 信息技术助力选课走班管理

走班上课后，学生一人一张课表，不同的课一起学习的同学是不一样的，每个课间学生都是在去下一节课教室的路上。教师所教的学生来自不同行政班，上课时学生的座位如何排，学习小组如何分，如何记学生的考勤，如何收作业，如何对学生的学习做出比较全面的评价？一个行政班学生的每节课分布在不同的教学班，如何了解班内学生各科的学习情况？每个学生的课表都不一样，课间有事找某个学生，怎样知道学生在哪个教室上哪个老师的课？……这些都是实施走班制在管理上带来的问题。所以在走班制下，我们需要调整教学管理模式。

针对考勤问题，我校利用信息技术手段，实行学生刷卡上课，实时考勤；精心进行流程设计，利用软件将学生上课考勤情况实时通知首席导师，便于首席导师对学生的管理。

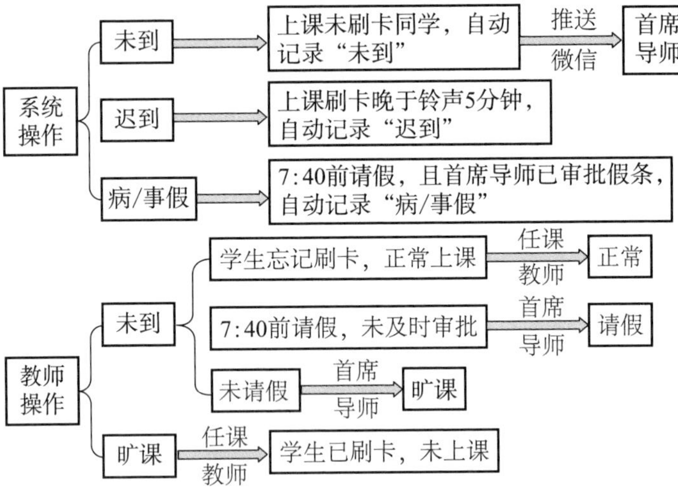

图 7–2　考勤管理流程图

我们还开发了排选课管理系统，设计多种查询功能，主要包括教师个人课表查询、学生个人课表查询、教室课表查询、教研组课表查询。每位教师和学生都可以在网上查询到上课的详细信息，包括授课时间、地点、教师、层次，满足了不同需求的教师和学生对课表的各种查询需求。系统强大方便的查询功能，极大提高了效率，方便了教师学生，消除了改革带来的不适和恐惧感。

如何走班而不乱班，走班而不牺牲质量，教学班和行政班并存如何管理，教学监控和教学质量如何保障？我们认为，建立选课走班的形式不是目的，一人一张课表也不仅仅是一个标志，而是要让它真正地发挥育人作用。学校在教学班与行政班并行管理、课堂教学模式改革、课堂教学过程评价等方面一并开展探索实践，初步形成与选课走班相匹配的一系列工作机制。

（二）让资源更直接服务学生——学部制

学校传统的管理体系是多层级式的，权力、责任、资源过于集中，效率低，不利于调动人的积极性，不适应推进课程改革和实施选课走班的需求。同时，选课走班导致行政班的作用逐渐隐形弱化，学生群体呈现出流动性和松散性，班级活动大幅减少，学生的归属感降低。但是个体发展离不开集体的作用，尤其高中学生需要在集体生活和人际交往中养成价值观、实现社会化。

基于此，我们提出学部制改革的思路，让管理重心下移，更直接、快捷地满足学生需求，解决改革问题，同时为学生提供集体活动的平台，增强学生的归属感。

1. 管理权限下移，及时破解改革难题

2014 年 9 月，我们正式推行学部制改革，根据学生发展方向纵向成立科技学部、艺术学部、六年一贯制学部和志成学部等，力求为不同发展方向的学生提供独特的课程资源和文化熏陶。推进过程中，我们发现纵向学部与当前通行的年级管理存在无法调和的矛盾，遂调整学部制改革的方向，实行横向的年级学部和纵向的学院制（少年科学院、文学院、艺术学院）相结合的管理方式。

学部是学校管理体系里的一个重要的行政管理单元，也是教育教学的一个相对独立的实体。学部实行学部主任负责制，学部主任为学校正主任级的中层干部，是整个学部教育教学的第一责任人，全面负责学部内教育教学管理、教师学生团队建设以及学部文化、学部生态的打造。

学部是实施导师制和学长制的平台，对应管理备研组和教学班，负责导师（教师）的考核聘任，对教师有考核、评价、奖惩和聘用的权利；负责学生的成长记录综合素质评价，也是让学生找到归属感的地方。学部内可以实行聘任制、项目负责制，聘任教师做兼职助理或项目负责人。

以高中部为例，目前有高一、高二、高三和六年一贯制四个学部。每个学部都与职能中心合作或独立负责特色课程建设、特色活动开展。例如主题考察、小学段、家长开放日以及个性化教育活动，由各个职能中心整合资源开发并提供课程，学部负责落地、实施。

学部管理是三十五中学校管理结构体系中的基础重心，以学部制建立为切入点，学校整体实施学校管理体系的改革，重新设置职能中心，以直接服务学部为重点，以课程研发为主要职能，从而解决了学校课程改革一直与学校管理制度改革脱节的难题。学部制的建立，是“五制”综合改革的基础支撑。

2. 配套的管理体系变革

在建设现代学校的大背景下，适应“五制”综合改革的需要，我们重新分配责任、权力和资源，重新构建管理体系和管理制度，向实行全校扁平化分布式管理和学部负责制过渡。学校设置以下职能部门，各职能部门之间有分工，但强调互助与合作。

课程教学中心：对应教研组，可以聘兼职人员组成团队。负责指导教研组制定学科的课程规划、课程纲要和实施方案，完成学校课程的顶层设计，解决课程建设中的共性问题，包括课程形态、授课方式和评价方式、学业成绩评定，设定每个学段的课时和学分，制定选课流程并排定课表，指导学生选课，等等。同时，负责对各学部课程实施、教学质量进行指导、监控和评价。

学生发展中心：负责学生在校规则的制定，主要关注并解决共性问题和方向性问题，并就学生管理对各学部进行指导和评价；负责全校性主题教育活动的设计、组织与管理，例如开学典礼、艺术节、体育节、全体家长会，负责学生项目活动的审批（项目申报制）；负责学生社团的建设和指导；建立体现过程性、动态性、诊断性、发展性、指导性的学生评价体系，设计并指导学生使用综合评价记录单。

教师发展中心：通过教师培训推进各个项目的实施，同时作为学校的“智囊团”，以科研为先导，以问题切入，解决“五制”综合改革中遇到的问题、瓶颈和困惑。并将研究成果以培训方式加以推广。其职责主要不在直接实施，而在于拿出解决方案。

五大课程资源和育人中心（科技教育中心、艺术教育中心、体育中心、鲁迅书院、生涯教育中心）：这是五个课程资源挖掘整合、课程设计研发实施的研究中心，直接负责学术引领，完成课程开发与实施的工作，开发层次丰富的课程，设计多种多样的活动，供全校学生选择。

信息中心：为“五制”改革提供全面的信息化支持和技术保障。服务于其他部门，与其他部门紧密合作，提出建议和解决问题的办法，满足课程实施的需求，满足教师学生的需要。创建三十五中“云”管理与服务系统，全面依托信息化和网络技术，建立新的教学管理方式、评价方式和学生管理方式。

服务运营中心（原总务处）：直接和间接为学部、学生、教师提供服务支持。

3. 三大学院，让志同道合者砥砺前行

与横向的学部制管理相配合，我们会陆续成立纵向的三大学院——少年科学院、文学院和艺术学院。这三个学院是在科技教育中心、艺术教育中心和鲁迅书院指导和监管之下的学生团体，完全由学生自主管理，发挥学生的自主性，为学生的自主发展搭建更新更高的平台。

在这些方面有兴趣、有潜力、有志向的学生，可以选择进入相应的学院，学习不同层次的学院课程，在教师的指导下自己或与人合作研究感兴趣的课题或项目，充分发展自己的兴趣爱好和优势特长。在这个团队里，学生们能找到自己志同道合的伙伴，大家一起切磋交流，砥砺前行。

（三）学生成长的引路人——导师制

走班制实施后，学生在校的大多数时间将会在教学班度过，游离于行政班班主任的视线之外。面对近 40 名学生，行政班班主任难以及时了解学生的动态，而且一个班主任本来也难以照顾到学生个体多元化、个性化的成长需求。而面对眼前的选课走班和即将到来的升学择业，习惯了“划一性”教育的学生难免有点彷徨不安，更需要有针对性的指导和引导。

为了关照到每个学生的成长状态和发展需求，促进学生的自主发展和个性发展，我们实行导师制，要求每位教师都承担起教书育人的职责，担当学生的学业指导师、心理疏导师、生涯规划师。

1. 重新定位教师角色，回归教书育人天职

随着新课改的深入推进，教师角色的转变已经成为必然。教师不只是知识的传授者，还要成为学生学习的促进者、课程的建设者与开发者以及学生成长的引路人。正如习近平主席 2016 年教师节前夕在北京市八一学校考察时的讲话中提出，广大教师要做学生锤炼品格的引路人，做学生学习知识的引路人，做学生创新思维的引路人，做学生奉献祖国的引路人。(刘奕湛 等，2016)

我校推行导师制，强调的就是教师的“引路人”角色。《教育大辞典》对导师制有这样的定义：“由导师对学生的学习、品德及生活等方面进行个别指导的一种教学制度。”（教育大辞典编纂委员会，1999）通过导师制改革，我们重新定义教师角色和师生关系，教师从警察、看守、门岗的角色中退出来，不再是把学生管住、班级管稳，而要善于感受和体会学生的心理与需求，给予学生成长个性化的指导。基于当前中学生学习生活中的重要主题，我们提出了导师要承担的三重角色。

（1）生涯规划师——引导学生的未来规划

高中阶段是学生进行生涯探索的关键阶段，导师要对学生进行生涯规划能力的培育，包括对人生目标的确立、人生责任的承担、人际关系的处理、生命价值的实现等一系列问题的理解和体验。引导学生树立正确的世界观、人生观、价值观的同时，导师还要帮助学生适应高中生活，明确生活目标，提高学生生活适应能力，引导学生自主解决和规划生活中的各类问题。

（2）学业指导师——指导学生的学业发展

导师要帮助学生了解自己的学业基础、兴趣及潜能，指导学生根据自身的水平和目标科学选课（科），规划学业发展目标，制订学习计划。导师要了解学生的学习状态及困惑，引导学生掌握科学的学习方法，注重学生综合能力的培养，鼓励学生找到自己的优势特长并加以发展。此外，鼓励学生参加社会实践活动和进行科学研究，培养学生观察、分析、解决问题等的综合能力。

（3）心理疏导师——发展学生的积极心态

高中学生的心理、生理都处于向成人过渡的关键时期，在这一时期他们的心理成长面临着众多矛盾和困惑。导师要关注学生的心理健康和心灵发展，加强对学生的心理疏导，提升学生的心理品质，增强学生在学习、生活上的适应能力，发展学生的积极心态，及时帮助学生疏解和克服消极的心理情绪，激发他们自尊自强、向上发展的愿望。

我们强调导师应该是一位促进者，在平等互动中构建对话的师生关系，唤醒学生成长的主动性和能动性，促使学生依靠自己的力量探索和解决人生问题。例如在学生遇到问题时，我们希望导师不是直接告诉学生如何解决问题，而是提供解决问题的有关线索或思路，锻炼学生自主解决问题的能力，引导学生主动发展。同时，导师要尊重学生的个性，平等对待每一个学生，针对学生的个性特点进行交流、指导，关注学生思想、学习、心理和生活等各方面的需求，促进每一个学生全面、健康、和谐发展。

2. 导师制管理模式建构与实施

我们确立了导师的基本职责后，逐渐建立起导师常规工作制度、导师选聘制度、导师培训制度、导师评价制度、导师激励和奖惩制度，从而形成导师制管理模式。

学校设立导师岗位津贴。导师由教师发展中心负责培训，由学生发展中心负责指导，制定导师工作职责和管理办法，具体由学部负责聘任、管理与评价、考核。原则上每位教师都有承担导师工作的义务和责任，同时设立首席导师（即原来的班主任），负责团队的引领。学生可以选择自己信任的教师做导师，导师也有权利选择学生。每个学生都要有至少一位导师，每位导师负责的学生数一般不超过 10 人。

为了实现“育人有痕”，我们开发导师线上工作平台，建立学生基本情况信息档案和师生交流档案、家校沟通档案等导师常规工作界面，实现了导师和学生的线上双选，师生沟通方式也变得多元。为了跟踪和评价导师制的运行情况，我们构建了线上平台的监督系统，从常规管理、民主评议、自我提高三个维度对导师工作进行评价。常规管理部分包括本年度的工作计划、期中总结、期末总结、每次导师活动设计等几个模块。民主评议部分，本着学生为主体的理念，学生评议占主要部分，通过线上完成调查问卷的形式由学生评价自己的导师。自我提高部分，包括导师工作的阶段性反思、经典案例的分享等。

通过制度的建构与实行、线上平台的创设与使用、四维的量化评价体系，形成闭合的导师管理模式。

3. 导师工作案例

在探寻中学做导师

——以 2017 届文科导师为例

李佳（高三学部文科首席导师）

（一）导师配置与辅导特点

1. 导师配置情况介绍

高二开学初，由于导师对学生情况并不了解，因此由学部主任分配导师；高三开学初，则根据学生的意愿和学情做出选择和配置，文科 A 班 B 班分别安排不同的学术导师，各由一名首席导师进行总协调。

2. 导师辅导特点

所导学生为所教学生；共性要求与学生个性指导相结合；设计并开展融汇文科特色的教育实践活动等。

（二）导师们的实践探寻

1. 学业规划与总结（共性）

学业规划与总结主要分为以下四个时间段：

开学后一周：主要进行假期分享和人文素养积累分享；

开学后一月：主要进行一月学习小结、困惑分享与目标确定等；

期中后一周：主要进行期中阶段总结，研究改进办法等；

期末前一月：主要进行期末阶段小结、本阶段困惑分享、期末目标确定等。

本过程中的学生需要完成的任务是完成阶段学业规划与总结，导师需要完成的任务是观察学生的学习状态、对导师与学生谈话予以记录、对学生学情进行分析和对问题的初步诊断。此外，本过程中还应进行师生分享、互动：确定学业问题原因，例如，学习动机、学习效率、基础落实、科目平衡、自我评价、情绪调节等；探讨学业共性困惑，例如，过度紧张、学科掌握评价、学习疲惫等。

2. 文科素养提升（共性）

文科生人文素养的形成需要通过时间的积累、活动的体验以及导师富有针对性的指导。

根据不同阶段学生的需求确定活动主题和内容：社会热点问题分享，提升学生对社会生活的关注与理性分析；假期阅读分享，重视培养文科学生的阅读素养和阅读习惯；假期行走分享，体现文科素养的知行合一；未来生活感知，邀请学长回到高中为学弟学妹讲述未来生活，并走进大学校园，感受大学生活元素，明确发展目标；学习策略辅导，针对学生在不同时期出现的学习困惑，进行以心理学为基础的学习策略辅导，为学业指导提供理论工具。

在文科素养提升方面，我们还设计并开展了一些适合文科学生发展的特色教育实践活动。

“博物馆之行分享”——学生以小组合作形式在假期时参观不同主题的博物馆，开学后进行博物馆主题分享，并以跨学科综合形式邀请导师们参加。

“志成文人陕西历史文化之旅”——2016 年暑假期间，文科导师团队合作组织实施“志成文人陕西历史文化之旅”。本次游学定位是基于人文学科知识运用和人文素养提升的文科综合社会实践活动。各位导师以学术导师身份策划并指导游学全过程，从选题、开题到游学中的研究，再到最后结题都由导师带领小组学生完成。在线路选择与规划阶段，导师组合作选择符合文科生的学习需求与发展特点的路线，与生涯教育中心合作进行多点位的取舍与整合。导师组对游学线路进行学科资源的初步挖掘与探究。在线路体验与设计阶段，多学科导师共同对游学资源进行学科背景准备，撰写文科综合社会实践手册，并与当地相关负责人就学习需求进行商榷。在游学课题指导方面，学生自愿结组、自主选题，并选择相应的指导教师，指导教师分组分学科对学生进行学术指导，以及后期游学成果分享。

3.“一对一”的个性指导

首先，导师可以通过所教学科学生的学业情况“以小见大”，从单学科学习，发现全科学习策略问题。其次，导师可以利用阶段性评价了解学生的学习状态，师生共同研究改进方案。再次，与学生所在班级的首席导师保持积极互动，定期召开导师团联席会议，就学生突出的问题进行沟通分析，导师可以从首席导师处了解学生家庭状况和性格特点，从而对学生进行更有针对性的学情分析，并提供有效指导。最后，与学生家长保持一定互动，例如借助微信、电话、面谈以及小型师生家长座谈会等方式进行家校联合辅导；随时保持倾听的心态，学生有时出现学习和生活上的困惑甚至是负面情绪时，经常会找到导师寻求帮助，或许导师有时不能现场提供非常具有针对性的帮助和建议，但是保持倾听的心态，帮助学生整理他们凌乱的思绪，及时帮助他们疏解和克服消极的心理情绪，阳光的种子就会在学生心里慢慢生长。

（四）传承、带动和超越——学长制

学生是学校的主人，担负着学校文化传承与创新的责任。从原来的行政班授课到现在的选课走班，学生面临前所未遇的问题，更需要榜样的力量和前辈的经验。而同伴是最好的教育资源，具有示范、引导、参照等作用。

我们实行学长制，让学生影响学生、带动学生、启发学生、教育学生，同时培养学生的责任意识、奉献精神、领导力、交流沟通能力，让学生有更多机会交到志趣相投的朋友。

1. 学长制的建构与实施

我们一直认为，学生是最鲜活的教育资源，应当创设机会让学生在校园内外发挥他们的优势、特长和价值。我们的学长制，不是依靠学长管学弟，而是发挥学生之间的示范、引导、参照的作用，由高年级优秀学生担任学长辅导员，选择学生感兴趣的主题，通过学长进班、学长回家、学长报告等多种多样的形式，由学长以自身成长经验指导学弟学妹，帮助他们适应高中生活，定位发展道路。

在“五制”改革的思路提出后，学长制率先快速在学校生根发芽。从新生入学指导，到学习经验分享，再到学生活动组织……学长辅导员提供“服务”的范围越来越广，在学生活动、学生引领中发挥了重要的作用。学长从生活、学习、活动、课题选择、个人成长与选择等方面对低年级的学生进行指导，就低年级学生可能遇到的问题与困惑分享自己的感悟，实现良性交流和互动。

学长制是一项“双赢”的举措。担任学长辅导员的学生，可以从中学习如何调动运用自己的智慧力量，指导、帮助他人，影响、带动他人，从中获得助人奉献的快乐，锻炼自己的沟通能力和领导力等。发挥示范作用的同时，学长可以反省自身，更好地修正自己。这些是无法通过书本学习获得的经验，可以促进学生的社会化。高中生正是处于受同伴群体影响最大的年龄，相较于父母和教师的谆谆教诲，同伴的鲜活经历对他们有着更强的吸引力和影响力。高年级学生更了解低年级学生的学习生活以及需求困惑，而低年级学生也更愿意和高年级学生交流自己的真实感受。在与优秀学长交流的过程中，低年级学生找到了具体、可感、可信的学习榜样。

经过数年积累，三十五中已经形成了学长制实施与管理的具体规则，包括学长的选拔、学长培训内容、自愿申请制度、学分奖励制度等。我校学长制是“自主管理，主动发展；自主选择，个性发展；自主体验，自我超越”教育理念的体现，学长活动由学生团体（团委、学生会、社团联合会、学部学生会）自主发起，由学校加以引导和监督。学长可以由学生志愿申请和学部选择聘任产生。担任学长辅导员的高年级学生经过资格考查后，必须参加由学部和职能中心联合组织的培训学习，主要内容包括校史和校情、学生管理制度阐释、高中生涯设计、心理健康咨询、校园学习生活指导、优秀学长辅导员代表管理经验交流、高中生人际交往艺术等，以便更好地“履职”。担任学长辅导员可以作为一门荣誉课程，履行学长职责可以获得学分及证书。

在“五制”改革中，学长制与导师制互为补充、共同作用，构成了更具针对性的学生指导体系。实践证明，学长的榜样示范作用在无形中助推着学校的教育教学改革。

2. 学长制活动案例

2016 年 5 月，初二六年一贯制课改项目班小学段到云南进行科考实践，高二年级的四位学兄学姐担任指导学长，他们都学习成绩优异、自主能力强、有耐心。在科考过程中，他们帮助老师进行学生管理，检查学生作业，在穿越雨林时清理障碍、帮助通过，指导学生完成课题……

初二学生梁爽表示："云南科考过程中学长给了我们很大帮助：第一方面就是体现在论文的撰写上，他们有写论文的经验，也经受过专业的指导，能够结合对我们能力的了解给每个小组实质性的意见；第二方面体现在实地考察上，学长也曾进行过考察性的小学段游学，能分享他们的经验，督促我们完成课题等；第三方面体现在生活方面，一些导师处理不过来的事情或者许多小事都由学长负责处理，他们也能起到示范作用。我认为学长与老师最大的不同，是他们让我们这些低年级的同学更容易接受很多知识，为我们注入活力。因为学长作为同龄人，我们乐意与之沟通；作为前辈，我们很信任他们提出的意见建议。"

帮助学弟学妹的过程中，学长们自身也有很多感触与提升。学长罗为表示："在帮助学弟学妹的过程中，会遇到这样那样的问题，找到方法解决这些问题不光能给低年级同学帮助，更能让自己成长。毕竟当学弟学妹都指望着你的时候，你就必须得想尽办法解决问题了。"学长罗天怡表示："高二时带领初中学弟学妹们去云南游学的经历让我感受到了学部精神的传承。我们将自己在六年一贯制课改项目班的体验、经历与收获分享给学弟学妹们，使他们更了解学校生活。这与众不同的游学经历是一个让双方共同成长与收获的过程。在大学的一门课中，教授讲到'leader as mentor（作为导师的领导者）'时引用了这句话'Before you are a leader, success is all about growing yourself. When you become a leader, success is all about growing others. —Jack Welch'（在成为领导者以前，成功只是自我提升；当你成为一名领导者，成功就是提升他人。——杰克·韦尔奇）。平时在学校，我们都是在学习、在参与组织活动中提升自己。而在做学长的过程中，我们不仅能提升自己的领导力与表达能力，还可以帮到其他人，对周边的人起到积极的作用。"

（五）保全面发展促个性发展——学分制

评价在教育活动中起着重要的导向作用。选课走班后，原有的课程评价体系无法满足变化的情况，需要建立开放、个性化的评价体系。三十五中探索学分制管理，以学分记录学生成长的轨迹、导引学生发展的方向，并注重过程性评价和综合性评价，使评价过程成为帮助学生认识自我、发现和发展潜能的过程，保障学生实现全面发展，鼓励学生追求个性发展。

1. 以学分记录学习进程

学分制作为一种有别于学年制的教学管理制度，起源于德国选修制，初衷是为了顺应学生兴趣，追求个性自由发展。学分制 19 世纪末在美国得以确立和发展，此后世界上许多国家的高校相继推行学分制，1918 年北京大学确立选课制意味着学分制被引入中国。但受种种条件限制，目前中国高校推行的学分制仍被认为不是真正的学分制。

关于学分制的定义，我们比较认同厦门大学潘懋元教授的观点："学分制是一种以选修课为前提，以学习量为计算单位的，有弹性的教学计划。"（潘懋元，2010）

我校推行学分制的目的是对选课走班下的课程进行科学的管理与评价，对学生进行多元化、过程化的评价，同时引导学生在全面发展的基础上追求个性化发展。当然，我们也希望能在政策允许、条件具备的情况下，让学分制发挥更多功能。

目前，我校学分制实行模块式和节点化的管理，对必修课程、选修课程以及德育课程等给予学分，给每一个学生建立学分账户，对学生课程的学习进行记录、评价和管理，学生可以通过学校信息管理平台即时查看自己的学分积累。给不同领域的学分赋予不同的"颜色"，每个学生的学业进阶路径的差异可以由学分的多少和"颜色"不同来体现。

学分还是学生获得学校颁发"1+5 证"（高中毕业证书+科技创新证书+体育技能证书+才艺证书+诚信证书+志愿者经历证书）的重要依据，只有修满各类共同基础课程学分的最低值，才能获得高中毕业证书；而要获得其他证书，就需要达到更高的学分值才可以。在学分制的基础上，我们进一步实行 GPA 绩点评价，使对学生学业质量的评价更为客观全面。

2. 探索德育学分的赋予

我们希望通过学分管理，引导学生在德、智、体、美等方面得到全面发展。所以，三十五中的学分不局限于课程成绩，同时探索日常表现和综合实践活动的学分化管理。

学校德育课程学分包括两部分：一部分为德育常规课程学分，即通过对每个在校学生的日常行为规范进行量化考核，培养学生的规则意识、契约精神和责任心；另一部分为德育活动课程学分，即对参加德育活动的学生予以一定的学分奖励，鼓励学生积极参与集体活动和社会活动，培养学生的协作与交往能力，并为学生的个性化发展提供平台。

每名学生每学期的德育常规课程学分基础分从诚、真、勇、毅、勤、美、严、实八个维度赋予 100 分，违反规定后，按人次和项目扣除相应分数，在某一方面表现突出，按人次和项目奖励相应分数。学期德育学分凡低于 80 分者，不能参与该学期任何评优；凡低于 70 分者，年级组主任将发放黄牌警示通知单，并约谈家长；凡低于 60 分者，该学期德育评价为“不合格”。每名学生高中阶段在校期间（6 个学期）的德育常规课程最终学期平均分不得低于 70 学分，否则将直接影响毕业证的获得。

德育学分制，是我校落实全员德育、全程德育、全方位德育的途径与策略。任课教师、导师或其他相关教师可根据学生的实际行为表现，及时填写《德育常规课程管理加减分通知单》，并交给该生的首席导师。经首席导师核准后登录指定平台，在线变更学生的德育常规课程学分。对于在德育常规课程中表现突出的学生，首席导师有 5—10 分的加分权限。所有德育常规课程学分将在网络平台推送，每位学生可登录学校个人空间查询自己的德育常规课程学分情况。

学生德育活动课程以创新多样的活动形式，丰富学生的课余生活，提升学生的综合素质，学校按照一定的规程对参与学生赋予一定的学分。依据校训“诚、真、勇、毅、勤、美、严、实”，学生德育活动课程分为八个主题、三个层级，共有 30 多门，分为必选、分类必选和自选三个类别。

表 7-1　三十五中德育活动课程一览表

课程领域	课程名称	课程简介	课程类型
诚	行为规范	日常行为表现、自习表现、食堂规范、图书借阅、体育器材借用等项目。	必选
	月度人物	对年级、社团、学生会等推荐在某方面表现特别突出的学生进行全校表扬。	自选
	学长活动	参加学长培训合格后，可以对低年级同学进行校园生活和学业上的指导。	自选
	诚实有信	经过申报、考核，获得诚信证书。	自选

续表

课程领域	课程名称	课程简介	课程类型
真	研究性学习	利用小学段、寒暑假游学、中科院课程等，选择课题和开展研究。	分类必选
	中学生业余党校	校级党校毕业后经选拔进入区级、市级党校学习，全部结业者有机会被组织推荐为预备党员候选人。	自选
	团组织活动	团组织活动、五四表彰系列活动。	自选
勇	自主申报课程	自主设计申报更适合于自己的个别化课程。	自选
	提案建议	在学生代表大会、共青团员代表大会或社团代表大会上提出提案或建议，（网上或现场）鼓励学生发现问题、解决问题。	自选
	高三成人礼	高三年级为18岁学生举办的仪式课程，学生经过有创意的主题活动内化成长、感恩、责任。	必选
毅	高三入境	由学生提出创意、征求意见，学生组织执行。	必选
	策划创意	为学生贸易节、体育节、校园感恩日、社团嘉年华、爱师节、爱生节、微电影节、音乐节、书画节等提供创意，进行策划；或参与开学典礼、运动会、家长会、联欢会、表彰会等的策划创意。	自选
勤	社会实践	休息日、寒暑假，在校外进行。通过实践活动了解社会，锻炼能力。	自选
	志愿者服务	在各种校内外活动中申报担任志愿者，由组织者审批后参加活动，增强责任意识。经申报、审核、批准后获得志愿者经历证书。	分类必选
美	社团课程	学生可参加学校5大领域、近百个社团的活动。	分类必选
	校内职业体验	在校内开办创意礼品、咖啡吧、广告公司等学生公司。	自选
	美的发现	积极参加艺术、体育、文学等方面的活动，获得艺术、体育、文学方面至少一张合格证。	分类必选
	“智慧杯”活动	参加“智慧杯”活动并通过审核。	分类必选

续表

课程领域	课程名称	课程简介	课程类型
严	军体拳	在新高一入学时，包括军事训练和主题活动。军训分 5 个主题，学生可从这些主题中选择参加。	分类必选
	国旗班		
	战场救护		
	特种战术		
	三声三相①		
实	管理与服务	设立学生自主管理岗位，学生在网上申报并开展活动。	自选
	志成讲堂	由名家大师、优秀学长、家长、教师、优秀在校生等进行学科讲座、经历分享等。	自选
	立人讲坛	依托八道湾胡同 11 号深厚的历史底蕴，重现新文化运动名士云集，思想文化融汇之盛况，阐释并实践鲁迅先生“立人”之思想，为达成“立德树人”的根本目标服务。	自选

所有德育活动课程学分将在网络平台上推送，每位学生可登录学校主页进入个人空间，结合自身兴趣和特长，自主申请参加不同的德育活动，经由项目发起者（指导教师）审核通过后方可投身该活动。活动结束后，每位学生会获得一定的德育活动课程学分，通常情况下，每位参与者酌情加 1 分，组织者和策划者酌情加 1—3 分，获奖者酌情加 1—3 分。具体分值还取决于学生个人在活动参与过程中的任务难度、工作强度以及综合表现。在校期间担任学长、学生干部、获得市区级各种奖励的同学，每学期还可获得额外的奖励附加分，计入德育活动课程学分。学生德育活动课程每学期会不断推陈出新，所有课程的具体介绍及学分赋予细则均在网络平台上适时更新。每位学生高中阶段在校期间（3 个学年、6 个学期）的德育活动课程总学分应不少于 70 分（其中包含 16 个社团课程学分），如果学生在校期间确实因为个性发展、兴趣爱好不同参加活动较少，学生可以

① “三声三相”是军训时要求学生学习军人言行举止、礼仪礼貌的一种规范要求。“三声”即歌声、掌声、番号声；“三相”即站相、走相、坐相。练“三相”，是要求“坐如钟，行如风，站如松”。振“三声”则是部队生龙活虎日常生活的体现。歌声、掌声、番号声是军营里一道道亮丽的风景线。

通过志愿活动时长得到应有的德育活动课程学分。每学年德育活动课程学分高于 25 分（含 25 分）的学生，方可参加各项评奖评优活动。

3. 让过程性评价落地

为了发挥过程性评价的评估作用，学校对学生各学科学业成果采用模块考核和学分认定的方式。模块考核主要从考勤和模块总成绩两方面进行。上课时间低于 2/3 学时的学生模块考核为不合格，不能获得该模块学分。

模块总成绩主要由过程性评价、终结性评价和奖励三部分组成。模块总成绩实行百分制（补考也实行百分制），一般来说，过程性评价的成绩所占比重不高于 40%，终结性评价的成绩不低于 60%。在此基础上，各科目可根据自身特点确定具体的比例。除此之外，还有一部分是奖励，其成绩是百分制外的，最高赋分不高于 10 分。

其中，过程性评价主要是指对学生在学习过程中的学习状态和学习水平的评价，教师主要根据学生在学习过程中的学习状态和完成相应学习任务的数量和质量进行评价。终结性评价主要是指对学生在模块学习水平方面的评价，主要为模块考试卷面成绩和实验（动手）操作成绩。奖励主要是针对在模块学习过程中有突出表现的学生，主要指学习态度、方法、习惯方面有突出的表现（包括学习的巨大进步）或有突出的学习成果（如竞赛成绩突出，制作、论文、报告水平比较高等）。

表 7-2　各学科过程性评价、终结性评价的构成

	过程性评价（占 40%）						终结性评价（占 60%）
语文	出勤（5 分）	平时发言（5 分）	课堂演讲（5 分）	作业（10 分）	检测（10 分）	机动（5 分）	区测/学校自主命题
地理	出勤（5 分）	作业（15 分）	提出问题（5 分）	回答问题（5 分）	参与讨论（5 分）	奖励（5 分）	区测/学校自主命题
物理	出勤（5 分）	课堂表现（5 分）	实验（5 分）	作业（10 分）	平时检测（10 分）		区测/学校自主命题

续表

	过程性评价（占 40%）						终结性评价（占 60%）
历史	出勤（5 分）	课堂表现（10 分）	作业（15 分）	主题探究（5 分）	小检测（5 分）		区测/学校自主命题
生物	出勤（5 分）	课堂表现（5 分）	实验（5 分）	作业（10 分）	平时检测（10 分）		区测/学校自主命题
化学	出勤（5 分）	课堂表现（10 分）	任务完成（20 分）	奖励加分（5 分）			区测/学校自主命题
数学	出勤（5 分）	课堂表现（10 分）	课堂笔记（10 分）	作业（10 分）			区测/学校自主命题
	过程性评价（占 60%）						终结性评价（占 40%）
通用技术	出勤（5 分）	课堂表现（15 分）	作业（40 分）				大作品成绩（40 分）
信息技术	出勤（5 分）	课堂表现（15 分）	作业（20 分）				区测/学校自主命题

4. 研发配套成绩管理系统

学分制管理必须有强大的成绩管理系统支持。传统的成绩管理系统只能选择北京市统一的学科模块、以行政班为单位录入成绩，无法适应我校“五制”改革的需求。为此，我们研发出一套基于“五制”改革、适用于分层走班选课的三十五中成绩管理系统，并不断进行优化。

对于这个系统，我们预设了以下目标：第一，全面建立起成绩管理系统，在该系统中实现“录入—管理—查询”成绩的全部流程。第二，按照成绩申请打印流程，实现所有在读学生和近 3 年毕业学生的个性化需求成绩单的打印工作。第三，每学期末，以班级为单位，批量打印行政班所有学生该学期的考试成绩单。第四，降低教师成绩录入工作的复杂程度，减少任课教师成绩录入的工作量。第五，全面跟踪、记录每个学生在校 3 年的原始成绩大数据（也包括平时成绩、课堂评价等），为教师的教育教学决策提供原始数据支持，便于学生和家长了解学生的学习情况并及时做出调整。第六，任课教师能够按照自己的教学班学生信息录入模块成绩；学校阅卷系统的成绩能够导入三十五中成绩管理系统，实现期中、期末成绩的查询；学生、家长、班主任、成绩管理员有不同权限，随时在成绩系统中在线查阅自己、本班和全校学生以上 6 项成绩。课程与教学中心和班主任可打印出带水印的官方成绩单。

该系统打破了全北京市统一的用综合素质报告册中的学分成绩登记表当作学生 3 年学习成绩记录的传统成绩管理模式；打破了传统的以行政班为单位的录分模式，改为与选课、走班相结合，精确地以层次教学班为单位录入成绩、管理成绩；重视过程性评价，学生平时的课堂评价直接与学生最终的模块成绩挂钩；实现原先多个成绩系统功能的统一；努力实现多维度、个性化的学生成绩大数据分析，为学生、教师及时调整自己的学习和教学，提供更加科学、及时的决策依据。

5. 关于真学分与假学分的思考

当前关于学分制有真学分和假学分的争议，由于受到各种限制，目前不论大学还是高中都难以寻求到一种实施真实（完全）学分制度的途径和方法。但是，我们推行学分制的实质，是想解决好课程学习的评价问题。所以，我们的做法是不急功近利地搭建和推行学分制管理，是先把评价从底层做起来。

首先，重新审视评价功能的指向，想清楚为什么而评，评什么。我们认为，评价是为了激发学生的内驱力，是为了保护个性、发挥学生的优势潜能，是为了帮助学生自我诊断、自我反思、自我规划，推动并引领学生在正确的道路上做有意义的事情，促进学生的自主发展、健康成长。评价评什么？评价必须要为学校的育人目标服务。三十五中有两个重要的教育观：一是会学比学会更重要，学会思考比学会知识更重要；二是成人比成绩更重要，成长比成功更重要。所以我们的评价就有明确的指向：会学，学会思考，成人，成长，这些关键词也就是我们评价内容的要素。

我们坚持多元化评价和个性化评价、过程性评价和终结性评价相结合。过程性评价的意义在于发现和激励，而终结性评价的意义在于诊断，帮助学生发现自己的问题、促进自己的反思、推动自己的改进。坚持累积式和多层次的评价，重在诊断和自我引导。例如，我们引进成绩分析诊断系统，推进个性化的成绩反馈和诊断，每个学生都能够看到自己的成绩单，自己答题的优势与不足，自己在群体中的位置，各个小题（知识点和能力点）作答的情况……学生手中的是一张针对自己的个性化的成绩报告单，这对学生下一步的学习很有指导性。

其次，推进评价方式与过程的变革，解决好怎么评，评了怎么用。我们建立以导师制为基础的导师评价机制。建立导师沙龙，以预约面谈、小组活动、话题微论坛、生涯规划等形式开展活动，以写实记录、个性化评语、导师建议等描述性评价为主，重在对学生的激励与引导。此外，建立以学分制管理为基础的学业课程评价，尝试在学分制管理下建立三十五中学生 GPA 评价体系。建立以学长制和学生社团课程为基础的学生自主评价模式。

建立学生学业记录与评价系统、学生成长记录和综合素质评价系统，促进学生教育、指导与管理的变革，建设良好的评价生态环境。建立三十五中的学生综合评价记录单，参照中国学生发展核心素养，制定学生综合评价的一级指标和二级指标，采取定性评价和定量评价相结合的方式，将评价结果作为高校自主招生的依据。探索日常表现和综合实践活动的学分制管理。例如，按照活动的性质和时长进行基本学分赋予，对参与程度以系数加以体现。发挥学生会和自管会的自主管理作用，将社团活动和社会实践课程纳入学分管理。以过程记录、学分评定和学业 GPA 作为学业成绩的评价方式，运用网络信息技术，实现即时的个性化的评价和反馈。

三、学校教育教学生态系统的重构

三十五中“五制”综合改革，充分尊重学生的主体性与选择性，改变了课程等教育资源的供给方式，通过主动的选择和针对的指导，提高了资源的针对性和利用率，追求“人尽其才，物尽其用”，促进了学生个性发展和主动发展，构建了“万类霜天竞自由”的教育生态。

（一）改革的成效

1. 尊重学生主体性与选择性，促进学生个性发展和自主发展

通过自主选择适合自己的课程、团体、教师（导师）等，学生的学习

主动性增强，学习的宽度和深度得到拓展，学习方式呈现多样化和高效性，课题研究和获奖成就等不再只属于少数学生。自主选择的过程，也帮助学生自我发现、自我规划，学会选择、学会负责，发现潜能、发展优势，找到属于自己的跑道。

2017届高三毕业生是“五制”改革的首届亲历者，他们在各类比赛、自主招生和高考中都取得了不俗成绩。以科技为例，在科技活动中获得省级一等奖以上成绩的有100余人次，有数百名学子获得省级三等奖以上成绩。在2017年高考中，高分群体和尖子生人数有较大提升，考取清华、北大的学生数出现突破性提升，通过自主招生政策进入大学的学生数也有提升。

不过，值得注意的是，选课走班对学生的自律意识、自主能力提出了更高要求。在实施选课走班的过程中，我们注意到学生成绩有两极分化倾向，所以实施选课走班需要更加注意对成绩较弱的学生的引导与支持。

2. 促动教师转变观念，重寻职业幸福感

在“五制”改革下，教师的工作内容和工作状态发生着巨大的变化：从岗位专一很少兼职，到必须做学生的成长导师，甚至多个岗位兼职；从一般不跨头教课，到同时在不同层或类的教学班授课，而不同的教学班可能要采取不同的教学方式和课堂形态；阶段（考试）评价从注重集体印象，到充分关注每一个个体；等等。

从最初被动参与到后来主动改革，教师的教育思想和观念发生着转变，他们的课程创生能力、教学创新能力和整体育人能力有了大幅提升。越来越多的教师主动思考学科的育人价值，投入学科课程建设和校本课程开发中。导师与学生密切互动、互相激发，提升了职业价值感和幸福感。

不过，我校导师制采取的是首席导师（原班主任）领导下的导师团队工作的模式，每个导师都要担任学业指导师、心理疏导师和生涯规划师，这样的角色设定要求教师有非常高的职业素养，是全能型教师，客观上难以实现。目前我们正考虑在学部设立导师咨询组，负责处理学生管理与指导上的“疑难杂症”。

3. 倒逼课程改革，推动学校转型

“五制”改革尤其走班制倒逼我校以学生为中心继续深化课程改革，为我们进行课程内容的更新与重组提供了保障。我们在学科课程建设尤其模块课程方面的研究更加深入，校本课程的开发与建设力度增加，树立起学校的课改品牌与特色。

同时，“五制”综合改革指向把“育分”变为“育人”，涉及课程形态、班级组织形式、学生管理方式、教师育人职责、学校组织结构、学校运营机制等多方面的变革，重构着学校的教育教学生态，促进着学校转变为人本、科学、民主、开放的现代学校。

4. 作为改革先锋，发挥辐射带动作用

学校以科技、艺术、人文为特色的校本课程开发建设和学科课程的分层分类，以及“五制”综合改革，赢得了北京市乃至全国各地教育同行的关注。尤其是 2014 年 9 月《国务院关于深化考试招生制度改革的实施意见》发布后，各地相继启动相关改革，选课走班成为大势所趋。我校的“五制”改革为新课程、新高考背景下的普通高中学校教育教学模式重构提供了改革经验。

2015—2017 年，学校每年接待国内教育同行超过 3500 人次。多家媒体对学校的“五制”改革进行了专题报道。校领导及中层干部多次受邀到各种论坛做专题报告。

（二）反思与建议

当前，随着普通高中课程改革的不断深化和高考招生制度改革的推进，建立在行政班基础上的学校教育教学管理制度已经不适应新的变化，选课走班成为必然选择。但是，在美国通行的选课走班教学拿到中国，却出现了“水土不服”的问题。通过“五制”改革，我们对此有一些自己的思考。

1. 推行选课走班，需要系统化设计和整体性变革

当前一些学校的选课走班存在着形式化、表面化倾向，配套制度跟不上导致教育教学质量降低，学生和教师满意度降低。2016 年，学校和北师大李凌艳教授的学校发展自我诊断课题组合作，请第三方专业机构从学生、教师的视角对学校改革做出诊断，各项指标表现良好。

我们认为改革平稳推行的一个关键是以选课走班为核心，进行了系统化设计与整体性改革。重点包括教育观念变革、课程内容开发、学校管理

（服务）变革、考试评价制度设计、教师专业发展建设以及其他一些配套措施的跟进建设等。选课走班不只是一个教学组织形式上的变化，背后应该是全校组织管理的深刻全面的变革。通过两年多的改革实践，我们发现，课程改革已经进入深水区，必须对学校管理结构体系做出全面的调整，才能巩固现有的课程改革的成果。

2. 课程改革需要制度重建，制度重建助推课程改革

高中课程改革持续改进和创新，必将带动学校的系统变革，因为基于制度重建的课程有序运行是课程育人效果实现的基本支撑。而实践中我们发现，基于课程创新的制度重建也是课程改革的重要助推器。

制度重建加速了思想观念的转变，保障了课程实施的效果，推动育人模式的转变，确保整个育人模式在完整的课程链条上实施。所以，我们认为课程改革和制度重建互相咬合，就能相互促进、相得益彰。这种认识坚定了我们推进制度重建的信心与勇气。

3. 改革要相信理念的力量，在改革中解决问题

推进改革要敢于解放思想，凡是改革中的问题要用发展的眼光看待，用改革的方法去解决。深刻变革带给人们的往往是挣扎，突围既需要先破后立的勇气，也需要先立后破的智慧，关键时刻还要敢于跨越壕沟。

在改革的过程中，我们遭遇了许多困惑与挑战，包括如何最大限度地给予学生选择权，是否每个教师都适合担当“导师”，如何保障学生走向自主而非放任，等等。许多问题都还没找到理想的解决方案，但是我们相信改革的方向，相信理念的力量，会用改革的方法去解决问题。

无论是课程改革还是制度重建，其出发点都是立德树人，促进学生自主、全面而有个性的发展。通过实施“五制”综合改革，我们把丰富的课程和选择的权利交给学生，真正让学生成为发展的主体，帮助他们找到适合自己的发展路径，从而实现教育的“私人定制”。

[第八章]

生涯教育：引领学生成就最好的自己

当今社会日新月异的变革发展，一方面为个体发展带来多种选择与各种机遇，另一方面也会使个体的发展具有更多的不确定性，这种趋势对年轻一代的冲击更为剧烈。而中学阶段正是学生凸显不同个性和才能并开展生涯探索的关键期，在中学阶段开展生涯教育非常必要。

在“立志·成人”育人理念的引领下，三十五中将生涯教育列入学校课程的顶层设计，并逐渐将其作为学校教育的主轴。我们的生涯教育不只局限在学业指导与职业规划，而是定位于关怀生命健康、激发生命潜能、提升生命品质，重在激发学生个体发展的主动性，引领学生追求成为更好的自己。为此，我们致力于构建凸显自主性、体验性、综合性的生涯教育生态系统，将生涯发展的理念融入课程、教学以及活动等教育教学的方方面面，引领学生自主发展、全面发展、终身发展。

一、实施生涯教育的必要性与可能性

随着新高考改革的推进，生涯教育在高中阶段走向蓬勃发展。基于对学生发展需求的分析，我校自 2009 年就开始有意识地关注学生的生涯教育。随着学校育人理念和育人模式的转变，我们愈发深刻地认识到生涯教育的作用和价值，相应地经历了“初识生涯”“整体建构”“个性化教育”三个发展阶段。

（一）高中学生的发展需求

当前社会复杂多变，个体面临更多机遇，同时面临更多挑战，尤其是人的职业、发展环境都具有高度的不确定性。在这样的社会环境下，个体根据自身特点与社会环境进行自主选择、自主发展的能力变得特别重要。

著名生涯教育专家舒伯（Super）将生涯发展阶段划分为成长、探索、建立、维持与衰退五个阶段，其中高中生正处于生涯发展的探索期。（许敏，2009）高中既是学生个性特长、学科优势和不同智能进一步发展的关键期，也是学生自主选择今后生活方向和职业路径的关键期。对高中生而言，高中毕业升入大学，将面临人生职业的第一次定位，是对自己未来人生的一次设计。如何选报高校和专业，很大程度上关系到今后的职业方向，甚至会影响到整个人生的发展轨迹。

但我们非常遗憾地发现，每年有很多高三毕业学生，在填报志愿时按照分数和热度“卡”学校和专业，或者到处听取别人的建议却没有自己的想法。考上大学后，不少人才发现所选专业自己并不感兴趣或者不适合，不得不花费大量成本千方百计地转专业。而大学毕业后，许多毕业生因为所学专业与社会需求不匹配而不能顺利就业，或者反复调换工作。统计表明，中国大学生不喜欢所学专业的比例约是47%。当然年轻人有犯错的机会和权利，但这些巨大的浪费本来是可以避免的。只因为他们不清楚自己是谁、想干什么、可以做什么，也就不知道怎样去规划人生、实现理想。

针对高中生发展出现的这些问题，我校自2009年开始有意识地开展生涯教育。在“初识生涯”阶段，心理教师通过心理课堂、个体咨询等形式，把生涯规划意识的培养、生涯技能的培养、生涯信念的建立等内容融入教育教学活动中；班主任通过班会、家长学校、学生社会实践等形式，自发地对学生和家长进行生涯教育的渗透。

（二）“志成教育”的内在支撑

近些年，在对学校发展面临的内外环境研判的基础上，三十五中确立了办学价值体系，明确提出教育不能只为学生升学服务，而必须为学生的终身发展奠基。为此，学校要从只追求分数的教育发展为更关注人全面发展的教育，从管学生的教育发展为引领学生终身发展的教育，从被动的教育发展为帮助每一个学生发现自己潜质的教育。要实现育人模式的这种转变，需要以生涯教育为支撑。

随着自我意识的发展和独立性的增强，中学生在由依赖走向自立的过程中，满怀激情和勇气，有无数美好的梦想和实现梦想的冲动。基于对中学阶段学生内在发展需求的判断，我校将育人理念确立为“志成教育：立志·成人”。其中，“立志”教育的重点在于帮助学生在认识自我、认知社会的基础上规划未来，唤醒学生自主成长的动力、愿望，帮助他们找准方向。

为促进学生的自主发展和个性发展，2013年我校逐步推行“五制”改革，其发展方向与刚刚启动的高考改革不谋而合。在“五制”下，每个学生都可在导师的引领下找到发展方向，根据兴趣特长和学习程度自主选择多元的课程形成个性化课表，这对学生的自主学习、自主规划、自我管理能力提出了更高的要求。

基于育人理念和管理变革的需求，我校将生涯教育列入学校育人方案的顶层设计，并在2013年成立校长垂直管理的生涯教育中心，负责全校生涯教育的设计与实施。由此，我校进入生涯教育“整体建构”阶段，制定了三十五中生涯教育第一个三年发展规划，提出“生涯教育引领学生自主发展”，着手编写生涯教育校本教材，进行师资团队的建设与培训，制定了生涯教育中心的工作职能与评价体系。此外，开发整合了更多的优质社会资源和家长资源，形成了从机制体制保障到内容完善系统，从部分教师自发尝试开展工作到全员培育生涯观念的转变与飞跃。

（三）校内调查的明确启示

在“整体建构”阶段，我们专门在校内开展了学生生涯成熟度的调查（见表8-1至表8-3）。调查结果表明，我校高中学生形成了相对稳定的兴趣，比较了解自己的优势、性格、价值观与生涯发展的需求，基本形成了比较清晰的自我概念，具备了一定的认识自我、了解外部世界并在此基础上做出生涯决策的能力。

表8-1　探索自我（选择“非常需要”和“比较需要”的人数）

题目	百分比
了解自己的能力、优势与不足	80.4%
了解他人对自己的看法	69.3%
了解自己的性格特点	79.5%
了解自己的价值观	75.5%
了解自己的兴趣	86.4%

表8-2　探索社会（选择“非常需要”和“比较需要”的人数）

题目	百分比
了解社会发展对人才的需求	77.6%
了解大学的学习方式与高中的不同	74.0%
了解自己向往的大学的信息	86.9%
了解自己感兴趣职业的工作内容	77.8%

表 8-3　生涯自我效能感（选择“非常符合”和“比较符合”的人数）

题目	百分比
确定自己的发展计划和目标是很困难的事情	53.0%
不同的大学和专业各有利弊，很难抉择	43.8%
决定自己的未来，是件很辛苦麻烦的事情	63.3%
人很难了解自己，所以经常有人会选错职业	53.9%
将来离开父母独自生活，会面临很多困难	40.6%

在调查中我们了解到，一些学生已经开始主动进行一些生涯探索。包括：利用报刊、网络等渠道，有意识地获取准确、有效的生涯信息，了解未来受教育与就业的途径；了解社会科技、政治、经济、文化等不同方面的发展变化，将个人的发展与社会的发展关联起来，具有促进社会发展的责任意识；积极参与家庭劳动、社区服务、职业参观、职业体验、实习等实践活动，在活动中培养自己的独立生活能力、一定的职业能力和社会交往能力；等等。

北京教育科学研究院一位生涯教育专家在对北京市中学生生涯规划成熟水平进行专项调查后表示，我校学生的生涯规划水平明显偏高，这与学校自 2009 年有意识地开展生涯规划教育是密不可分的。学然后知不足。学生对生涯规划和生涯发展形成一定了解后，探索自我和探索社会的兴趣更加浓厚，对生涯教育的需求更加迫切。

（四）高考改革的倒逼推动

新高考改革倒逼高中强化生涯教育。北京自 2020 年开始实施新高考改革方案，即 2017 级高一年级学生就要按照新方案执行。根据新方案，北京高考不再实行文理分科，而是采取“3+3”模式。学生可根据报考高校要求和自身兴趣特长，从政治、历史、地理、物理、化学、生物 6 门等级性考试科目中自主选择参加 3 门科目考试。此外，学生还要形成包括思想品德、学业成就、身心健康、艺术素养和社会实践五方面的综合素质评价。

改革带给学生更多自主选择的机会。与机会相对应，学生需要在学科兴趣与特长、专业选择乃至未来职业发展等方面进行提前的思考与规划，发现自身在学科方面的优势与特长，发展个人兴趣，积极参与社会实践，有意识地完善个人综合素质。相应地，高中学校将面临课程设置、管理方式、学业衔接及生涯指导等诸多方面的挑战，尤其是需要帮助学生认识自我、清晰定位、科学选择。《教育部关于普通高中学业水平考试的实施意见》明确提出“要加强学生生涯规划指导”。

新高考改革方案更注重学生自主选择学习和个性化发展，这点与三十五中的改革方向正好契合，也促使我们加快改革的步伐，生涯教育进入“个性化教育”阶段。每位学生的生涯发展需求都不同，我们将根据学生的个性特点，为学生提供个性化和全面的生涯发展指导，帮助学生找到适合自己的学习方式和实践方式。

二、生涯教育的内涵、定位与目标

生涯教育作为一个“舶来品”，在国内处于探索阶段，相关理论和体系还不完善。我们理解的生涯教育，不只是升学报考指导，也不只是职业生涯规划，而要从关注学生生命成长的视角出发，以达成生涯发展为目标，“引导学生在自我认知、环境探索的基础上主动地进行人生规划、选择、决策”（朱仲敏，2017）。

（一）生涯教育的内涵

生涯教育最早起源于 20 世纪初的美国，随着时代的发展，生涯教育的内涵也在拓展丰富。1971 年，美国联邦教育署署长马兰博士在一次有关生涯教育的演讲中提出，生涯教育是全民教育，从义务教育到高等教育以及继续教育的整个过程中都需要开展，这种教育“要在基础教育中建立起职业价值观，培养个人创造有价值的人生”，旨在“教育下一代在心理上、职业上及社会生活上得到平衡与成熟的发展，使每一个国民成为自我认知、自我实现即自觉有用的人”。（孙铭铸，2017）

美国库克大学教授、终身校长黄中天博士从对“生涯”各种定义的分析，归纳出生涯概念的四种特质：终身性，即一个人一生所拥有的各种职位和角色；综合性，即指一生中所有的职位与角色的综合；企求性，即指个体的生涯发展适合自身的特质且是个人所希望的；工作性，即个人生涯

的工作中心。（黄天中，2017）

我们认为，生涯教育关乎人的一生发展，应该关注生命的全过程、关注人的全角色。具体到高中阶段，生涯教育要立足现在、放眼未来，不仅要为学生的升学就业做准备，还要拓展到整个人生发展，重点关注学业、职业和人生三大领域。

（二）生涯教育的定位

当我们把中学教育的使命定位在为学生的终身发展奠基，我们对生涯教育的定位也从职业规划拓展到生命提升——关怀生命健康，激发生命潜能，提升生命品质，引领每个学生追求成为更好的自己。正如我们生涯教研组提炼的学科宣言："拓展生命的宽度，遇见未知的自己。"

以生命视角来理解生涯教育，我们要把学生视为完整的、有差异的、自主的生命存在，引导学生发现兴趣潜能、确立理想目标，激发学生个体发展的主动性，激励他们不断发现自我、完善自我、超越自我，帮助他们养成健康人格，发展终身学习和自我成长的能力，从而建构个体发展的愿景。

（三）生涯教育的目标

美国把基础教育阶段的生涯发展指导分为生涯觉察（幼儿园到 6 年级）、生涯探索（7 到 9 年级）、生涯准备（10 到 12 年级）三个时期，其中生涯准备期的发展目标是学习所欲进入行业的入门技能或培养升入高一级学校所需的能力。生涯之学，既是个体主动应对未来发展与变化的学问，更是科学处理当下生活和学业选择的核心能力。

我校高中生涯教育重点关注三个领域：学业规划的重点在于提升学生的学习力，重视学习动力的激发和学习潜力的挖掘；专业规划的重点在于提升学生的选择力，重视自我与环境探索并建立匹配关系；人生规划的重点在于提升学生的适应力，重视关系互动能力以及自我调适能力。

具体而言，我们的生涯教育要实现以下目标。

①引导学生探索并了解自己的个性、兴趣、价值观及其与未来发展的关系；引导学生悦纳自己，积极发现、发掘、发展自己的优势、潜能；通

过唤醒学生的生涯发展意识，帮助学生认识自己生命的意义。

②引导学生树立理想与信念，增强学生的学习动机，提升学生的目标管理、时间管理等自我管理能力以及增强其终身学习意识。

③引领学生探索高校及专业，结合自身特长和社会需求，科学地选课、选科、选考，培养学生的自主选择能力，帮助学生从高中阶段教育向大学阶段教育顺利过渡。

④培养学生的生涯意识、生涯思维，鼓励、引领学生开展职业的探索和体验，从而提高生涯规划能力，科学规划人生。

⑤引导学生认识社会发展，提升学生的生活技能与通用的职业素养，培养学生适应社会职业变化的能力、品质、态度，为学生走入社会和终身发展做好准备。

⑥关注学生当下的心理发展困惑，例如青春成长、人际交往、情感体验、学习压力等，促进学生在个性、情感、意志品质等方面的自我完善。引领学生形成完整的人格，追求自我的实现和完满的生活。

生涯教育要帮助学生在正确认识自我的基础上自主规划人生，而不是替学生选择与决策，所以我们强调激发学生自主发展的目标与动力，培育每个学生的主体意识，引领每个学生成为自主发展的主体。这也是我校教育一贯坚持的目标，即“自主管理，主动发展；自主选择，个性发展；自主体验，自我超越”。

三、构建知行结合的生涯教育体系

生涯教育要帮助学生在当前学习与未来发展之间建立联系，在自我努力与社会现实之间建立联系，找到持久的学习发展动力，形成个体的未来发展愿景。如何让学生有更多进行自我与环境探索的机会，发现自己的兴趣、能力、优势所在，并加强对学生发展的个别化指导？

三十五中自2009年开始探索生涯教育，历经“初识生涯”“整体建构”“个性化教育”三个发展阶段，初步形成了强调自主性、体验性、综合性的生涯教育体系。我们在生涯教育的实施上注重加强与现实生活的联系，除了狭义的生涯教育课程外，融合学科、社团活动、校本选修课以及综合实践等多种形式。通过通用知识的学习与整合性的社会体验，帮助学生知行结合，建立对自我、对社会的认识，学习将个人选择和社会需求有机结合。

具体实施过程中，我们一方面采用课堂讲授、研究性学习、典型案例分析、情景模拟训练、小组讨论、角色扮演等方法与手段，另一方面还配合社会调查、参观访问、社区服务、实习见习等多种方式和途径进行体验和反思。通过精心创设生涯体验情境，把对生涯能力的培养融入学校教育教学的方方面面。

（一）生涯教育课程

狭义的生涯教育课程，即由生涯教育专/兼职教师组成的教师团队，通过课堂教学的形式，从生涯认知、自我探索、环境探索和自主规划等几个维度帮助学生学习生涯规划的课程。

在构建狭义生涯教育课程体系方面，我校形成了独具特色的系列模块课程。在课程设置上为学生提供多元课程，由他们自主选择课程，并有针对性地设计课程内容，为每个学生的生涯发展和需求提供空间。我们的系列生涯课程不仅在高中阶段开设，在初中部和国际部，按学生不同年龄段、不同发展方向的需求，也设置了相应的课程。课程的实施贯通了整个中学阶段。

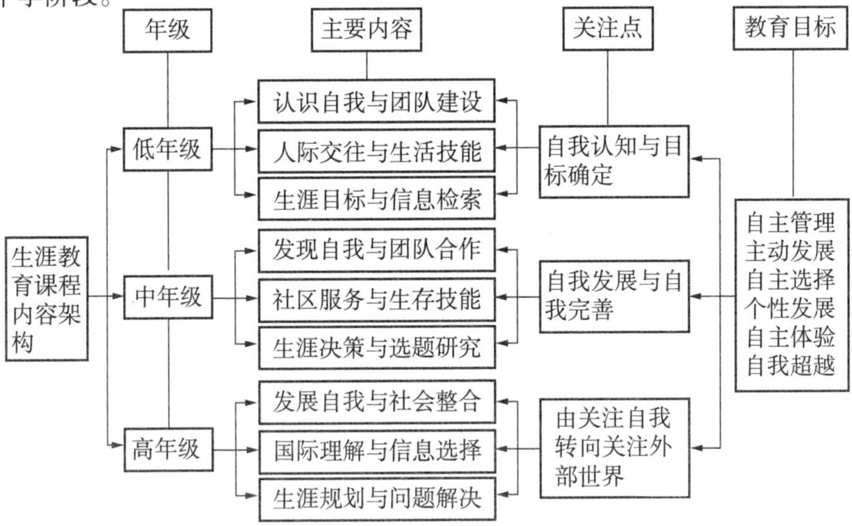

图 8-1　三十五中生涯教育课程内容架构图

低年级的学生（高一）刚刚升入新的学段，需要适应环境、认识自我，制定新的阶段发展目标，因而这一学段生涯教育课程的关注点是“自我认知与目标确定”。主要引导学生认知自我，探索并了解自己的个性、兴趣、价值观，科学选择适合自己的课程，初步确定自己的发展目标；帮助学生解决共性的心理发展困惑，例如青春成长、人际交往等，帮助学生融入团队；提升学生的生活技能与信息检索的能力，激发学生的学习动机，提升学生的学习管理能力，增强学生的终身学习意识。

中年级的学生（高二）已经确立了发展目标，生涯发展的关注点为“自我发展与自我完善”。生涯教育课程引导学生发现自我，发掘、发展自己的优势与潜能；帮助学生了解职业、认识社会，培养学生的生涯意识，引领学生认知自己的职业兴趣和能力，进行职业的探索和规划；促进学生的个性、情感、意志品质等方面的自我完善。

高年级的学生（高三）生涯发展的关注点则侧重于“由关注自我转向关注外部世界”，面临毕业升学、选择高校、选择专业等现实问题。生涯教育课程的主要内容是缓解学生的心理压力，发展积极的心态；增进学生对高校的了解和对专业的理性认识，提高学生的生涯规划能力和生涯适应能力，帮助学生从高中阶段教育向大学阶段教育顺利过渡。

学生对工作世界充满期待，但有些想象却不切实际。为了帮助学生树立正确的择业观，我们设计专题课程，帮助学生了解真实的工作世界，探索工作的意义。

表 8–4　“了解工作世界”课程设计

课时安排：1 课时	
教学模块	教学内容及流程
生涯故事汇	1. 教师引导学生阅读生涯故事。 2. 教师提问：翟永忠有 4 套房和宝马车，为什么还要去做环卫工？ 3. 学生自由发言。 4. 教师总结，引出本节课主题内容。

续表

工作知多少	1. 教师提问：什么是工作？工作能带给我们什么？ 2. 学生自由发言。 对于还没有走上工作岗位的青少年来讲，帮助他们了解丰富多彩的工作世界有着现实和积极的意义。由于固有观念的影响，青少年对未来的工作充满期待的同时，又存在一些不切实际的幻想。如何帮助他们树立正确的择业观，以便在日后的工作中以积极的心态和良好的行为表现获得职业成就感和自豪感，是生涯教育的重要内容。 3. 教师总结讨论结果，列出各组给出的要点。
探索工作的意义	1. 头脑风暴：直接提出问题，我们为什么要工作？如果你拥有足够多的钱，你还需要工作吗？用直接而又有冲击力的话题，引发学生深入地思考和积极地讨论。可分组讨论，也可把全班分为正反两方，各自阐述自己的观点。 我们对学生进行的生涯辅导，最后都将直接或间接指向具体而现实的工作。如果问一个学生，努力学习的目的是什么？得到的回答往往是：将来有一份“好工作”。而大家心目中“好工作”所具备的要件，不外乎薪水高、环境好、不辛苦。那么，人为什么要工作？如果有足够多的钱，还会有人想工作吗？工作的目的和意义到底是什么？这些问题对于青少年来说，就像追问“人生的意义”一样，关系到他们日后将怎样去理解和迎接进入社会以后的生活。 每个人都应通过自己的工作努力来实现个人梦想，这是毋庸置疑的。然而我们也无法回避社会上的所谓“富二代”“官二代”对青少年的影响。一些不劳而获或是一夜暴富的案例使很多年轻人幻想什么时候会天上掉下馅饼进入富豪的行列。他们已经不愿像他们的父辈那样，靠勤劳、诚实以及个人奋斗积累财富，幻想着将来即使不能从父母那里继承千万家产，哪怕能找到一份不必太辛苦就可以赚到大钱的工作也好，却不知道那些一夜暴富以及所谓的“富二代”毕竟是少数，而且在拥有这些“意外之财”后，由于挥霍无度导致最后不得不依靠救济金生活的案例数不胜数。 因此，我们要让学生领悟到，世界上没有不劳而获的成功，任何成功的人士，他们都为自己的梦想而奋斗过、努力过，如此才能取得今日的成果。只有真正去实干，用自己的劳动和付出才可以换来你想要的。 2. 通过讨论或辩论的形式，形成学生认可的观点。

续表

了解职业的发展和变迁	教师提问：你知道职业自产生以来，它的发展和变迁的规律吗？ 引导学生思考，社会分工越来越细，职业更替的周期正在不断加速，职业变迁成为一个不可逆转的潮流。我们的职业构成和工作方式都发生了深刻的变化。 教师引导分组讨论，机器人在很多的领域内取代了人的工作，那么，我们未来十年或二十年，工作世界会发生怎样的变化？到那时，我们需要怎样的工作素养？ 1. 小组可以通过海报展示未来的工作世界。 2. 小组分别展示，并加以说明。
回顾与统整	教师引导学生尝试做生涯规划，不是要帮学生选一个与之能力匹配的赚钱职业，而是要陪伴他们去探索如何度过充实而有意义的人生。因此，本节课在结束时，教师应让学生意识到工作的意义并不只是为了赚钱。 邀请几位学生分享这节课的收获。 教师总结：工作虽然是一种谋生的手段，但是赚钱并不是工作的最主要目的。工作的意义在于发挥出我们的才能，使我们得到一种成就感，即满足人类的最高需求（按照马斯洛五个需求理论），使我们的心情更加愉悦，从而使我们生活得更加美好。而金钱、荣誉只是我们潜心于工作带来的副产品。 提示学生完成课后练习并对学生做一些简单的指导。
教学反思	

生涯教育课程不同于其他课程，在实际操作过程中要凸显“生涯味”。很多生涯教育授课教师往往纠结于生涯教育课与心理健康教育课或品德课的区别，认为只有与职业相关，才能算是一节真正的“生涯教育课”。这种认识不仅过于刻板和片面，而且也体现出教师对生涯教育本身还缺乏深入的认识。所谓“生涯味”的体现，关键在于如何凸显出当前学习内容对个体未来发展的促进作用，教师要从终身发展的视角帮助学生审视当前的学习，要让学生意识到现在的每一种行为都在影响自己的未来，建立现在与未来的因果关系。

（二）学科融入

学科知识是未来职业必需的基础知识和技能，与职业有着紧密的内在逻辑联系。不仅如此，学生在学科知识的学习中探索生涯教育，能够深刻了解知识的价值和职业的意义。我校倡导融入式生涯教育，促进教学手段与教学内容深度结合，拓展了生涯教育的空间。

在学习与实践中，我们梳理出学科融入生涯教育的着力点，在学科教师培训中倡导教师们在课堂教学和课后指导中重视以下四点。

一是系统梳理学科内容中与生涯教育有关的契合点。如帮助学生了解以该学科为基础的大学专业设置和职业类别；介绍该学科的知识在哪一领域能促进社会发展和人类幸福；哪些人在这一领域取得了显著的成就，这些人的哪些优秀品质值得学生学习；等等。

二是通过学科学习帮助学生进一步认识自己的兴趣与优势，反思自己学习存在的不足，使他们更加明确今后努力的方向。

三是让学生在学科学习中获得成就感，切实感受到学习对自我成长的促进作用，体验到获得知识与技能会让人的精神世界更加充实，从而以更加积极的心态面对未来。有些学生会对自己不感兴趣或成绩不理想的学科持回避的态度，此时，学科教师更应给予鼓励和关注，及时捕捉学生的进步，激发他们获取成就的动机。

四是帮助学生了解知识的效用价值，即让他们感受现阶段的各种知识不仅对于未来步入职业社会具有基础性作用，更可以用来解决很多生活中的真实问题。这需要学科教师为学生呈现知识在真实世界中的应用情境，并加强多学科知识的综合应用。

例如，我校化学教师刘建华在学生接触化学之前，为学生举办“老刘说化”的主题讲座活动。他绘声绘色地讲解了化学在当代科学研究中的地位和学科融合中的作用——化学是研究物质的结构、性能和转化过程的科学，更是创造新物质、探索新应用的学科，它与数学、物理和生物等学科构成了自然科学的基础。人类今天生活的方方面面都离不开化学，新材料的应用、新能源的开发、新药物的研发、资源与环境问题的解决、食品安全的监测，甚至是探索生命的奥秘，都要依靠化学的力量。讲化学的同时融汇着历史、哲学、体育的知识，让学生不仅学到化学的知识，还有对待学习的态度和人生的道理，非常受学生欢迎。

（三）生涯探索活动

生涯教育是引导学生在自我认知、环境探索的基础上主动地进行人生规划、选择、决策的教育活动。生涯社会学习理论启示我们，生涯犹豫的现象主要是由于缺乏和生涯有关的学习经验，或者是当事人尚未学到有系统有步骤的生涯决策方法。所以，应该去扩展辅导对象新的学习经验，鼓励他们增加各种和生涯有关的探索活动。

我们设计了多种与生涯相关的体验与实践活动，让学生有更多进行自我认知与环境探索的机会，在体验中发掘、发展自身个性特长，了解、体验职业与社会，尝试自主选择、决策与负责，探寻真正属于自己的那条未来之路。

1. 修学旅行——认识自我与认识世界

每学期有一周左右的时间，三十五中的学生们会拖着行李箱奔赴全国各地，展开一段有主题的修学旅行。在行走实践中，学生们对课内知识与课外知识进行连接，接触到不同社会角色和不同职业的人，这对于他们日后进入社会生活，甚至选择未来的职业领域，都产生着直接或间接的影响。

古人云：读万卷书，行万里路。近年来，联合国将人类进步定义为视野的扩展与足迹的延伸。在日本、韩国、英国等国家以及我国台湾地区，已经将修学旅行纳入中小学课程。但在我国大陆地区，由于升学、安全等压力，将修学旅行纳入课程体系的学校并不多。

我们认为修学旅行能帮助学生开阔眼界、增长知识、提升能力，有助于学生开启智慧、陶冶性情，所以，自 2009 年开始，我们顶着压力加大修学旅行课程的开发实施力度。现在，作为我校生涯教育的特色课程，修学旅行越来越受到学生和家长的喜欢与认同，教育效果也常常产生意外之喜。

（1）着眼于“学”设计课程

修学旅行活动就是针对拓展学生们的视野，增加其在真实的社会生活中的生命体验设计的。我们的修学旅行不是简单的旅游或者游学，它承载着我们的教育理念和教育追求，旨在让学生在行走与实践中思考与成长，提高全面素质，锻炼综合能力。所以，我们从线路选择、活动内容设计、流程设计等层面着手，尽量让每一次修学旅行都能发挥最大价值。

我校每次修学旅行都有着明确的主题，要求线路设计和活动内容支撑主题，突出专业性、知识性和趣味性，力争让修学旅行的内容与教学体系的教学内容相呼应，模块间、模块内的修学旅行内容相互衔接、相互协调，以使修学旅行活动相对连续和完整。

我们要求修学旅行课程与学科课程深度融合，并且要关联多个学科，引领学生在大自然中、在社会生活中发现问题、提出问题，学会制定解决问题的方案，学会用所学知识解决现实问题。为此，每次修学旅行的教师团队都由不同学科教师组成。

为了做好课程开发，我们集思广益、群策群力，面向全校教师甚至家长、学生征集修学旅行活动方案。方案包括活动目标、日程安排、具体内容、活动形式等。游前的准备性学习（材料手册），游中的探究性学习（设计问题和活动），游后的总结性学习（如写游后感或研究型小论文），这些内容都成为修学旅行的必备环节。

活动结束后，我们还通过举办征文、演讲、摄影、绘画比赛以及科学讲堂等活动，让没选这个模块的学生有机会从中学习、借鉴、交流，并引导学生将修学旅行视作追求新知的起点，而非简单旅游的结束。

（2）形成模块增加选择

在课程实施中，我们不断观察、反馈、总结，及时调整方案，最终形成三十五中特色的修学旅行课程，主要包括人文科学、自然科学、社会实践三个方向，目前初步开发形成近 30 条较为成熟的路线。图 8-2 为三十五中修学旅行课程结构框架。

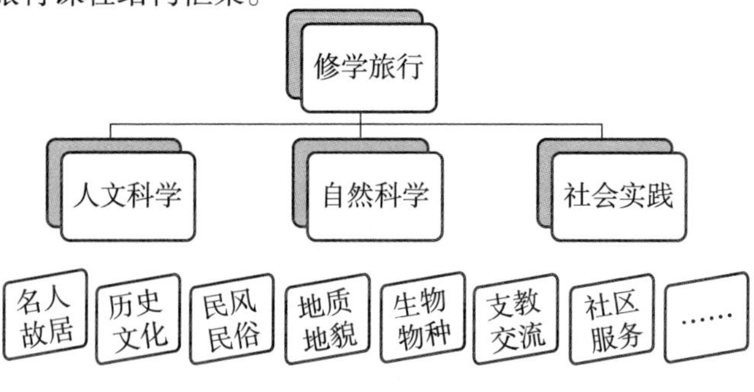

图 8-2　三十五中修学旅行课程结构框架

例如，在人文科学之旅方面，高一年级学生的品牌之选是“泰山·三孔”文化遗产考察，学生可以登泰山而小天下，在泰山之巅阅读家书体会母爱；在曲阜寻访“孔林”“孔庙”“孔府”，追寻孔子的脚步感悟儒家文化的深厚。此外，学生还可以寻访鲁迅故居，感受绍兴水乡古镇；探究园林文化，体验苏州古镇之美；漫步西湖阅古今，精忠报国访英雄……。学生在临行前要查阅相关知识，修学过程中更要带着问题去实地考察、探究。

又如，自然科学之旅方面，我校与中科院京区科协合作开发了云南科考活动。活动目的设定：引导学生在实地科学考察中探究科学知识、锻炼科技技能；教会学生灵活运用所学解决实际问题的科学方法；培养学生实事求是遵循自然规律的科学态度；促进学生形成人与自然和谐发展的科学价值观；提供学生与知名科学家“面对面、手拉手”深入交流的机会，帮助学生树立科学理想。在课程内容设计方面，动物、植物、天文、古生物、地质环境、民俗社会六大学科交叉渗透，与自然科学全面接触，学习科学探究方法，锻炼科学思维和创新能力；特邀中科院云南天文台专家讲解天文知识，进行室外天文星相实地观测；走进热带雨林，分组参与科学探究小课题，了解民俗风情，调研少数民族文化，参与互动课程、动植物标本采集制作、雨林科考等活动；在化石产地亲自动手开展古生物化石发掘，跟专家了解地史地质科学；全程均有科学院专家讲解陪同，随时传播科学知识、科学精神和科学方法。

在这些课程中，有些为必修模块，例如，六年一贯制课改项目班入学时的夏令营、标志着成长里程碑意义的十八岁远足等。这些修学旅行课程是以团队为单位实施的。此外，还有选修模块，学生可根据自己的兴趣爱好选择适合自己的修学目的地，还可以由选相同选题的学生组成小组共同设计并完成一个模块。在这些选修模块中，学生的职业兴趣和能力倾向可以得到进一步明确和提升。

（3）在行走实践中全面成长

我校倡导学生做“有中国情怀的世界人，有世界胸怀的中国人”，强调了学生与社会、与国家、与世界的不可分割，这种紧密的联系需要学生走出校园，在社会中体验、学习与成长。修学旅行的设计正实际创造了这样的机会，贴合了各方的需求。

每一次修学旅行，学生都要带着研究课题出发，这些课题既可以是教师提供的，也可以是学生自己设计的。行前的课题准备、行中的课题调研、行后的课题汇报与总结……，学生要按照我校社会实践课程的具体要求，完成实践任务，撰写社会实践报告，举行班级和学校的社会实践展示评比活动。所有程序都是在教师及专家的指导下进行的，以保证学生的探究方法和程序是科学的。

例如，在青岛海洋科考修学旅行中，学生了解到海洋科学最前沿的研究内容和研究方法，学习海洋科学的相关知识。通过海洋相关的小课题研究掌握海洋科学研究的基本流程与科学方法，激发起了学生对海洋科学的兴趣。在秦岭修学旅行中，学生们前往朱鹮保护区，利用望远镜观察野生朱鹮，在专家指导下观察识别保护区内动物、植物，制作标本，采集水样、土样，测试水体 pH，测树龄，等等。这些活动使得学生们开始关注环境保护与动植物研究。

科尔伯格（2000）认为，促进道德发展的基本因素是认知发展与相关的社会经验，他坚持同伴间的相互作用，认为地位平等的同伴之间的讨论与经验体会要比自己单方面与权威人物一起的相互作用更有利于道德发展。修学旅行是学生的集体性社会实践活动，有益于学生的素养提升和人格塑造。

每一次修学旅行前，学生们都要根据修学地点的气候条件自己准备所需要生活物品，自己整理行李箱，自己做预算，自己上网查找所选课题的文献资料，因此自理自立能力得到很大提高。修学旅行过程中，学生彼此之间互帮互爱，增强了集体意识，增进了同学情谊，提高了团队协作能力。

我们每一条修学线路中，都会安排一个“拉练”的环节，比如在内蒙古库布齐沙漠“龙头拐”进行徒步沙漠训练、在云南热带雨林里穿越原始热带雨林等。攀登金山岭长城时，小组内的同学需要相互搀扶甚至有些地方需要手脚并用才能完成登顶任务。这些活动不但提高了学生的生存能力，更磨炼了学生的意志品质。

江南游学归来，有学生写道：“九月末微风清凉，一场江南之行来得正好。我们走出教室去拥抱这一方天地，在旅行中进一步增进对这个新集体的感情。在这里，我们漫步在山水亭台间，一花一草都是江南特有的印记，了解、感受到与北方挥斥方遒不同的文化气息。在这里，似乎在学校里学到的那些文史地知识并不空洞遥远，都是可知可感的，充满生命的智慧与活力。博物馆里陈列的历史文物，园林建筑的精妙绝伦，苏大校园里的精彩演讲，还有南京大屠杀纪念馆里的缅怀悲痛……所到之处，无一不给我们带来心灵的震撼与思考，于无声处让我们受益匪浅。在这桂香氤氲的水乡里，我们的友情似乎也在不经意间变得愈发浓厚。”

野外生存体验归来，学生写道：“三天的挑战与学习结束，相信每个人都体验到了许多人生真谛——合作、挑战、信任、果断、坚持、智慧、责任、实践……这些收获，这些成功的小秘诀，在我们人生的道路上，像一盏盏明灯，指引着我们一直前进，迎接生命中更多的挑战和收获。”

而我们的教师也在修学旅行中因学生而感悟、而成长。学生的情感感染着我们，学生的视角启发着我们，学生的灵感更激发着我们，促生了“教学相长”。修学旅行，让教师不再只是知识的传授者，也是游学方案的共同设计者，更是学生的引导者、陪伴者，甚至是同行者、同学者。

家长们时刻关注着学生修学旅行的每一项活动，在活动结束后与我们分享学生的成长。有学生家长表示：“比较唯分是能的教育，我更愿意看到孩子品性上的发展。让我们高兴的是，这些品性的磨炼一直不断地在学校教育活动中体现：24 公里拉练，那应该是毅力、勇敢的磨炼；夏令营结束时的感恩环节，那应该是回馈、担当的意识启蒙；科学考察中的严肃，那应该是严谨、一丝不苟的治学态度的培养；为班级着想，为同学担忧，那应该是责任和担当使然。”

2. 体验自主——自由选择与学会负责

生涯规划本质上是个体的自我选择与自我实现。我们要给予学生自主选择、自主决策的权利和机会，让学生获得对自我生活的掌控感，通过自我调节进行决策并对未来负责。在三十五中，我们尊重学生的独立性、自主性，尽可能给予学生自主选择、自主发展的机会，培养学生对自己负责的意识和能力。

“五制”改革的实质，就是给学生提供自主选择、自主发展的平台。在走班制下，学生可以根据个人的兴趣爱好及学习基础选择不同领域和层级的课程。这样，学生首先要认清自己的现状并确定发展的方向，还要提升时间管理能力等。有的学生水平偏 B 层却坚持选 A 层，他“看到了差距，产生了动力，同时也感到了压力”，不得不课后狠补，这就是学着为自己的选择负责。

以“自我管理、自我服务、自我教育、自我提升”为宗旨，我校每个年级都设有独立的学生自管会，自管会成员由年级公开招聘、学生公平竞选产生。配合学校和年级中心工作，学生自管会积极开展各项自主管理活动，直接参与到学校日常管理活动中，促进学生行为规范养成和校园精神文明建设。

“与校长共进午餐”活动，是校长办公室、学生发展中心与学生自管会共同策划的。活动每月举行一次，由学生自愿报名，将对学校发展建设的想法和建议提交给各年级选出的教育小参事，得到他们的认可后，便可获得代表全校学生与校长和校领导同桌共餐、共商“校事”的机会。自活动开展以来，学生们的主人翁意识高涨，更加积极关注学校的各项建设和活动。在国际部，两名学生通过竞聘走上“校长小助理”的岗位，充当校长管理学校、联系学生的小助手。

3. 经营社团——发现自我与优势发展

社会认知生涯理论强调，让个体在基于成功体验的基础上提升自我效能感，从而增强在某方面实现优势发展的信心，这一点对学生激发生涯兴趣很重要。我校将社团作为学生发展兴趣特长、锻炼实践能力、培养学生领袖的重要平台，现有近百个学生社团，全部由学生自主创建、自主选择、自主管理。

在每学期开学第一周，学生参加社团申报会，对本社团的活动内容做简单介绍，并根据自身特长，说明自己为什么有能力担任社长一职。之后通过答辩、投票、统计等环节，最终由社团指导教师、社团联合会（简称“社联”）主席团成员投票决定是否通过审核。每学年的社团招新，社长根据自己的社团特色选择不同的展示形式，在这个过程中，学生的创造力、想象力、竞争力在无形中得到培养和历练。活动结束后，学生们将在网上进行选报，选报截止后，社团联合会将对学生社团活动场地进行分配。每周二下午两节课，各个社团自主开展活动，活动结束后社长需要及时完成手册，记录该次活动的内容，并且在社团网站上传资料或通过社联官方微信发表推送。这些社团成为培养学生领袖的“摇篮”，不少社长精通某个领域且拥有大批粉丝。

许多学生社团与职业体验密切相关，有助于增进学生对职业与社会的理解，获得职业实践的“初体验”。例如，我们的学生创办了创意产业中心，关注和发现生活的细节和问题，用自己的创意和行动，让生活更加便利和美好。能源开发、医疗革新、教育养老……学生们大胆探索创新。他们连续三年参加厂甸春节庙会，和经济管理商社（简称“经管社”）的同学共同商定营销计划，精心选择、设计制作充满民族文化特色的商品，广受欢迎，和义工社的同学合作把所得收入全部用于支教活动。

经管社的同学组建了学生公司，采取自主经营、自主管理、学校监管的运营模式，主要经营饮料、面包以及学习用具等，并计划承办跳蚤市场。公司所有的盈利纳入我校的爱心基金，用于定期帮助我们周围需要帮助的人们。学校首届社团嘉年华活动的全部资金投入都是由学生公司赞助提供的。

影摄成长、梦耀青春，一台摄像机、一个梦想、一点创意构造出一部微电影。学校每年都会进行由社联主办、电影社承办的微电影节，学生们发挥想象力，自主设计活动策划案。他们利用课余时间进行拍摄，剧本的反复修订、演员的确定，拍摄时间的协调，让他们收获了友情，培养了沟通能力，增强了集体意识，了解了荧幕后面的世界。近几年，每年都有多达 40 部优秀的作品呈现，有学生考取了北京电影学院导演系等。

学校很多大型活动和特色活动都是由各个学生社团发起组织的，例如“校园贸易节”提倡低碳生活、循环经济。2017 年 5 月 1 日，我校学生发起成立志成学生联盟，集合学生、家长以及企业等各方力量，共同分享资源、组织活动，助力中学生的生涯规划和梦想实现。目前，联盟已吸纳近 50 所会员校，未来将发展成涵盖全北京、全国乃至全世界中学的动态智能资源网络。

4. 担当义工——寻找人生价值与社会价值

中学生一直待在“象牙塔”，对真实的社会缺乏关注和了解，影响着他们对人生价值的理解和判断。同时，当今社会的环境变化快速且复杂，帮助学生树立对自我与社会的正确认识，有助于提高学生面临学业、生活、未来职业等各方面可能变化时的积极应对能力。

我们提倡学生参加慈善义工活动，帮助学生了解他人、认识社会，提升社会责任感，锻炼综合能力，服务社会的同时提升自我，有助于学生探究生命的意义，拓展人生的格局。

我校一直提倡学生参加各种志愿者活动，并提供多种机会让学生志愿者贡献自我、服务社会。作为北京市慈善义工协会的第一个团体会员，2012 年三十五中成立志成义工社，以“奉献爱心，传播文明”为宗旨，覆盖全校师生。学生们积极参加协会举办的各种活动，帮助遭受特大暴雨的学校重建，春运期间在火车站提供志愿服务，宣传环保、文物保护，辅助孤寡，以及参加通州区自闭症儿童帮扶系列活动、太阳村关爱服刑人员子女活动、诺丁山基地流浪狗救助，等等。

学生们还主动出击积极关注社会，自己设计组织慈善义工活动，通过开展义卖、义演活动筹集资金和资源，为身处困境的同龄人提供帮助。例如每年春季的义卖活动，不定期地为藏区孩子和山区孩子捐赠衣物、学习用具和书籍等。孔祥瑞同学带领义工社，利用个人专长，组织北京市中学生摇滚联盟，举办了“为了孩子歌唱”义演行动，当日筹集善款9000元，全部作为助贫资金资助给贵州丹寨志成中学。

学生们还开展支教活动，将自己学到的知识和了解的世界带给打工子弟学校和贫困山区的孩子。志成义工社的几位同学定期到北京打工子弟学校给孩子们上英文课，还有许多同学会奔赴贵州丹寨志成中学支教，并集全校之力筹集善款10万元作为丹寨志成中学“志成奖学金”。2016年，义工社支教走向贵州大方县第五中学，同年成立“志成1+”公益基金项目，为同学们的公益项目投资。

2015年5月，我校发起成立北京市慈善义工协会中学分会。我们希望借力中学分会的力量，团结北京市的各个中学，从中学生做起，保护环境，关爱他人，不断弘扬社会正能量。2016年10月，组织北京市第四中学、中央民族大学附属中学、中国人民大学附属中学、北京师范大学第二附属中学、北京外国语大学附属中学等七所学校，每天驻守天安门广场，用双手践行“零垃圾”计划，携万人之手共同承诺——做文明出行的高素质公民，无论走到何方，始终践行“零垃圾”精神。

在做慈善义工的过程中，学生们累并快乐着，对生命价值的思考也更加深入。例如，学生徐逸菲表示：“我喜欢做义工，看到别人被我帮助，我很有成就感，因为我的所作所为对这个社会是有价值的。我希望我可以多为社会做贡献，实现自我价值。”学生王启均表示：“参与义工活动，既可扩大自己的生活圈子，更可亲身体验社会的人和事，加深对社会的认识，这对我自身的成长和提高十分有益。”

四、打造软硬结合的生涯教育支撑

在探索推进生涯教育的过程中，我们一边完善生涯教育的内容体系，一边丰富生涯教育的软硬件保障。高中部搬入新址时建设了生涯教育中心区域，包括专门的生涯活动教室、两间专用的个体辅导室以及沙盘室和放松室等，并与专业机构合作建设了生涯测评与生涯成长档案系统。

硬件够用的基础上，我们重点打造生涯教育的“软支撑”：一是明确每个教师都有生涯教育的责任，并着力提高教师实施生涯指导的专业能力；二是建设开放性的生涯指导教育系统，广泛整合社会资源开展生涯指导教育。

（一）全员参与的师资团队

生涯教育绝不只是心理教师或班主任的责任，而是每一位教育工作者的职责。我们建立起以心理教师为主导、导师为主力、学科教师为主体的全员参与的生涯教育团队，同时还引入家长作为外援、聘请专家作为指导，构建起全员覆盖、分工合理的生涯教育团队。

我校生涯教育与素质拓展中心现有专职教师 9 人，负责初中、高中以及国际部的生涯教育工作，包括生涯教育课程和修学旅行课程的策划与设计、组织与实施，以及对全体教师尤其是导师生涯教育能力的培训。其中 5 人为研究生学历，中心主任为北京市兼职教研员、西城区学科带头人，1 人为西城区兼职教研员、西城区骨干教师。我校生涯教育重视生涯探索活动，中心引进了修学旅行和素质拓展的专业教师；在全校教师中招募生涯教育兼职教师，带动全体教师把生涯教育的工作方法渗透在教育教学工作中。

导师是三十五中生涯教育的主力军。我校对导师角色的定位为学生的学业指导师、心理疏导师、生涯规划师，导师要在整个高中学习过程启发学生进行自我认知，根据学生的兴趣、爱好及能力特点，帮助学生厘清发展目标与方向，激发学生学习的动力，指导学生做出适合个人生涯发展的决策。从工作内容上看，导师要指导学生进行选科、升学通道选择以及负责综合素质评价等；从工作技能上来说，导师需要掌握生涯发展理论与咨询技能，了解国内外升学通路，具备过程性激励与指导的能力与方法，能够引导学生积极参与对生涯发展有助益的各类实践活动。为此，导师需要不断进行学习与积累，参加专业化、系统化、体系化的培训与督导，全面提升知识与能力水平。

关于学科教师在生涯教育中扮演的角色在前面已有详细论述。他们承担着结合学科教学对学生进行生涯指导的责任，还可以根据自己的学科需求和人生经验设计主题修学旅行，并且要在修学旅行中担任指导教师。

将学校、家庭、社会有机融合在一起，打破边界，共同创建适合学生生涯发展的和谐社区，是学校生涯教育的必由之路。家庭参与生涯教育，父母既可以为学生提供生涯发展资源，他们自身的教育理念也得到改变。我校开展了“家长讲堂”“家长访谈”“与父母一起上班”等活动，许多家长通过参与生涯教育，更理性、更客观地了解孩子，从而更积极、更宽容地看待孩子的成长。而学生也在活动中寻找到重要他人和社会支持系统。这些活动促进了家长与学生的相互理解、相互尊重、相互宽容，为学生发展创造了良好的家庭气氛。

此外，我们还邀请生涯教育领域的专家，到校为学生、教师提供专业指导，弥补校内教师在专业知识和经验上存在的不足。例如，我们邀请北京师范大学心理学院乔志宏教授到校开展“高考改革下的高中生涯教育体系建设思考”主题讲座，为全校教师深入解读在新高考背景下学生生涯教育的发展方向。邀请远播教育研究院常雪亮老师为高二六年一贯制课改项目班学生带来主题为“多元智能，唯有潜能不可辜负”的多元智能体验课程，并请我校教师观摩学习。

导师指导案例

三十五中语文教师　李冰

根据我多年观察，学生升入高中后，尤其在走班制下，主要面临以下困惑：不知道高中与人生规划的距离；不清楚自己的兴趣爱好；不知道自己的将来发展方向；学习压力大，不清楚不同学科应如何分配时间与精力；不清楚自己该如何选课；不知道什么是课题，课题与升学有何关系，课题应该怎么做。

作为一名导师，如何对学生进行生涯指导，尤其是指导学生选课呢？在此，我结合我对高二年级潇潇同学的指导案例，试着提炼一些经验。

首先，要讲清楚“选课走班”的目的、意义、课程设计以及实施特点，特别要讲清楚“选课走班”的原则以及具体步骤：①根据学生对某一学科的兴趣；在某一领域或方向的潜能、潜质，对未来的发展要求。②本人要亲自网上选课，不能由别人代替。③受教师人数、教室规模等因素限制，规定每班人数大于15人小于30人。④选课结果在本人签名认可并经批准后，一般不能随便改选。⑤遇特殊情况一定要退选、改选时，要填写退选、改选申请单，经过审批后方可操作。

为了帮助潇潇选择适合自己的课程，我从多个方面与她进行沟通，在对她全面深入了解的基础上提出自己的指导意见。我重点了解的内容主要包括——性格：外向型；兴趣爱好：喜欢看书；特长潜能：英语口语能力强、画画、演讲、与人沟通能力强、动手能力强；发展意向：医学；短期目标：数学、生物、化学达到A+层次；教育背景：偏重理科，自初中开始酷爱化学；家庭背景：父母均是医生；专业要求：当今社会对医生的专业要求很高，高水平医院进人标准相当高，一般需要博士毕业，最好有留学经历。家长对潇潇的要求：希望女儿将来能从事医疗事业。三十五中实际教学环境：数学、化学、生物有高水平的师资力量，拥有生物方面的高端实验室。

概括来说，我认为指导学生选课，应综合考虑以下几个方面的因素：①学生的个性特征，指学生的性格、兴趣爱好、特长与潜能及学生发展意向（如未来职业倾向、学生短期目标等）。②学生的教育背景，指学生的学业成绩、知识结构、家庭影响。③学生家长对子女的期望。④社会背景，指社会发展状况和趋势，如就业现状、未来人才需求等。⑤高校招生动向。⑥学校实际，指学校的硬件、师资优势、人文环境、地域特点等。

为了帮助潇潇建构自我、学科、专业、职业的立交桥，我还引导她认识学职群。学职群是我们在接受远播教育研究院培训时，由他们提出的一种生涯教育辅助工具，是从学科、专业和职业衔接的角度所做的分类系统，同一学职群内的学科、专业和职业，在学习及工作内容对应的兴趣类型、需要的能力等方面有较大共性。潇潇将来选择的医学属于理科，会涉及数理与信息经管群以及化生与物质、健康群两个大群。其中，数理与信息经管群包括数学类、信息与计算科学类、经济学类、管理学类，需要严密的数学思维能力；化生与物质、健康群包括化学类、生命与环境学类、健康学类，指向探索生命与自然的奥义。

基于对潇潇情况的了解以及学职群的分析，我建议潇潇若想升上理想的大学，需要在数学、生物、化学学科上下功夫，甚至要学得非常深，所以可以选择数学A+、生物A、化学A层次的课程；可以适时选择合适的生物课题，请资深生物老师杨远媛做专业指导；高二关注并积极准备医学高校自主招生，还可以先关注北大医学专业相关信息，做好职业规划。

除了引导学生尽早了解学职群外，我还依据霍兰德职业兴趣测试设置生涯测评，测评主题包括知识水平、能力结构、个性特点、职业倾向、发展潜能等。通过生涯测评，引导学生更加科学地认识自己、评估自己，进而明白自己适合学什么、应该学什么，为自己量身定做合适的“高中菜单”，锻炼理性选择的能力。

对学生的生涯指导贯穿高中三年，需要对每个鲜活个体进行细心指导与帮助，要在真正深层地了解学生情况和发展需求后，帮助学生逐步从模糊到清晰地找到自己的兴趣点及发展路径，切实服务好每一位学生。

（二）丰富个性的资源支持

生涯教育应该满足学生多样化和个性化的需要。我校近年来通过生涯教育区域环境建设、资源开发与整合、网络平台建设等手段，努力为教师生涯指导能力和学生生涯规划能力的发展提供资源支持。

2016 年 6 月 21 日，我校与北京师范大学心理学院签订战略合作协议。双方共同研发生涯教育课程，设计生涯教育活动，整合生涯与心理学科的优质教育资源，通过各种层次、各种形式、各种周期的课程培训推进生涯教育的发展。我校同时成为北师大心理学院的基础教育试验示范基地。

2016 年 12 月 5 日，我校与远播教育研究院签署战略合作协议，双方基于平等合作、共同开发、合作共赢的基本原则，在生涯教育领域开展全方位战略合作。双方共同建设生涯教育云平台，致力于形成全国范围内可供推广的测试模板。同时，双方共同研发生涯教育课程、导师成长进阶课程、学生社会实践活动课程，形成以学生生涯教育和素质教育为核心的相关产品，并通过线上、线下的方式进行深度合作。双方定期举行专题研讨会，交流国内外生涯教育领域的最新发展动向与研究成果，引进新的理念及实践方法。

此外，中国高中六校联盟校定期举行的生涯教育专题会议与交流活动，帮助我们及时了解和掌握各地有代表性的学校在生涯教育领域里的新动向与新途径，互通有无，共同发展。

我校毕业生在 2016 自发成立了“U18 学长联盟”，他们开设公众号，定期推送原创文章，内容主要包括介绍高中学习经验、介绍高校、介绍自主招生等。此外，他们还进班为学弟学妹宣讲，做学长辅导员，在高三家长会上为家长答疑解惑。高三学部组织“高校探秘”活动，学生们选择自己感兴趣的学校，通过学长联盟选择学校，相关学校的学长们负责带学弟学妹们参观校园、讲解专业、试听课程等。

每一个学生最终都将走向职场。生涯教育需要整合社会资源，通过丰富而真实的工作世界的体验，使学生们产生直接的情感联结，为其生涯决策提供参考。基于这一考量，学校先后与中科院京区科协、联合国教科文组织、全国多个科研院所、企事业单位等建立了合作关系，并签订战略合作协议。这些单位为学生提供生涯体验的机会，帮助学生了解自我、发现自我，认知外部世界，找到校内学习与未来职业世界的联系，找到服务社会的方向，思考选择一种什么样的生活方式。

我校学生参与建立的首个生涯规划学生组织“Dreammaker 梦创家研习社”，利用课余时间，通过宝马先进制造、航天探月探火、海尔智能家居、微软人工智能等系列生涯探索课程，了解世界 500 强企业的发展趋势，从线上到线下真实的岗位体验，从兴趣到行业，从行业到岗位，不断地确认自己的兴趣和方向。这些探索，从企业的核心岗位到与大学专业的对应，再反推自己目前的学业选择，构成了生涯规划的科学探索路径，打通了学业与职业之间的“最后一公里”。

对学生进行生涯指导不能仅凭经验，而要基于各方面的信息，所以，我们希望建设一个能提供科学的生涯测评、积累学生生涯发展档案的平台，将学生自我特点、学业情况、专业与职业兴趣等信息进行整合，可以分析、统计、评价、反馈，从而实现生涯指导的科学化、信息化。目前，我校正依托飞速发展的信息技术探索解决平台建设问题，为每一个学生进行个性化的学习指导，包括选课指导、选科决策指导、多元智能结构分析与学生个性化电子生涯档案等。

2017 年我们在官网上引入翼生涯系统，形成生涯云平台。2017 年 11 月，高一年级顺利完成生涯云平台中的兴趣测评、性格测评与多元智能（高中版）测评。在专家指导下，导师们学习如何科学解读生涯测评的结果，以期帮助学生更好地了解自我，科学合理地进行选科。这是学校生涯教育在学业指导和职业向导方面迈出的坚实一步。

五、成为自己的样子——学生生涯规划案例分享

我们的生涯教育不只指向学生高考或未来职业，而是为了每一个生命

的精彩引领学生主动追求更好的自己，成为自己的样子。在此，我们精心选择两个学生的生涯故事，通过他们的思考与探索，我们可以看到学生生涯能力发展需要怎样的支持与帮助。

以探索明确目标，以努力靠近梦想

2015级学生　王晓丹

相信大家都曾经被问过“你喜欢做什么”和“你将来想做什么”，对曾经的我而言，这两个问题的回答是一样的。小时候和家人一起参加了不少公益活动，每次活动都会接触到让我备受感动或者反思自己的人，而在这个过程中，我非常喜悦自己能或多或少帮助别人，这让我感觉到自己也是有很大价值的。那时的我认定，自己以后一定会成为一个帮助别人的“专业户”。于是我把全部心思扑在了参加公益活动上，想象着未来的我要怎样通过帮助别人来达到自己的人生目标。随着时间的推移，我开始明白，帮助别人的确是我未来人生中不可或缺的一个重要品质，但它并不等同于我的职业生涯的最终归属。

逐渐地，我发现对于还在摸索着寻找生涯规划的我们来说，梦想是个多选题。与其选定一个目标死磕到底，不如趁着我们还有机会去体验不同选择的时候，在跌倒中尝试总结，一步一步地减少这道选择题的选项。缩小范围并尽可能让剩下的选项变得细致和明确的过程，就是我们在生涯规划中最重要的——确定方向的过程吧。

现在，我的梦想是在大学学习传媒和艺术相关的专业，具体而言是学习平面传媒设计、兼修播音。确定这个人生的大方向，耗费了我和身边无数长辈的洪荒之力。从我对播音和主持的兴趣作为苗头，一点一点，我接触了美术编辑、杂志排版。作为初学者，我相信每个人都有过抓狂的学习阶段和不断被驳回的经历，从一开始一篇稿子改九遍还是勉强过关，到如今我也能偶尔给别人挑挑刺儿；从连广播站的设备怎么用都需要笔记提醒，到现在直播也脸不红心不跳。开始的过程往往很难熬，但是即使再焦头烂额，我也从未有过想要放弃的念头，大概就是从发现了这一点开始，我慢慢将传媒作为我未来人生中事业的落脚点。

千里之行，始于足下。有了明确方向让我们能不那么曲里拐弯地浪费时间和精力走岔路，可是终归，还是“走”字在最前面，靠的还是一步一步、仰望星空而又脚踏实地的努力。2017年5月，我萌生了想要创办一期文学杂志性质的校刊的念头。最初只有 4 个同学外加一位老师参加选题会，到后来集合 11 位编辑头脑风暴了第一期校刊《人·云》，直到我们将杂志送去印刷，仍然有人觉得我们不过是做了个宣传手册。两个月的时间，我们确定了一本杂志的灵魂和理念。对我而言，最困难的应该是排版。此前我从来没有如此大规模地正规做过杂志排版，但我必须比编辑们更早、更熟练地运用这些软件。一个月不到的时间，我从排版小白，一路过关斩将，成了一个还算熟练的 InDesign 的使用者，平时几乎形成了条件反射，看见谁都想问一句“稿子交了吗”。

如今再回想那段每个人都拼了命为了一本 80 页的杂志的时光仍旧感动之至，那样不计前路的拼命和酣畅淋漓的努力。而当那样强烈的目标和梦想摆在我眼前，我听到我的内心有一个声音在喊：这就是那个冥冥中你决定了的，今后可以为之奋斗和依赖的梦想。

有目标是想到，实现目标是做到，而生涯教育在我的未来规划中带给我的就是指引我去想和去做。我所理解的生涯教育，应当是贯穿我们一生拥有指向性的一门学问。很幸运，我在高中阶段能够有专门的老师来引导我，让我在人生规划的路上，不断发现和认识自己，并一步一步确立自己的目标。当然，生涯教育的课程化，也让我遇到了不少和我志同道合的朋友，让我们能够把彼此的梦想融合在一起。

归根到底，生涯关乎我们自己的未来，别人的建议和指导应当作为很好的参考，但别人不能替我们后悔和承担。就像第一节生涯课上老师讲的那样，只有当我们对自己的未来有了清晰的定位，我们才算是开始对自己的生涯有了负责的考虑。我很幸运，高二的年纪，我已经能够坦然并且确信地跟别人说出我的梦想，朝着它步步迈进。我也愿意相信，在身边的亲人、老师和朋友的提醒以及指引中，也会有越来越多的同龄人和我一样，为自己的未来畅想一幅充满希望的蓝图。

境外游学帮我重新定位

2017 届毕业生　徐佳淳

2015 年上半年，我参加学校与联合国教科文组织联合为六年一贯制课改项目班特别打造的境外课程，到美国高中插班就读半年，住在当地家庭，与当地学生上同样的课，并参与社区各种活动。

从我现在的认知水平来看，美国游学经历对我来说最大的价值就是帮助我找到自己的兴趣所在。美国的思想环境比较自由，你可以提出自己的观点，会有人去批判反驳，但是没有人去否定，你也可以去为自己辩解，而这样就给了你坚持自己的机会。再加上美国的走班制，是真真实实地走班，可以选择自己想要学的课程，同时也有机会去修改调整课程，这样一来，自己究竟喜欢什么，就可以在不同课程体验中见分晓了。

还有一个原因就是思考的时间与机会。在国内时，我们被课业压力充斥着，稍微放个假我们就会出去狂欢，等个车也刷刷手机，唯独没有留下思考的时间。但是到了美国，刚开始我感到空虚，没有了家人，没有了一切。这时无心做别的，孤独的我就开始质疑自己：我来这里做什么，我真正需要什么？当然这个问题不是想一次就有答案的，但是经过半年，我认为自己找到了适用于现在这个人生阶段的答案。

我去美国之前是个理科生，当时打算以后研究物理。经过了美国的课程选择、体验以及对不同社会的体验，我选择将美国历史、数学作为持续时间最长的课程。那时我意识到我可能会去学人文类科目，虽然我不知道学人文类科目是否能让我在人类社会中发挥最大的功效，但是我确确实实地知道了我喜欢历史。

回国之后，我就转到了文科班，然后就为了自己的 dreamland——北京大学开始拼搏了。在班级气氛非常活跃的文科班，在孔老师的引领下，我不仅是为了获得两分而喜悦，而且是为了获得知识而快乐，这渐渐让我在学习上找到了自己的价值，这进一步让我奋进。幸运的是，我最终在高考中取得了北京市第 100 名，被北京大学历史系录取。当然，这只是人生路上的一步，我对自己的探索与认识还在继续。

随着个性化教育时代的来临，生涯教育将发挥更加重要的作用与价值。在“立志·成人”育人理念的引领下，我们提出要将生涯教育作为学校教育的主轴，发挥生涯教育的带动与激发作用，从学生整个人生发展的高度来构建教育体系，帮助学生实现个性的充分发展，达到自我实现以及自我超越，成就最好的自己。

[第九章]

重构教师角色与教师学习

教师是课程实施的主体，在实践上决定课程改革的成败，甚至可以说教师是影响课程改革成败的关键。我们清楚地知道，作为一所处于快速变革发展期的学校，无论是课改的设想，还是学校的转型，若没有教师相应的改变，其他一切教育教学因素的变化都会因缺乏主体性支撑而终致落空。所以，我们提出“教师第一”，把教师的发展与成功作为学生、学校发展与成功的基础。

三十五中的“五制”改革和学校转型，对教师的观念、素质、能力和行动提出了全新的全面挑战，如何实现教师成长与学校变革的同步？基于校情和对教师发展的理解，我们变教师培训为教师学习，调动教师发展的主体性，重点把握理念引领、分层培训、合作研讨、科研导航、项目推动和评价促动等来重构教师学习，突出实践导向、改革导向和问题导向，以课程改革反促教师发展。

由此，我们凝练教师文化，转变教师观念，重构教师角色，确立教师队伍建设的目标；我们提供精准校本培训，构建多样化学习共同体，实行改革导向的科研引领和项目推行；我们探索开放多元的教师评价，激励教师自主发展……

一、传承与挑战，我们需要怎样的教师

95 年的办学历史中，三十五中教师在教育教学实践活动中形成、发展并沉淀出来一些具有共性的思想理念和行为方式，我们将其归纳提炼为“志成教师文化”。这些教师群体所认可并共同遵守的价值取向和行为特征，发挥着引导、凝聚、约束、激励等作用。

随着社会快速变化和相应的学生需求变化，我们推进教育教学的转型和学校变革，首当其冲地要“诊治”传统的教师角色凸显出的不适症。在这个固化与变化的进程中，我们重新定位教师角色，构建三十五中智慧型教师形象，引导教师将教育教学过程变成师生情感融通、知识碰撞、智慧启迪的生命交互过程，使教育教学成为肯定自我、张扬个性、展示魅力、完善提升的事业。

（一）描绘志成教师群像，凝练志成教师文化

在学校优秀文化形成的过程中，模范人物的带动作用非常明显。自建校之初，志成中学校就注重师资队伍建设，高薪聘请名师，创办人轮流出国深造。95年的办学历程，三十五中各个时期都涌现出许多优秀教师的典范，我们通过描绘、刻画志成优秀教师群像的方式来凝练并弘扬学校的教师文化。

2013年是三十五中建校90周年，我们设计颁发了“志成奠基奖”“志成园丁奖”“志成英才奖”三个奖项，以人为主线，梳理学校发展历程，凝练学校精神，传承前人理想智慧。其中，“志成奠基奖”颁发给为学校创办做出奠基性贡献的3位创办者和建校董事，“志成园丁奖”颁发给90周年办学历程中涌现出的16位杰出教师代表。近几年，学校每年都会在教师节前评选“感动校园十大人物”，通过表彰优秀教师或教师群体，来沉淀、弘扬教师文化。通过对这些优秀教师的群像的描绘，我们凝练勾勒出志成教师文化——敬业乐业、团结协作、勇于承担、敢于创新。

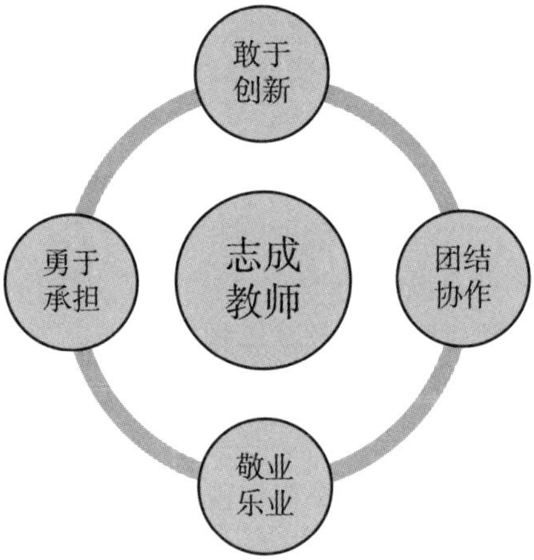

图9-1　志成教师文化

敬业乐业是志成教师的灵魂根基：志成教师对教育事业心怀虔诚，尊崇并喜欢自己的职业，将学生成长成才成功、教育社会价值实现与个人成长的快乐、自我价值的实现联系起来，在工作中找到价值感和幸福感。志成教师文化是爱的文化，因为热爱教育、热爱生命，所以我们尽职尽责、

诲人不倦。

团结协作是志成教师的工作方式：苏霍姆林斯基曾说过，教师集体是大家志同道合进行创造性合作的团体，在这里，每个教师都能为集体的创造做出自己的贡献，每个教师都能从集体的创造中吸取精神力量，同时也以精神力量去丰富自己的同志。志成教师文化是合作文化，教师之间友好、开放、互信、互助，一起学习、密切沟通，为了共同的教育理想、目标而协作共进，实现共同发展。

勇于承担是志成教师的精神特质：志成教师身受志成文化的浸润，传承志成初心，怀有“为了中华民族的复兴，为了每个学生的发展”从教的使命感，在每一日的校园生活中抱持面对学生发展需求和学校发展需求勇于承担的责任感。志成教师文化是责任文化，我们一肩挑着中华民族的复兴，一肩挑着千家万户的幸福、挑着每个孩子的发展，我们兢兢业业、勇于承担。

敢于创新是志成教师的进步之源：当今社会发展日新月异，社会和学生对教育的需求不断变化，教师必须善于发现问题、勇于面对问题、善于解决问题，以创新应对挑战。志成教师文化是创新文化，我们矢志追求卓越，保持思想开放，注重理念更新，勇对困难挑战，崇尚研究意识和探索精神。

（二）学校转型倒逼教师转型

三十五中目前是初中部、高中部、国际部、贯通培养项目四址办学，有教师 300 多人，各址教师队伍的基本情况和发展需求存在较大差异，队伍建设必须具体分析以“因材施教”。本书主要聚焦高中部的课程改革，在此我们着重分析高中部教师队伍的发展需求。

按照年龄结构看，高中部各年龄段教师所占比例较为合理，其中 35—45 岁者占比大约 50%。从职称结构看，高级教师占比 46.8%，他们有相当丰富的教育教学经历和经验，在教育教学中能够独当一面。从学历水平看，硕士研究生及以上占比达到 33%，学历水平比较高。可以说，高中部拥有一支年龄结构、职称结构和学历结构比较合理的教师队伍。

从数字上看，高中部有着一支相当成熟的教师队伍，但换个角度看，“成熟”的理念与思维、经验与习惯却恰恰是难以改变的。面对学校教育教学改革尤其是“五制”改革带来的新挑战，要走惯了熟路的教师们去重新认识、定位职业角色，转变教育教学观念，获取新的教育教学技能，改弦易辙的推动“成本”也许更高。

教育改革给教师带来大量压力、焦虑和担忧，在学校“五制”改革的进程中，疑问和困惑几乎伴随着每一位教师。我们进行的调查显示，教师们的疑问和困惑主要可以归纳为三个方面：一是这课到底该怎么上？有着丰富经验的优秀教师，往往擅长在课堂教学中尽情展示专业能力和个人魅力，把知识点讲好、讲透。而留白课堂倡导学生自主学习、合作学习，倡导将课堂还给学生，教师讲的减下来，那教师干什么？二是以前备好课、上好课就行了，现在要做的怎么这么多？除了备课、上课，教师还要负责课程开发，参与课改项目、课题研究，负责数名学生的全面指导……教师承担的任务与角色日趋复杂。三是现在的学生怎么这么难管？学校倡导尊重学生的主体性，给予学生自主选择权与自主发展权。从行政班到教学班，学生的权利有了、自由多了，而教师面对的问题变多了，变复杂了。

面对变化与挑战，教师唯有选择以变应变。具体分析，高中部教师专业发展的需求集中体现为四个层面。

第一，转变教育教学观念。随着制度重建尤其是走班制的实施，打破了行政班的模式，如何构建全员育人、关注个体的新型育人模式，就成为改革成败的关键。教师关注点不能只聚焦于教学与分数，必须转变教育教学观念，承担起育人使命，帮助学生发现自我、唤醒自我、成为自我，成长为一个完整的人。

第二，增强课程开发和实施能力。学科课程群的规划建设和分层分类的课程实施方式，科技创新人才培养、六年一贯制等课改项目的推进，要求教师不再是被动的课程实施者，而要成为课程改革的主体。他们需要从课程专家的角度来思考如何建构课程体系、选择课程内容、组织教学活动、进行课程评价，重新认识所教学科，提升课程创生力。

第三，转变课堂教学方式。如何改变单一的灌输式教学，采取更适合学生认知特点、鼓励学生主动探究、促进学习力生成的多元化教学方式，这是三十五中课堂教学变革带给教师的挑战。在留白课堂中，教师不再只是知识的传授者和权威者，而成为学生学会学习、求得新知的引导者、合作者。

第四，拓展专业知识，提升专业技能。“五制”改革后，学校要求每位教师都能担任导师，人人都要承担育人职责，成为学生学业的指导师、心理的疏导师、生涯的规划师。每个角色都需要不同的专业知识和专业技能，而以前的教师教育对这些内容的涉猎不深，教师迫切需要拓展相关专业知识，提升相关专业技能。

（三）三十五中智慧型教师的三重角色

文化即人化，教师文化的核心基点是“教师是谁”的问题，教师形象则是教师文化主体的表征。在第二章我们已经详细阐释了当前社会环境变化、学生需求变化，要求教育发生转型性变革，并对教师角色提出挑战。三十五中正在由传统学校向现代学校转型，课程变革、制度变革等综合性变革，对教师提出新的角色要求。近些年我们在三十五中提出了智慧型教师的三重角色。

第一，有教育理想，有教育激情，有教育情怀；懂生活，会生活，有梦想；心中有爱，目中有人。

教师职业与其他职业最大的不同之处在于需要倾注更多感情，从事的是“情感劳动”。这感情并非无源之水、无根之木，而是来源于教师对教育的情怀、对生活的热爱、对学生的喜欢。我们希望三十五中的教师，不仅要教学生学会学习，而且还要熏染学生体味爱与生活，以思想与思想碰撞、心灵与心灵沟通、情感与情感交流、生命与生命对话，激发学生对真、善、美的向往与追求，这样的教育才是有高度、有温度的教育。而这首先需要教师本身是个丰富完整的人，能在教育教学中将角色自我与个性自我融为一体，所以我们一直提倡教师“健康第一、家庭第二、工作第三”。

第二，由传统的答疑解惑者，成为课堂教学的设计者、课堂教学的组织者、学生学习的指导者、学生成长的陪伴者以及学生发展的评价者。

三十五中的留白课堂变革，要求教师学会“进退”——教师在课堂上从主演变成导演，学生从群众演员变成主演，这是教师的“退”；同时，教师不能止步于知识的答疑解惑者，更要成长为学生学习力生成的指导者，这是教师的“进”。进退之间如何把握，考验着教师的教学智慧。

第三，担当学生的学业指导师、心理疏导师、生涯规划师。

“五制”变革下，我们要求每个教师都能担当导师的角色。针对学生的成长需求，导师要负责对学生的学业、心理和生涯规划等进行全方位的指导，帮助学生认识自我、发现自我、成就自我，促进学生自主、全面而有个性的发展。这样的角色定位，对教师的专业发展提出了全新的要求和挑战——要给学生一杯水，教师首先要有一桶水，而且是活水。

这三重角色要求组合在一起，形成了我们对三十五中智慧型教师的定位：具有积极的教育观和人生观，能激发学生的热情和潜能；具有高超的教学智慧和教学艺术，能提升学生的思维和学习力；具有全面的社会知识和思维方式，引领学生健康成长、和谐发展。

二、重新认识教师发展，强化教师校本学习

学校的课程改革及配套制度重建，对教师的教育观念、专业知识和专业技能提出了全新要求。要应对这些要求甚至无法找到现成的答案，我们唯有以学习、研究和实践并行来应对挑战。显然，传统的教师培训无法满足教师的这种个性化学习需求，所以重新认识教师学习、重新定位校本学习成为我们唯一的选择和出路。

（一）从“教师第一”到教师发展中心

学校的改革最终需要转化为教师的教育教学行为，所以教育改革必须充分发动和依靠教师。我们一直认为教师是学校的第一资源，因此提出“教师第一”的观点——只有教师发展了，才能推动学校的发展，促进学生的健康成长；只有教师成功了，才有可能换来学生的成功，才能证明学校是成功的。也就是说，教师的成长与发展，是学生与学校成长与发展的前提与基础。

学校对教师发展具有天然、无可取代的职责——学校不仅是培养学生的场所，而且也是教师专业成长的基地；教师的专业发展不仅是教师提高教育教学质量的重要条件，而且也是学校发展的重要目标。基于这种理念，2012 年三十五中进行了机构改革——在教科研室的基础上重组建设了直属校长管理的教师发展中心，旨在更好地助力教师发展。

教师发展中心的核心理念是“以人为本，以事育人”，致力于为教师搭建“全员”“全程”的成长平台，为教师创造“乐业”“敬业”的土

壤，力争让每一位教师都能在专业素养、职业精神、事业情怀等方面取得进步，感受到教师专业成长的幸福，感受到教师职业的幸福。

作为助力教师专业发展的职能组织，教师发展中心积极引进国内外先进教育教学理念和管理经验，着力开展教学研究、专业培训、质量评估、资源建设、同行研讨以及国内外交流合作等，立足于激发教师热情和潜能，提升教师的教科研水平和综合素质。

培养能适应学校“五制”改革的现代教师队伍，是教师发展中心成立之后面临的主要任务。为此，我们重新认识教师专业发展和教师学习，充分整合校内教师专业发展资源，优化教师培训课程体系，为教师发展提供可选择、专业化的培训体系。关注教师角色定位与学校发展改革的适应和调整，坚持学习型教师、发展型教师的培养，重在引导教师主动发展，唤醒教师自我发展的意识。

为进一步促进教师专业发展，三十五中 2017 年 12 月成立教师专业发展委员会，成立学科督导专家组，聘请学校优秀教师和校外专家，采购和定制培训方案，对不同年龄段和不同学科教师进行专项培训，提升教师培训的针对性和实效性。

（二）对校本学习的再认识

近年来，教师发展研究从教师教育走向关注和重视教师学习。“教师学习”是在情境认知学习、建构主义等理论的影响下兴起的热点议题。研究者们认为，在积极引导学生发展的同时，社会、学校应该重视教师学习的动力作用。教师学习是一种自主学习、合作学习、行动学习的集合过程，具有学习形态整体、学习方式缄默、学习内容情境的特性。（陈向明 等，2014）所以社会、学校需要给教师创造的学习平台应该是一种情境化、建构主义的学习环境，使教师能够主动参与学习活动，取得高质量的学习结果。

“学习是一种必需，它是自我保存和生长过程的一部分。”（赵祥麟 等，2006）对教师而言，学习是职业生存的基本方式和职业发展的内在需要。我们在校内的调查也表明，绝大多数教师都有强烈的学习愿望和需求，希望通过学习促进自己的专业发展和个人成长，增强自身的教育实践能力并获得职业成就感。

“教师作为具有专业知识和实践经验的成人学习者，所学内容必须与其已有实践经验相联系并加以整合，才能有效地内化为他们的知识与行为。”（张铁道，2011）可是，传统的由区域教育部门主导的教师培训，是一种侧重专业权威、系统讲授、经验分享式的集体授课式培训，具有高效率、专业化的优点，但同时存在理论与实践、学习与工作、正式与非正式生硬分割的缺陷。

与教师培训相比，教师学习更重视教师的主体性，关注教师的自我教育和自我提升。建构主义认为，离开学习者的背景知识和经验来谈“建构”是毫无意义的。教师学习也是主体建构的学习，所以应该是紧密结合教育教学情境的、真实的、问题的、案例的学习，是参与教师共同体构建的合作学习。

需要特别强调的是，三十五中的改革具有先行性和独特性的特点，因而我们必须强化教师校本学习，这是学校变革成功的基础与关键。校本的含义是立足本校校情、开发和利用本校资源、解决本校问题，以促进教师、学生和学校的发展。我们理解的校本学习，应该立足于学校，立足于日常工作实践，以学校变革发展需求与教育教学需要为出发点；应该是合作性学习、研究性学习、实践性学习和反思性学习；应该是关注教师的日常教育教学活动，以教师自我为导向、以其经验为基础的发展性学习。为此，我们合理利用学校真实全面的工作情境，既引用外部专业支持，又要在内部营造合作文化，为教师学习搭建多元立体化的校本研修路径，促使教师从自身的学习经历中有所体验、有所反思、有所感悟。

三、重构教师学习路径，提升学习“匹配度”

在助力教师专业发展的行动中，我们尽量规避就理念培训理念、就知识培训知识、就能力培训能力，注重针对教师们特定的工作任务所需要的理念、知识和能力进行培训，以教师们的具体工作任务为基础，将理念、知识、能力的培训隐含在“事”的培训中。由此，在扎根现实情境、面对现实问题的专业发展中重构教师学习路径，不断提升学习的“匹配度”。

（一）分层定制教师学习

每个教师的个人成长都是一个不断实践、不断反思从而实现螺旋上升式的成长的过程，有其规律可循。我们依据教师学习理论，将教师专业发展划分为新手教师、胜任者教师、专家教师三个阶段，针对处于不同发展时期的教师，分层定制系列在职培训课程，为教师学习和专业发展搭建阶梯式的平台，努力帮助教师在职业发展的各阶段解决发展难题，突破发展瓶颈，实现自我发展。

1. 新手课程

新手课程是为了帮助新入职教师尽快适应新环境、顺利完成从学生到教师的角色转换、投入学校教育教学工作而开发的基础类培训课程。本阶段教师发展目标是逐步适应教育教学工作，熟知学校的教学常规和各项规章制度，能独立完成备课、讲课、命题、课外辅导、教育教学工作总结等任务，成为一名合格教师。

新手课程关注新教师的教材运用、学科知识体系、教学基本功等方面的培养，帮助他们尽快度过适应期。目前该课程主要涉及新教师入职培训、入职100天培训、入职200天培训、西城区新教师入职培训。新教师入职培训包括破冰游戏、学校发展理念和学校文化培训、课堂教学常规与学校教学改革培训、个人三年发展规划培训、自修三十五中新教师手册；入职100天培训，交流百天工作感受，组织沙龙分享；入职200天培训，感受团队中成员的成长与成熟。

课程举例

新手教师的角色融入

为了让新教师更好地了解教师职业发展，在新教师入职100天组织“谈心·不再陌生——新入校教师百日聚会”，用有思想、有温度的谈话拉近教师之间的距离。从初来乍到到不再陌生，从不陌生到熟识亲近，新教师聆听着嘉宾分享他们当年的经历，在爱伙伴、爱校园、爱工作、爱生活的情景浸润中，明晰了前进的方向，充沛了发展的动力。

新教师入职200日聚会活动分为三个环节。环节一：猜猜她/他是谁——“天使”分享观察到的特点（最好以一个典型事例说明），其他教师猜测她/他是谁；环节二：互动游戏“天使在身边”，天使将“天使纸条”交给被观察的人，被观察者要以最热情的方式欢迎天使的到来，并分享收到“天使纸条”时的感受；环节三：嘉宾讲话——由书记、校长为新教师分享职业路上的成长与感动。通过这样的活动，新教师加深了彼此的认识和联系，减少了从教路上的迷茫与困惑。

2. 胜任者课程

胜任者课程是为了帮助青年教师提升专业能力、拓展业余兴趣开设的培训课程，该课程关注青年教师对课堂教学的熟练驾驭、对学科本质的深刻理解、对教学艺术的体悟践行、对兴趣爱好的拓展培养。胜任者课程培养目标是帮助教师弥补专业知识、技能的弱项，努力发展专业特长，能承担区级以上公开课和观摩课，能开设选修课、课外讲座，组织学科课外活动，指导研究性学习，等等，具有科研意识，能参加教育科研课题活动，全面胜任学校教育教学工作。

目前该课程主要包括导师系列培训、中国高中六校联盟专题交流活动、青年教师语言艺术化表达素养课程等。胜任者课程在实施方式上强调为教师创造多种形式的学习共同体，让教师在合作学习中建构和丰富实践知识，激发专业发展的自主意识，提升实践能力。

课程举例

语言艺术研修：语言表达艺术鉴赏

教师的语言的艺术表达能力和嗓音使用能力直接关系到教育教学效果。教师发展中心联合艺术中心推出青年教师语言艺术化表达素养课程，以语言表达艺术素养拓展为核心，以青年教师语言能力、艺术表达能力、艺术创作能力、文化传承能力为重点，为青年教师优化语言表达素养提供专业训练，在课堂中绽放声音的魅力，在生活中渲染艺术的美好。

培训总目标是教师语言规范清楚、准确简洁、合乎逻辑、富于启发性和感染力并带有幽默感，消除语言障碍，用语言艺术魅力唤醒学生心灵。具体目标包括：语音准确，符合教师示范性特点；音量适中，谋求学生在听觉上自然舒适；语速合理，保持语言的流畅与清晰；语调抑扬，寻求有声语言的色彩变化；音色优美，显示教师语言的审美追求；用词恰当，表明职业语言的丰富底蕴。

培训课程主要涉及六大主题内容，分别是十三辙之韵美、此时无声更有情、从听觉上书写春天——模仿、金玉良言立人生——守望的力量、间歇音乐与诗歌的选用、现代诗歌朗诵表演。课程结束后，采用汇报展示的方式，对学习结果进行考核。

3. 专家课程

专家课程是为了帮助骨干教师通过参与教育研究或实验，加深对教育教学理解，总结反思教学成功经验而开设的研修类课程。专家课程的发展目标是帮助教师形成鲜明的教学风格，成为学校的骨干力量，努力成为市级骨干教师、带头人等专家型教师。

该课程主要采用项目学习的方式，包括外出考察学习、承担科研课题、成立名师工作坊等，促进教师在研究中进一步提升教育教学思想和能力，主动进行教育教学改革，总结形成自己的教学风格和教学艺术。

课程举例

成立名师工作室

学校为教育理念先进、具有较强教育教学能力及研究能力、基本形成自己教学风格和教学艺术的教师成立名师工作室，例如宁成名师工作室、郭志萍名师工作室等。名师带领着骨干教师针对学校教育教学中的一些问题以及教育教学改革的需求，开展专题研究与实践，既实现资源共享、智慧生成、全员提升，也促进了名师的自我突破和自我发展。

（二）构建多样化学习共同体

华东师范大学终身教授钟启泉（2012）曾说：“从根本上来说，承担起学生学习与发展的不是一位教师，而是整个教师团队；不是一间教室，而是整个学校。”他倡导研究教师学习共同体，认为这是一种超越了学科、教室、学校的同整个社会乃至整个世界息息相通的共同体。

我们认为，教师的专业发展不是靠排他性竞争，而是靠团队力量获得的，“合作共享”是教师专业发展的关键支撑。因此，三十五中打破学科组、年级组甚至学校的界线，围绕着共同的研究主题建立起形式多样、正式或非正式、开放的教师学习共同体，以平等对话、交流合作的组织方式，针对主题或目标开展切磋交流、研究合作，拓展教师们的思维视野，提升其实践智慧。

更重要的一点是，与同行的交流切磋，让教师们跳出了小圈子，看到了“天外有天，人外有人”，激发了教师主体生长性尤其是学习主动性。这对教师成长至关重要，因为从根本上讲教师不是“被塑造”而是“自我塑造”的。

在此，我们选择几个不同层面的教师学习共同体进行展示。

1. 学科师徒结对：校内合作新老共进

师徒结对的形式能够充分发挥骨干教师和名师的传帮带作用，帮助青年教师少走弯路，在短时间内适应并能卓有成效地展开工作。青年教师展示出来的青春气息可以感染老教师，从教多年的老教师的执教经验对青年教师来说都是宝贵的财富，师徒结对就像一条无形的教学纽带联结在师徒之间，增加了新老教师交流和相互学习的机会，有利于发挥合力作用，实现师德、教学艺术、教育管理能力的同步提升，全面推进学校师资队伍建设。

为了高效实现新教师向老教师学习教学经验，增强师德修养、理论修养、教学素养的目的，学校明确规定了老教师的辅导职责、新教师的学习要求。

师父责任

要做好“三带”：带师魂——敬业爱岗，无私奉献；带师能——掌握教育教学基础知识与技能；带师德——育德之道，为人师表。

耐心细致地做好徒弟的思想工作，以良好的师表形象感染徒弟，以爱岗敬业的言行鼓舞徒弟，引导其健康成长。

传授技能，从基本知识、技能抓起。指导徒弟合理制订工作计划，有序地进行教育教学和教科研活动，帮助其解决在教育教学中遇到的困难。

调动徒弟的工作积极性和主动性，及时帮助徒弟解决教学中存在的问题和纠正不良倾向，并对徒弟提出评定意见。

具体要求：

1. 每周至少听徒弟课 1 节，并按照 1 节好课的评价标准认真评课，做好听课评课记录，写出指导意见，学期末上交。

2. 精心指导徒弟：①如何备课（如何进行教学设计）；②如何说课；③如何上好课；④如何批改作业；⑤如何编制试卷；⑥如何进行（试卷、作业）讲评；⑦如何收集和使用教学资料；⑧如何进行课件制作；等等。

3. 指导徒弟参加达标课或公开课一节，参加“志成杯”活动。

4. 每学期末对徒弟做出一次综合评价，指导徒弟做出个人职业发展三年规划。

徒弟责任

要做到“三学”：学师德；学思想——教育教学理念；学本领——教育教学能力。

尊重师父，谦虚谨慎，勤奋好学，认真完成师父安排的每一项任务，主动向师父汇报思想工作情况，不断提高业务能力。认真学习领悟教育教学理念，在实践中自觉贯彻、主动探索。

具体要求：

1. 认真备课，主动求教，教案需写详案，提前准备教案请师父检查。主动听课，每学期听师父课不少于 20 节。听课要认真记录，写出体会或个人见解，学期末上交听课笔记。

2. 每学期在组内上达标课或公开课不少于 2 节，虚心听取意见并写好教学反思。

3. 每月写一份教学反思或教学体会、教学随笔，请师父指正签字后在青年教师“教学沙龙”上交流。(每学期要求写 4 篇)

4. 每学期要写一篇教学总结或心得。

同时，教师发展中心制定了师徒结对学习的管理与考核制度。

1. 教研组推荐与学校安排相结合，9 月初确定师徒名单，9 月进行拜师仪式。

2. 教研组和课程与教学中心联合对师徒日常教育教学相互听课、交流情况进行不定期的检查。

3. 教研组和教师发展中心联合在期中、期末就青年教师培养工作专题进行意见交流或研讨，总结成绩，完善培养措施。

4. 学校将对“志成杯”获奖教师及师父进行表彰。

2. 导师沙龙：集体研讨转变角色

“导师”在最早期的希腊语中，是知识与智慧的象征，“以学导之”与“以心导之”并行，才能称为导师。三十五中将导师的职责具体框定为学业指导师、心理疏导师与生涯规划师，那么如何帮助教师胜任这些角色？改革启动后，我们持续通过专题培训、专题论坛、导师沙龙等多种形式，形成导师学习共同体，大家共同学习和思考如何成为一名合格的导师。

目前，学校已经形成《北京三十五中首席导师、导师职责（草案）》，界定了首席导师和导师的教育目标、职责和主要工作，并划分了高中三年六个学期的学生目标、教师目标和导师阶段工作重点，这些为导师工作提供了有力“扶手”。

2017 年，北京市开始实行新高考方案，导师如何帮助学生找到适合自己的发展方向、科学地选科选课并进行生涯规划？在根据前期培训需求调查确定培训方案的基础上，由教师们主动报名组成学习共同体，于 2017 年 5 月 6 日至 6 月 24 日进行系统化的培训。

观摩课：生涯教育中心邀请远播教育研究院常雪亮老师带来主题为“多元智能，唯有潜能不可辜负”的多元智能体验课程，并请学校教师观摩学习。观摩课中，常老师首先让学生完成“我最厉害的是……例如我能做到……”的未完成句，引导学生思考自己最擅长的能力。结合学生们自我能力的发掘介绍了多元智能理论，通过卡片形式让学生再次探索自己的能力，通过具体活动深入洞察自己的擅长领域，给予学生弥足珍贵的内省经验。

启航篇：主题是总体解读生涯教育的内涵、任务与内容。首先，针对“作为导师我已经做过什么”和“我参加本次培训的目标是什么”两个问题，教师分组分享讨论，逐渐明晰自己的需求，加深团队感情。接着，总体介绍生涯、生涯教育的内涵，具体诠释生涯教育的三大任务、四大指标与五大内容，帮教师系统理解生涯教育。最后，将理论与实践相结合，提出新高考背景下的生涯教育工具——学职群，并从学职群的价值与意义、七大学职群的内涵、学职群的实践应用等方面进行介绍。

提升篇：主题是新高考背景下的挑战与机遇以及导师所面临的新任务。首先，常雪亮老师教授了一种新方法，即通过让学生回忆其生命中印象最深的故事，来思考故事与个体生涯发展的关系，并让教师们彼此演练。其次，教师们围绕新高考是机遇大于挑战还是挑战大于机遇开展了一场辩论赛，常老师基于实际需求指导他们如何根据测评结果指导选科选课。最后，远播教育研究院的苏尚华老师以资深 HR 的身份，介绍了企业组织机构及人才引进机制，希望从未来工作世界对人才需求的角度，启发教师们思考在高中阶段如何培养学生，才能让他们走向工作世界时具有足够的竞争力。

胜利篇：主题是利用贴近实际的生涯方法帮助教师认识自己，帮助学生开展生涯规划。首先，着重引导教师们从个人成长中体会教练技术在导师工作中的运用，并从教练与专家的角度分别介绍了导师三个层次：授人以欲、授人以渔、授人以鱼。其次，重点介绍了导师工作中常用的三个辅导方法。第一个为生活轮轴式测评，引导大家发现自己对于生活之轮各个部分（例如事业、健康、个人成长等）的满意程度，这个生活轮轴中也正隐藏着我们此时的优势与不足。第二个为教练的 GROW 问话模式的学习，G 代表目标（Goal Setting），R 代表现状（Reality），O 代表选择（Options），W 代表行动意愿（Will），并以小组的形式模拟被指导的人、导师、观察者三个角色。第三个为生涯探索问话清单的使用，即引导教师们对自己有一个更深入的思考，通过“自己最理想的生活是什么样子的”“哪件事特别有成就感”等问题，既帮助教师们更好地认识自我，也让其他人帮助其发现潜能。

随着“五制”改革的推进和新高考方案的实行，导师承担的责任越来越重要。我们将继续与专业机构合作，组成不同形式的导师学习共同体，引领教师们在学习与反思中提升自我。

3. 中国高中六校联盟：校际合作取长补短

为了共同的教育理想，三十五中与全国其他地区 5 所顶尖名校于 2011 年一起建立中国高中六校联盟。六校联盟以“共享优质资源，携手并进，创建价值联盟，引领发展”为宗旨，强调资源共享，通过深度交流，不断创新合作形式，不断增进校际关系，打造发展共同体，以促进教师和学生共同发展、办学品位共同提升、教育质量共同提高。

六校联盟跨越地区，于坦诚的交流合作中建立起校际部门之间、学科之间、教师之间的横向对口交流平台，形成了“一校之力难为，六校之力可成”的联盟优势。六校联盟自建立以来，每学期定期举办活动，其中教师专业发展是重点，通过研讨会、专题活动以及赛课等形式，构建起针对中层干部、教研组长、班主任、学科教师等不同群体、不同需求的跨校教师学习共同体。

为培养教育家型班主任，以北京班级文化建设交流为契机，六校派出优秀班主任展示班级环境文化、制度文化、行为文化以及精神文化建设案例，班主任们共同探讨班级主题教育活动策略方法；每校精选两位班主任，以集体智慧凝练班主任教育思想，在甘肃兰州召开专题研讨会；计划结集出版《当站在教育家的境界》……在这个共同体中，六所学校的校领导、班主任们通过多种形式一起探索班主任实践经验概念化的操作方法，探索促进班主任专业成长的技术路径。

六校联盟聚焦学科建设和课堂教学，每年举行一次教研组长会。尤其学科三年规划展评后，每年都在六校轮流举办不同学科的督导暨学科优质课展评活动。教研组长、授课教师和观摩教师组成代表团，与其他学校同学科的教师们一起，围绕本学科的课程和教学，课上竞技，课下研讨。

近两年，六校又组建了生涯教育的学习共同体。2016 年 5 月在江苏省锡山高级中学形成“中国高中六校联盟生涯教育无锡共识”。2017 年 6 在西安召开生涯教育专题研讨会。

无论是研讨会，还是赛课，或者专题督评，教师们都需要围绕主题进行充分的准备，往往是集全年级、全学科之力解决某个难题。交流现场的高手过招，让教师们看得过瘾、想得深入，激励着他们互相借鉴、超越自我。

4. 专题考察：项目研究形成方案

学校推进“五制”改革的过程中，面临种种新问题和新挑战，与同行进行有针对性的交流能给我们一些启示。为此，我们多次组织有主题的境内外考察，由校领导、行政干部以及骨干教师等组成学习共同体，带着具体的研究课题进校观摩考察，及时交流见闻与思考，回校后以小组为单位形成考察报告，尤其突出对学校相关工作的针对性建议和改进方案。

为了学习美国同行在课程建设和教学管理等方面的先进经验，2013 年和 2014 年的寒假，学校先后组织了两批教师赴美考察学习。我们精选参与课改项目和承担课改任务的干部、教师组成考察团，并细化为教育教学、学校管理、文化建设、走班管理等不同项目研究小组，要求他们提前学习美国相关情况、思考当前工作存在的疑惑，带着问题去观察、提问、思考。他们通过校园观察、课堂观摩、师生座谈等形式，全面了解美国学校教育，重点考察承担项目，并在晚间即时分享交流所见所思。回国后，每个小组的成员进一步研讨总结，梳理收获和启发，拿出有见闻、有问题、有建议的考察报告，并以灵活的形式在行政会、全体教师会上进行分享。如何进行问题导向的教学设计，如何营造开放的课堂氛围……每个考察团成员都结合本职工作撰写考察报告，多篇文章在市区科研论文比赛中获奖并被媒体刊发。此外，考察团成员还在教研组内潜移默化地传播学到的先进理念和做法，并带领项目组进一步完善项目实施方案，让境外学习真正发挥效用。

学校试点推进走班制改革时，上海、浙江两省市于 2014 年 9 月开始实行新高考方案，不少学校也在探索推行走班教学等。针对走班教学的主题，2014 年 10 月 25—27 日，学校行政干部赴上海、浙江考察，走访了上海市上海中学、上海市七宝中学、上海市市西高中、浙江省杭州绿城育华学校、浙江师范大学附属中学等各具特色的学校。针对走班教学的主要做法、走班选课的课表排定、高端科学探究实验室的建设使用、开放教学空间的规划打造等具体问题，我们集体进行调查研究和研讨反思，进一步清晰了学校新校舍建设和走班选课的方案。

（三）改革导向的科研引领与项目推动

作为一所全面推进综合改革的学校，难免会遇到新问题、新困惑、新矛盾，依靠原有经验和办法往往难以解决。为此，三十五中的教师学习坚持实践立场，强调以科研为先导、以问题为切入点，将学校变革与教师学习结合起来，采取科研引领和项目推动相结合的方式，解决学校改革中遇到的问题、瓶颈和困惑，并将研究成果以教师校本培训方式加以推广，从而提升教师的专业化水平，促进教师角色的转变。

日本东京大学教育学教授佐藤学（2016）先生在《教师花传书：专家型教师的成长》中指出，教师的工作既有匠人的一面，也有专家的一面。前者的动作是无意识的、显性的，他的世界是由“熟练的技能”“经验”“直觉或秘密”构成的；而后者的思考则是有意识、隐性的，他的世界是由“科学的专业知识”“技术”“反思与创造性探究”构成的。我们理解，专家型教师必须融通两种学习方式。三十五中以课题研究为载体开展教育科研，邀请一线有科研经验的专家级教师进行基本理论及方法的培训，指导教师有效地开展课题研究，增强教师的科研意识，提高其科研能力。在此基础上，学校对教师开展课题研究提出了硬性要求，让科研引领教师成长。

教育科研要从“不满意自己开始”，学校要求每个教研组每学年自主选报一个课题，课题组长确定整体规划和阶段性计划，对每个学期的研究过程和原始材料进行记录、保存，每学期期末要有阶段性总结。对于在科研中出现的问题，教师发展中心协调各部门给予解决，以保证科研工作顺利进行。此外，学校要求教师每学期写一篇教学论文或教育叙事，教师发展中心组织评审委员会对论文或叙事进行评审，将质量较高的作品进行编辑、交流。每学期开学初全校交流，展示教师的科研成果。学校还鼓励教师向报刊投稿，对于发表论文的教师和参加市、区教研部门组织比赛获奖的教师，在评优评先上给予加分奖励。

在学校层面上，基于学校实践将正在开展的变革申请为研究课题，要求相关人员以科研的精神和方式，探索学校变革路径的策略，促进学校教育改革与发展。例如，2016—2017 年，高中部承担区教委委托课题“‘五制’改革——现代学校制度建设研究”，初中部承担区教委立项课题“学段贯通式培养背景下初中阶段提升学生学科素养实践研究”，国际部承担中国联合国教科文组织全国委员会重点项目、中国教育学会“十二五”规划重点课题、北京市教委委托课题“基础教育国际化人才培养国际比较研究”，学校还承担了国家哲学社会科学基金重点课题“人才培养模式的国际经验及其改革研究”的子课题“如何超越模式化面向个体提供个性化教育”的研究。

这些课题研究大都是综合性的，涉及课程内容、课程管理、教学方式、学生指导、学生评价、信息技术应用等。所以，我们将每项课题都细化为相关的多项子课题，由相关部门负责人作为子课题负责人组织队伍，针对具体问题开展研究并拿出有可行性的成果，尽可能扩大课题的参与面和影响力，让更多教师都参与到课题研究中来，参与到学校变革中来，从而促动教师的专业发展，促进学校的变革发展。

这些年，三十五中开展了许多课改项目，例如六年一贯制课改项目、高端科学探究实验室建设、“五制”改革等。每个项目都成立了专门的项目团队，在领导层改革设想的指引下，项目团队享有自主权力和特殊待遇，负责将规划、理念转变为实践，并对改革方案提出完善意见。例如在六年一贯制课改项目中，教师们自主思考在培养拔尖创新人才的育人目标下，如何整合六年课程、如何变革课堂教学、如何实施个性化评价等。在这个过程中，教师们一边学习、一边思考、一边实践，教育理念、专业知识和专业素养都发生着飞跃性变化，一批教育家型教师正行进在成长的路上。

2015 年学校开始全面推行选课走班，每个教师都必须进行课程与教学的创新，打破原有的单一的课程设计、教学方式和评价方式，最大限度地满足学生个性化的学习需求。为此，各学部成立课程与开发项目组，引导各学科备研组教师进行学习和研究，完成选课走班的方案制定。项目组组织学习编制方案，重点开展了保留行政班模式下的走班教学研究、分层分类教学的研究、教师教学业绩的诊断与评价研究。在此基础上，确定选课走班方案，并指导学生选择适合自己的课程。这个过程倒逼教师们研究学科、研究学生、研究课程与教学，以学生为中心的课程与教学从理念变为行动。

学校于 2012 年成为北京市自主课程和自主会考实验校，我们通过专题培训与命题实践，提高教师的自主命题能力，这个过程也促使教师反思课堂教学及评价的有效性；我们引进“必由学”学习诊断系统，帮助教师全面创建目标导向的课堂……这些项目都指向具体的教育教学实践，并且着眼于学生需求，参与教师在真实的问题情境中进行专业学习、同伴交流、反思建构，有助于改善其自身的专业实践。

四、探索开放多元评价，促进教师主动发展

教师评价制度往往与教师发展制度是密不可分的。而评价其实是一把双刃剑，它既可提高教师工作的积极性，又可阻碍教师工作的积极性。我们建立发展性教师评价体系，立足于教师专业发展的过程，把评价过程看作是教师发展的过程，给予教师充分的理解和自由，鼓励教师勇于创新，敢于挑战和超越。

在评价方式上，我们采用以赛代评的开放式评价方式，组织青年教师“志成杯”竞赛活动、评选教育教学成果奖等多种活动，对于教师们所取得的成果及时激励和表扬，使他们不断获得成就感，激发教师改革创新的动力，促进教师间形成一种积极向上、不甘落后的竞争氛围。这样的开放式评价，激发了教师的自主学习、自我反思、自我完善，促进了教师的主动发展和可持续发展。

（一）青年教师“志成杯”展示活动

为了加强青年教师业务基本技能的锻炼，加快青年教师成长的步伐，促进青年教师专业成长，让更多的青年教师脱颖而出，学校每年组织35岁以下的青年教师开展以“亮风采、展技能、强内功、促发展”为主题的教学基本功大赛，为青年教师搭建一个锻炼自己、展示风采的平台。

“志成杯”展示内容包括课堂教学、艺术表达、教育案例或导师活动设计、书法四项。设个人单项奖、全能奖两类奖项，奖项由评选小组根据选手的表现以评分的方式产生，获奖者由学校颁发证书和奖品，获奖比例为一等奖10%，二等奖40%。

课堂教学比赛：比赛主题、课题由教师自定，可以和区级、校级公开课合并。学校要求各教研组长提前一周将参赛青年教师的上课信息报给课程与教学中心。赛课后一周内上课教师将教案、课后自评交课程与教学中心备案。评委由各学科教研组长和首席教师担任。课题评价标准包括教学目标、学习条件、学习活动的指导与调控、学生活动、课堂气氛、教学效果、学科特色、自评八类评价项目，并对各评价项目的分值比例、评价要点进行规定，评估者做出完全符合、基本符合、不符合的评估。

表9-1　三十五中课题评价标准

评价项目	评价要点	符合程度		
		完全符合	基本符合	不符合
教学目标（10分）	符合课程标准和学生实际的程度			
	可操作的程度			
学习条件（10分）	学习环境的创设			
	学习资源的处理			
学习活动的指导与调控（10分）	学习指导的范围和有效程度			
	教学过程调控的有效程度			
学生活动（15分）	学生参与活动的态度			
	学生参与活动的广度			
	学生参与活动的深度			

续表

评价项目	评价要点	符合程度		
		完全符合	基本符合	不符合
课堂气氛（10分）	课堂气氛的宽松程度			
	课堂气氛的融洽程度			
教学效果（20分）	目标达成度			
	解决问题的灵活性			
	师生的精神状态			
学科特色（20分）	根据本学科教学特色要求进行评价			
自评（5分）	对自己教学过程做出正确的评价，客观反思			
总评分	评语			
	评价人：			

同时，学校对硬笔书法比赛、教育问题即兴演讲、“艺术教育与教育艺术”成果汇报的活动要求，也做出了具体规定。

表 9–2　硬笔书法比赛评分标准

项目	内容	分数
书写	格式标准、规范、卷面整洁、无涂改；必须用正楷或行楷书写，笔画清楚到位；无错别字、漏字、多字；不得写繁体字、异体字；准时完成。	40分
笔法	行笔自然流畅、提按有度、起行转折清楚；笔画精到、优美。	20分
结构	合理精妙，布白匀称，重心平稳，主笔突出，字形舒展，点画呼应。	20分
章法	布局和谐有节奏，行列整齐，风格统一，整体美观。	20分

表 9-3　教育问题即兴演讲评分标准

评比项	评分标准	分值	得分
案例分析	能否言简意赅地指出案例背景情境的核心矛盾。(10 分)	10 分	
解决方案	解决方案是否具有时效性、可操作性；提出的措施能否解决教育实践中的问题，具有示范性和推广性。(30 分)	50 分	
	能否透过案例事实分析事物的本质；能否遵循以人为本的理念；是否尊重教育规律。(10 分)		
	能否针对具体案例进行分析，观点与事实结合紧密；能否有效体现中学生核心素养的价值引领。(10 分)		
案例反思	反思案例的优缺点是否到位，有启发性；能否引起大家对某些问题的关注，并进行深入的思考。(10 分)	10 分	
选手风采	语言表述是否准确生动、思维逻辑是否清晰。(20 分)	30 分	
	仪态是否端庄、着装是否大方得体。(10 分)		
总分	100 分		

（二）三十五中教育教学成果奖

目前三十五中四址办学，四个校区面对不同的学生群体、实施不同的课程体系、实行不同的教育教学要求。在这样的情况下，各校区干部、教师需要基于不同的现实问题，开动脑筋创新，提出解决问题的思路、办法，并付诸实践。我们鼓励教师在教育教学实践中发现问题，特别是对被表象遮蔽的真问题进行研究，把解决真问题的实践经验进行集成、总结、提炼，形成自己的教育教学成果。为此，开展三十五中教育教学成果奖评选活动，分设课程教学、教育活动、制度管理、其他四个类别，分为成果评选、成果梳理成册、会议研讨三个阶段，给大家搭建展示的平台，并进行评价和奖励。

在此，我们以 2016 年三十五中教育教学成果奖为例进行说明。在成果评选环节，各校区按照要求征集教育教学改革项目并进行评选：要求项目以校为本、实践取向，聚焦学校实际问题，引领实践活动，改善实践效果；要求项目取得成果，真实有效，即 2015—2016 年内展开实质性研究并取得成果的项目；要求项目具有积极导向，具有示范引领、辐射作用。

初中部、高中部、国际部各申报项目按照四类分组进行申报、汇报答辩。负责人就立项缘由、研究过程、实践成果、创新点与突破点进行阐述、汇报、答辩。评委会由科研、学术、行政、学生、家长五个层面人员构成，充分体现“多元组合、开放民主；客观公正、严谨准确；合理质疑、探讨激励”原则。评委在每个项目汇报后都根据自己的关注点、疑问点对汇报人提问，进行沟通并给出个人建议，并对每个项目给予书面评价和建议。

在课程教学项目组，各科教师展示在必修课、选修课中创新的学习方法、教学策略、课后复习方式等；在教育活动项目组，涉及社团发展、境外游学、党团建设、科学实验探索等多个领域；在制度管理项目组，结合学校“五制”改革的背景，无论是课程建设、选课走班、学生管理、德育模式，还是导师培训、资源整合，都有新的突破与亮点。此外，还涉及心理支持系统的建立、文化的传承等多方面成果展示。

历经一个月时间的申报、答辩、评审，初中部 26 项成果获奖，其中一等奖 9 项、二等奖 9 项、三等奖 8 项。高中部 33 项成果获奖，其中一等奖 13 项、二等奖 10 项、三等奖 10 项。国际部 23 项成果获奖，其中一等奖 10 项、二等奖 7 项、三等奖 6 项。

为了保证可交流、可分享、可检验，教育教学成果都以文本形态呈现，82 个获奖项目在寒假中经过进一步梳理，形成三本成果集，共计 54 万余字。2017 年 2 月 18 日，新学期开学第一天全体教师齐聚志成讲堂，参加“学校转型与现代学校制度建设”研讨会，7 个项目负责人对其教育教学项目成果及进程进行了汇报。

（三）借助第三方进行自我诊断

教师发展和学校发展的目的是促进学生发展。为了规避自我认知的误区，帮助学校和教职工发现工作中存在的问题，2016 年，三十五中与北京师范大学李凌艳教授的学校发展自我诊断课题组合作，参加“基于学生发展的学校自我诊断”项目，请第三方专业机构围绕“学生发展”从“同伴”“教师”“课程”“教学”“资源与支持”“组织与领导”“文化”“安全”八要素进行诊断。其中对“教师”要素的核心诊断内容为“教师是否真正陪伴学生快乐成长、指导学生有效学习”，帮助教师从学生视角反思自己的课堂教学和教育方式。

表 9-4　教育教学诊断内容

全人教育	老师重视培养我自主学习的能力，让我能更独立、主动地安排好自己的学习
	老师注重培养我良好的品德和习惯，引导我更好地做人做事
	老师注重指导我树立自己的目标，做好学业与人生规划
个别化教育	我能感受到老师很关注我的成长
	老师善于发现并鼓励我的优点，增强了我的自信心
课堂效果	老师的课堂效率高，让我总是收获满满
	老师教学的进度和难度适合我
	老师的课堂气氛活跃而有序，能有效促进我的思考和参与
	老师风趣、幽默，能创造愉快的学习氛围，让我更有效地学习
	老师能够通过有效的方式促进我与同伴的合作学习
学科素养	这位老师不仅教给我学科知识，而且善于结合现实生活让我运用学科的思想与方法
受学生喜爱程度	这位老师是我本学期最喜欢的老师之一
作业情况	反馈有效
	批改认真
	作业量适当
	作业难度适中
	作业收获大
主观留言	

学校管理者、教师、职员和学生共同讨论、修订问卷调查的内容，并确定调查的方式。从 2016 年 11 月—2018 年 6 月，学校一共做了 2 次基础性诊断，3 次教育教学等专项诊断。其中，学生留言 5500 多条，教师留言 660 多条。教育教学诊断就像一次“体检”，学校不以诊断数据去评价老师、评价学科、评价年级，而是为了让每位教师都能够基于数据、基于证据来进行教育教学上的调整和改进。这样的诊断更受教师欢迎，93.5%的教师“非常同意”和“比较同意”“教育教学诊断结果能对我改进和调整教学行为起到参考和指导作用”。他们更好地“看见”自己的课堂教学的优势与不足，发现存在的问题，从而有的放矢地调整、改进自己的教学行

为。通过“诊断—改进—再诊断”的良性循环，引领教师专业发展实现螺旋上升。2018 年春季学期与 2017 年秋季学期的诊断数据相比，教师要素各项诊断指标的得分均有提升。

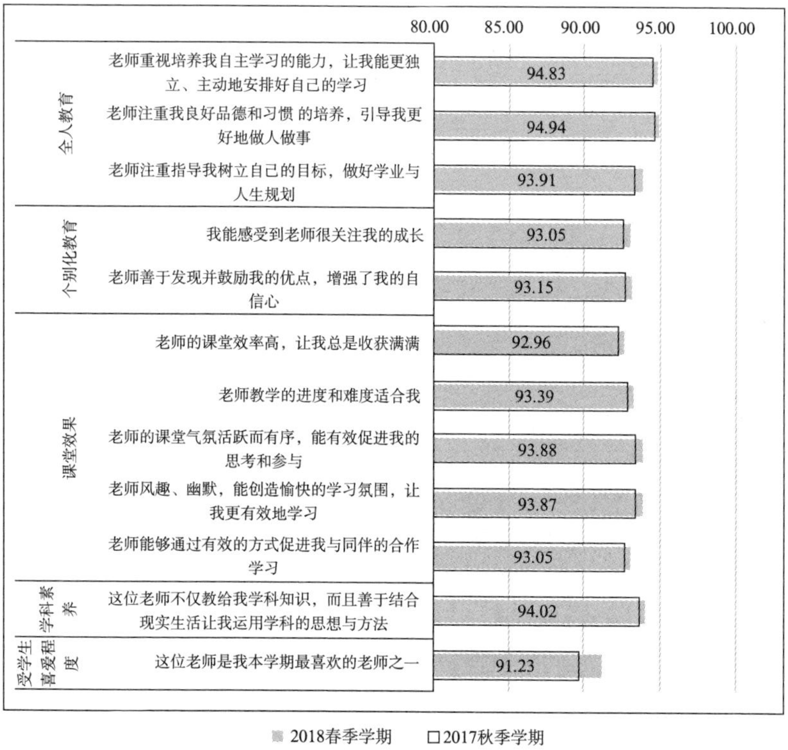

图 9-2　2018 年春季学期与 2017 年秋季学期教师要素诊断指标得分对比

课程改革推动着教师们回归学生发展的原点，思考、发掘学科的育人价值，他们投身学科课程的重构和校本课程的开发，科研意识在实践中不断加强，科研能力在实践中不断增强，提升了课程创生能力和课程实施水平，正在成长为集课程的实施者、开发者、研究者为一体的新型教师。现在，学校教师每学期开设普选性的校本课程 50 余门，还为不同的人才培养项目自主开发特设课程。2016 年，教师发表论文 66 篇，上研究课 111 节，西城杯获奖 29 人次，在市区举办讲座、教材辅导 50 场次。2017 年，一位教师被评为北京市特级教师。

教育实践是一种专业实践，其所面对的是复杂模糊、瞬息万变、价值冲突、难以把握的教育情境。教师要在专业实践中游刃有余，唯一的出路就是走向自主学习。学校在教师专业发展中的责任，并非用现成的专业知识技能来规划教师的未来发展轨道，而是要呵护、润泽、壮大教师的专业学习力，让教师真正成为学习过程的主宰者和责任人。

[第十章]

成就好学校的校长领导力

“教师一肩挑着中华民族的复兴，另一肩挑着千家万户的幸福和每一个孩子的前程。”这是我经常对教师们说的一句话，也是我时常提醒自己的一句话。学校教育一肩挑着民生，一肩挑着民族发展，中间担起对活泼泼生命的栽培，而且生命成长的机会不可重来——身为学校这样一个系统的掌舵者，我深感责任重大、责无旁贷，殚精竭虑只为办好学校。

当了近 18 年的校长，换了 4 所任职学校，在每所学校都算有些建树，其中三十五中是我担任校长时间最长的一所学校。近两年学校的创新与发展引来各界关注，2016—2017 年每年都有 3500 多位国内外同行到校参观交流。许多来访者询问我如何带领学校走上创新发展之路，我将办学秘诀的核心总结为：跳出教育看教育，跳出教育思考教育，跳出教育发展教育。由此，提升学校教育格调，拓展学校发展格局，优化学校常规格式，形成学校独特引力。

一、跳出教育，谋求学校发展大计

1978 年，我从首都师范大学毕业后成为一名中学历史教师，自此扎下根来，40 年一直躬耕于教育领域。2000 年我走上校长岗位，先后担任过 4 所学校的校长。尽管在前三所学校每所学校的任职时间只有两到三年，但是我秉承“跳出教育看教育，跳出教育思考教育，跳出教育发展教育”的大教育观，统筹学校发展与社会需求，迅速找到学校的生长点，带动学校“火”起来。

1. 天赐良机，反客为主

2000 年我首次出任校长时就面临危机。北京市第三十三中学是一所名不见经传的基础薄弱校，一个不大的操场加上颇有些年代的教学楼就是学校的全部家当；由于生源减少导致学校面临被撤并的风险，教师闹调离，学生闹转学，社会上微词迭出。作为一个新任的新手校长，我不想成为三十三中的最后一任校长！但是，要让一所无论办学条件还是师资力量都很薄弱的学校在教育强区的撤并风潮里保留番号，谈何容易？

在危机中，我用心地寻找着转机。2001 年北京开展了声势浩大的申办 2008 年奥运会的活动，市政府发出全民学外语的号召。那么，到哪学？谁来教？学什么？我敏锐地意识到这或许是天赐良机：三十三中有校舍、有师资、有课程，这么多的资源为什么不利用起来为百姓学英语做点贡献呢？

很快，三十三中在北京市中小学当中率先行动，由学校提供场地、师资，开展市民学英语活动。学校还组织教师们编写《三十三中迎奥运实用英语一百句》，在学校范围普及后，发动师生做志愿者，进社区为居民免费普及奥运英语。这在北京市开了先河，此举不仅受到社区居民的欢迎，实现了学校利用自身资源服务于社会的目的，同时也激发了学生学习英语的热情，让他们在社会实践中得到充分锻炼，尝到了学以致用的甜头。

为了在月坛社区普及奥运英语，学校还正式举办了月坛社区文明市民学校三十三中外语培训中心的挂牌仪式，各界嘉宾到贺，还引来国内外媒体的关注。对身处困顿的学校而言，这是一件激动人心的大事，师生们的“心气儿”被迅速提上来了。

2. 机缘巧合，无中生有

2003 年 7 月，我调任北京市第一一〇中学校长。一一〇中学是一所以美术见长的学校，对于已经具备特色的学校来说，如何能够更上一层楼呢？当年 12 月 26 日是毛泽东诞生 110 周年。一一〇中学与 110 周年，是巧合，更是机缘。基于学校的美术特色与对老将军们在中华人民共和国成立前跟随毛泽东主席出生入死建立起来的真挚感情的敬重，我主导成立了“北京一一〇中学老将军书画室”，邀请到 136 名老将军参与。

书画室既为老将军们提供了一个以书画会友、老有所乐的活动场所，又让老将军们在与学生们一起交流和切磋的同时，用他们的革命经历和优良传统对学生们进行鲜活的爱国主义、革命传统和民族精神的教育。学校将征集到的老将军、老首长的书画作品共计 110 幅，和一一〇中学 15 位同学的 15 幅美术作品一起编辑出版成书画作品集《老将军和下一代》。“北京一一〇中学老将军书画室”是全国唯一一个与基础教育相结合的老将军书画组织，新华社、中央电视台、人民日报等多家权威新闻媒体对此进行了报道，一一〇中学的美术特色招牌被擦亮，而更重要的是学校将“老将军”这一宝贵的资源充分整合起来，并将“老将军”的革命经历和优良传统继承、发扬开来，有力地影响了青少年！

3. 独树一帜，见微知著

2005 年 7 月，我转任北京市第一五六中学校长。一五六中学是一所有着 75 年历史的文化老校，历史积淀比较深厚，传统文化特色鲜明。我认为书法是最能体现中国传统文化特色的一门艺术，邀请中国书法家协会名誉主席沈鹏任名誉校长，并成立了“沈鹏书法艺术学校”，这是沈先生在全国所举办的唯一一所书法艺术普及教育机构。

之所以成立书法学校，我不仅希望通过此举在一五六中学实现社会资源和教育资源的互动双赢，而且看重书法背后的教育功能。因为汉字特别讲究结构的和谐，这是中国传统文化的核心。中国的和文化首先讲究个人心性之和，然后推己及人，由小及大，从人际之和到国家之和、人类之和，再到天人之和。我希望借助书法艺术教育，提升学生的文化品位、情操修养和思想境界，教育学生做人要像汉字那样堂堂正正、规规矩矩，要脚踏实地做事、顶天立地做人。

4. 巧借东风，乘势而为

2008 年 1 月，一纸调令将我带到市级示范性高中北京市第三十五中学。一年后的 9 月 4 日，温家宝总理为制定《国家中长期教育改革和发展规划纲要（2010—2020 年）》到三十五中做专题调研，上午在学校听了五节课，下午召开教师座谈会并发表重要讲话。此后的数年里，我总会在各种场合提起总理的这场调研，借着这场“东风”提升学校的知名度，进而聚合发展的资源。

如何挖掘出总理到校调研的最大“红利”，发挥出最好“效益”？我牢牢地抓住总理讲话带给学校的发展契机。在讲话中，温总理提出了中国教育的两个深层次问题：一是借“钱学森之问”重提“为什么现在我们的学校总是培养不出杰出人才”，二是“我们一直在强调素质教育，为什么成效还不够明显”。我将这两个问题称作“总理之问”，高举求解“总理之问”的旗帜，重新梳理了学校的办学理念系统，带领三十五中人思考研讨、实践探索、改革创新，引领着学校走上了一条新型发展道路。

5. 高屋建瓴，相机而动

四所学校无论是历史背景、办学水平还是具体发展过程中遇到的问题、难点都不一样，但我都在短时间内找到切入点，推动学校发展，原因何在？我以为是一种战略性谋划能力在发生作用——校长要对一所学校的发展做出有战略性和前瞻性的思考，这样才能根据社会需求和学校特点找到教育增长点和突破口，充分发掘并整合校内外教育资源为我所用，使学校迅速打开局面。

裴娣娜教授将战略性谋划能力作为校长领导力的三大要素之一，认为其主要表现为“敢于突破、勇于改革的洞察力、判断力与胆识以及目标设计与决策论证能力”（裴娣娜，2017）[7]。“不识庐山真面目，只缘身在此山中”“会当凌绝顶，一览众山小”，我认为校长的这种战略性谋划能力应该基于“跳出教育看教育，跳出教育思考教育，跳出教育发展教育”。因为今天的学校不再是围墙内的书斋，不能消极地等待社会、家庭为学校创造出所谓理想的育人环境。校长不能把关注的焦点局限在围墙内有限的学校，而要放开视野，善于寻找社会需求和学校发展的契合点，懂得适时地吸引媒体、吸引领导、吸引家长、吸引社会的注意力，充分发挥社会资源对学校发展的促进作用，借力“东风”努力突破学校看得见的“围墙”的束缚。

“学愈博，思愈远。”我一直非常注重在阅读和实践中学习，而且读书时不局限于教育专业，而是政治、经济、军事、历史等都广泛涉猎，以期在学习中开阔眼界、拓展思路，以求在更大的认知体系内定位教育。只有不断学习，才能思考得深远，才能捕捉社会的热点，从宏观上把握教育发展动态与趋势，从我国政治、经济、科技文化发展需要的高度认识社会对人才的需要，与学校发展联系起来，将学校带入更多人的视野内，为学校发展赢得机遇。实践已经证明，有些机遇可谓千载难逢、稍纵即逝，它只留给有充分准备的人。

二、聚合资源，促发“滚雪球”效应

吸引社会各界的注意力，提升学校的知名度，是手段，但并不是目的。通过点燃学校的社会影响力，可以借势提升学校的资源吸附力，争取社会方方面面的支持，凝聚师生的向心力，培植学校的特色，并能以此为突破口推动学校发展，形成发展机会、学校特色与学校品牌之间的良性循环，产生“滚雪球”效应。

基于这样的思考，我在整合、盘活资源去设计“亮点”时不是浅尝辄止，而是“咬定青山不放松”，抓住一次发展机遇，培植成一种办学特色。

1. 借船出海，扩大战果

三十三中的奥运英语进社区活动火起来后，我趁热打铁，提出以奥运为契机创办英语特色校。早读时间开设英语活动课，聘请专家做名誉校长，与北京语言文化大学合作办学，请留学生到校与学生开展语言文化方面的交流……渐渐地，英语成为三十三中的办学特色。过去学生不愿意来，后来有国家机关主动找到学校出赞助费合办英语实验班。

在一一〇中学，老将军书画室将学校美术特色重新“擦亮”后，我又提出与首都师范大学美术系开展联合办学。首师大美术系是我国有权授予美术方面博士学位的办学点，师资力量、专业水准自不待言。联合办学不仅为学生提升专业素养找到“靠山”，还为学生铺垫了升学之路，不少学生凭借美术特长而以较低文化分升入首师大。

在很长一段时间里，温家宝总理的三十五中之行被我在各种场合反复提起，这是我吸引社会注意力的策略，也是我对三十五中人的鞭策：“我们要责无旁贷地落实总理的讲话精神，把学校由‘明星校’变为名副其实的‘名校’。”温家宝总理在调研中多次提及的“钱学森之问”，成为我带领三十五中人致力求解的命题。但是，当时的三十五中在科技教育方面拥有的物质和人力资源都非常匮乏，难以迈开探索的步子。

2010 年，机遇降临给有准备的人。当时中国科学院京区科学技术协会想在北京与基础教育阶段的学校建立合作，接触了几所顶尖学校后却因为费用问题未能达成合作意向。通过科技教师了解到这个信息后，我做出判断，资源丰厚的学校可以造船出海，而对于当时的三十五中而言借船出海才是更现实的选择，所以我马上提出了合作的意向。2010 年 5 月 12 日，三十五中和中科院京区科协签订“中国科学院科技创新人才早期培养方案”框架协议，联合创办“科技创新人才早期培养班”。

由此，教育界与科技界联手，基于学生发展需求设计科技特色课程，中科院为科技班专门设计了基础课程、实践活动和课题研究三大课程单元。学生们走出教室、走出校门，由一线科技工作者引领进入实验室、进入科考基地，在学习与实践中拓展科学视野、提升科学素养、锻炼创新能力。对于在科技教育方面师资和硬件匮乏的三十五中而言，这次合作帮助学校很快在科技创新教育领域崭露头角并逐渐脱颖而出。

科技创新人才早期培养班成效显著，三十五中每年在北京和全国的科技类比赛中获奖的学生人数大幅增长。教育成果赢得各界认可，此后数年中三十五中相继加入“英才计划”“翱翔计划”等各项科技创新人才培养计划，并从市、区财政争得相关支持。最初，学校每年要从公用经费中挪出款项支持科技创新人才早期培养班，但随着学校资源吸附力的提升，从各处争取来的款项完全能够支持科技教育的支出，而受益的是学生。

2. 深挖自我，广结善缘

通过举办科技创新人才早期培养班，三十五中积累了一些科技创新人才培养的经验，初步形成了科技创新人才培养模式。但过程中我们发现，由于中科院实验室的开放范围和开放时间有限，受益的学生只在少数，而且学生每周去中科院科研院所花费较多时间并存有一定风险。为了让每一个爱好科技的学生都有机会进入实验室开展探究，我决定“造船出海”——借助高中部搬迁新址的机会，在新校舍与科研院所合作建立高端科学探究实验室。我相信，这些实验室一旦建成，必将成为三十五中的独特优势和竞争力。

当然，通往这美好前景的路上，曲折是少不了的。高端科学探究实验室的定位不同于传统的理、化、生实验室，而要为学生开展探究性科学实验、完成高端课题研究提供条件。那么，作为非学校建设的标配，实验室建设的资金哪里来？作为创新性事物，无前车可鉴，那么实验室的建设方向如何定，方案怎么出？实验室建成后，谁来负责课程开发与实施，以及实验室的管理与维护？

资金的问题我早有考虑，那就是利用学校前些年积累的择校费和共建费。根据政策要求，这部分资金不能用于人头支出，只能用于学校硬件建设。同时，学校还将纳米与化学可视化实验室争取纳入北京市高中重点开放式实验室名录，争取到了专项资金支持。“信息化生命科学实验室建设项目”获2016年度北京市科委科普项目专项资助。

以航空、航天两大实验室为例，我意识到航空航天领域是国家发展所需，也是未来发展方向，所以打算建设相关领域的实验室。但如何建立既能体现航空航天领域科技发展前沿又与中学生认知水平比较匹配的实验室？学校前期曾与中科院多个研究所沟通，后来又找到东高地航天城的专家，但对方所出的方案均满足不了我们的需求。毕竟学校建设实验室不是为了展示，也不能全部进行前沿科学研究，需要能够让高中生看得见、摸得着，还要能够用起来。这对科研人员也是一个挑战。无奈之下，物理教师出身的科技教育办公室主任孙淑萍亲自上马，边学边用，设计航空科学与技术实验室的建设方案。机遇再次降临给有准备的人。为了帮助科技班的学生找到适合的升学出路，校领导和科技教育办公室、教务处等部门负责人主动与相关高校招生办负责人联系，推介我们的毕业生。经过北京航空航天大学招生办主任的牵线搭桥，我们与该校航空学院和宇航学院的教师进行了深度交流。了解到我们的需求后，北航的专家教师表示大力支持，愿意帮助学校建设该实验室。由此，三十五中再添航空、航天、风洞三个高端科学探究实验室，并引进了北航毕业的两位博士毕业生和一位硕士毕业生担任三个实验室的首席研究员，全面负责各实验室的设计建设和课程开发、实施工作。如今，这三个实验室非常受学生欢迎，他们的研究成果在北京市科技创新大赛中夺得多项一、二等奖。

现在，三十五中的十大高端科学探究实验室已经成为“标杆”，无数国内外同行惊叹于实验室的国际水准。2017 年，成都当地一所顶尖高中的校长在参观三十五中高端科学探究实验室时，感叹地说“朱校长这一辈子值了”。

的确，今天三十五中的高中部以“中国风”和“高大上”闻名业界，经常有国内外教育同行慕名前来参观。很多人都羡慕三十五中赶上了好机会。可是，三十五中能有这样中国风格的现代校舍，除了各级政府的大力支持外，也是我们主动出击、争取多方支持的结果。

以鲁迅兄弟旧居为例，由于历史原因，在三十五中迁址以前，八道湾胡同 11 号院已经成为一个完全看不出原貌的大杂院。意识到这个院落的特殊历史价值和教育价值，我在建设学校时提出复建鲁迅兄弟旧居的规划。从征询鲁迅研究专家的意见进行复建，到争取区、市文物保护单位的支持，再到赢得周氏三兄弟后人的认同……一步一步，鲁迅兄弟旧居恢复了原貌，成为西城区文物保护单位。现在，正在申请成为北京市文物保护单位，并建设鲁迅纪念馆。凭借这独特的地理优势，我们还发起成立了中国鲁迅立人教育研究会。学习工作在鲁迅曾经居住过的院落，让三十五中的师生油然产生了一种自豪感与使命感，人文活动越来越丰富，人文氛围越来越浓郁。

3. 筑巢引凤，海纳百川

整合社会资源，其实不仅限于争取财力和物力的支持，还有一些资源是隐性的，例如智力支持和舆论支持，其价值同样不可忽视。其实，三十五中拥有的某些教育资源不一定是最好的，但学校对资源使用的态度可能是最开放的，起到了筑巢引凤的效果。例如，我们的志成讲堂和北京金帆音乐厅，时常会承接一些校外的论坛和艺术活动。作为“地主”，学校往往会在这些活动中登上舞台展示自我，在切磋交流中促进工作。专家学者和社会名流经常到访学校，举办讲座、进行座谈，提升了学术品位，浓郁了学术氛围，也在潜移默化中提升着师生的精神追求。同样，我对媒体的态度也被认为是“最开放、最友好”的，我非常重视社会舆论对学校的关注与支持，也与许多记者保持着良好的关系。

学校拥有的教育资源是有限的，而学生们的成长需求是多样的，我们无法指望学校自己的资源能满足学生的所有需求。所以，优秀的校长需要具有资源意识，具有资源整合和经营能力，学会借船出海，善于挖掘与整合社会资源为我所用。现代学校离不开社会的支持，学校办得越好，社会就越愿意为学校提供支持，所以校长要努力提高自己争取社会支持的能力。

其实，现在越来越多的校长认识到资源整合能力的重要性，但是如何才能更有效地挖掘、整合到更丰富、更具价值的资源呢？我认为关键在于资源整合的初衷不能只定位于学校使用，而应是教育资源的社会化共享：一方面要把社会的资源整合到学校中，为学校发展服务；另一方面，学校的资源也要为社会发展提供服务。这是双向的，而且也是一种双赢。

例如，为了给学校金帆民乐团和其他艺术团队活动提供良好环境，三十五中在规划新校舍时希望建一个高端的音乐厅。我在设计时没有将其仅仅定位为校内需要，而是提出想在校内建一个北京金帆音乐厅，为北京市学生金帆乐团以及市区的中小学开展艺术活动提供专业场所。经过反复沟通，学校争取到西城区政府的支持，建成了配备管风琴的具有专业水准的音乐厅。如今，学校的许多大型文艺活动和庆祝活动都在此举行，而周边的中小学、幼儿园有大型演出时以及西城区和北京市的许多文艺比赛也放到了我们的金帆音乐厅，使得三十五中的学生们享受到更多的艺术大餐。

三、成就师生，打造学校核心竞争力

无论是十大高端科学探究实验室，还是鲁迅书院，或者金帆音乐厅，如今都已成为三十五中课程开发的重要阵地，成为三十五中学生活动的重要场所、毕业之时的留恋之地。

我以为，评价一位校长的领导力，关键是看学校按照办学定位和培养目标，将教育资源应用于教育教学、作用于学生成长的能力、效率与效益。所以，我们整合的各种社会资源和教育资源，要通过课程改革、课堂变革、师资提升等，作用于教师发展，作用于教育教学，作用于学生成长，激发师生自主生长的愿望，如此才能打造学校的核心竞争力。

1. 广开优质课程滋养学生成长

自 2008 年任三十五中校长后，我一直将课程建设作为学校工作的重点。因为我认为课程是学校实施教育活动最基本、最有效的载体，也是学校的灵魂。课程结构决定人才结构，课程质量决定人才质量。未来评价一所学校是否优秀，会看它有哪些与众不同的优质课程，所以课程才是学校的核心竞争力。

当前课程的最大问题是模式化、同质性，“口味”和“胃口”不同的学生被迫吃同样的课程“配餐”。但是，世界上找不到完全一样的两片树叶，世界上也不存在完全一样的两个人，学校要为每一个不同的孩子创设自由成长和个性发展的空间，让他们吃上适合自己“口味”和“胃口”的课程“套餐”。

为此，我带领学校大力推进课程改革，本着以人为本、尊重学生个体差异的原则，对接学生和社会发展需求开发特色课程，从育人目标出发构建校本课程体系，探索国家课程的校本化实施……打造开放有活力的课程体系，为每个学生全面而个性化的发展奠基。

随着社会的发展变化，国家会迫切需要某些类型、特质的人才。回应这些需求是学校教育的责任，我主动整合各界资源开展系列课程改革：与中科院联手创办“科技创新人才早期培养班”，探索科技创新人才成长模式；开展“二四制”课改，致力于培养有伟大的责任心和伟大的创造力的拔尖创新人才；开发“中美双文凭国际高中课程”，“中西合璧”培养中国的国际性人才；加入北京市高端技术技能人才贯通培养试验，探索培养高端技术技能人才的新路径……我们希望通过这些特色课程与项目，成就学生个性化发展，服务国家创新发展。由此，形成三十五中不同于其他学校的多元教育生态，也成为三十五中独树一帜的竞争力。

我希望学校培养的学生不是单向度的人，而是完整的人。所以，基于学生发展的需求以及国家社会的需要，特别是当代中学生急需补充的素养，我带领学校着力打造五大系列课程：一是科技与创新课程，依托中科院和北航帮助建立的十大高端科学探究实验室开发；二是艺术与审美课程，依托北京金帆音乐厅进行开发；三是人文与社会课程，依托周氏兄弟旧居，由鲁迅书院负责开发实施；四是生涯教育与素质拓展课程，由生涯教育与素质拓展中心负责设计实施；五是体育与健康课程，依托设备完善的体育馆开发。这五大课程，让三十五中学生拥有与众不同的学习经历，极大地增强了学校的吸引力和竞争力。

为了开发五大类别的校本课程，我先后主导成立了科技教育中心、艺术教育中心、鲁迅书院、生涯教育和素质拓展中心、体育与健康中心。五大中心在级别上与传统的教学处同级，拥有相关领域的课程开发与实施权，增强了课程开发的力度，提高了课程开发的效率。我非常重视校本课程的开发，有时间时必定参加高端科学探究实验室的论证会和课程开发研讨会，掌握情况，把握方向，鼓舞士气。

即便是总分完全一样的学生，在学科兴趣和学科潜能方面也存在着差异。为了满足不同兴趣、不同水平、不同志向学生的学科发展需求，我大胆地提出了走班制的设想。各学科教师团队从学科特点和学生需求出发，设计出分层课程和分类课程，允许学生自主选择，实现了国家课程的校本化实施，促进了学生的个性化发展。

裴娣娜教授对于校长课程领导力有一段精辟的论述，即“校长应是深化课程改革的学习者、引导者和反思者，是课程改革的实践者、组织者和探索者，是课程改革的协调者、管理者和服务者，而不能仅是国家规定性课程的忠实执行者”（裴娣娜，2017）[6]。这给我树立了目标，当竭力奋进以赴之。

2. 精益求精引领课堂变革

课堂是育人的主阵地。学校的教育理念和育人目标，都需在课堂上得到落实。课堂的质量决定办学的质量，也决定师生的生命质量。

曾经我也非常注重课堂的高效和所谓的目标达成，却渐渐地发现学生在这样的课堂往往只是“配角”，思维被压抑。课堂不应该是教师的“独角戏”，而应该是师生生命成长的磁场。所以，我提出“静悄悄的课堂是可怕的课堂”，并提出一堂好课应有三个标准：第一个是放手，教师要激发学生的兴趣，点燃学生的智慧，一堂课如果没有这两样的促生不能算一堂好课；第二个是碰撞，关注学生的思维碰撞和深度学习，没有思维碰撞的课不算好课，静悄悄的课堂是可怕的课堂；第三个是要有留白，学生要有课堂生成，学生要能提出问题，提出问题比解决问题更重要。

围绕我的这些提法，学校领导和教师们进一步共同研讨反思，逐渐形成了留白课堂的构想，并在实践中摸索出小组合作探究式教学等符合留白要求的课堂教学模式。我也一直睁着搜寻的眼睛。一次听课的过程中，我发现一位教师在课堂上使用“学案”。这位教师在准备教案的同时，根据该节课教学知识的特点、教学目的、学生的认知水平和认知规律来设计编写供学生使用的导学材料，涵盖着知识点、学习网络、能力要求等。我观察到，学生可以通过学案导学进行自主学习、自我管理，他们在课堂上的提问、回答、讨论等也更有质量。我如获至宝，很快就在教师大会上提出了推广学案导学教学法的倡议，并组织召开专题研讨会。

美国当代教育管理学家萨乔万尼（2002）曾说，“校长的第一要务并不是直接改进课堂教学和学生的表现，而是树立目标、培育文化、发展具有共享价值观的学习共同体，然后通过分布于组织中各个工作团队的领导‘流’，来改进课堂教学和学生的表现。”这个观点对我颇有启发意义。在推动课堂教学变革的实践中，我一直思考研究学校教学内容和教学方式的走向，从目标和理念上对教师形成引领。

例如，我倡导课程和教学要从以学科为中心，向以学生为中心、跨越学科边界转变；从灌输与塑造式的教与学，向探求与建构式的教与学转变，转向深度学习、混合式学习、项目式学习。同时，我认为学校的围墙正在坍塌，课堂的边界正在模糊，所以一直致力于推进校内学习与校外学习的深度融合，校内学习结合社会实践、课堂学习结合网络学习，帮助学生建立知识与现实的联系，培养学生自主学习的能力。

基于这样的理念，在了解到美国进行的 STEAM 课程实践后，我引领学校大力开展对 STEAM 课程的探索。我以为，STEAM 不仅是一门课程，更是一种教学方式，其由学生主导、教师引导、以解决实际问题为目标的跨学科项目式学习模式，对我们传统的课堂教学有很大的借鉴和补充价值。

3.“教师第一”保障教育优质

课改成败的关键在教师。无论是课程开发，还是课堂教学变革，都要调动教师积极行动，否则只能停留在纸上谈兵。我在学校提出“教师第一”的观点，并将学校原有的教科研中心变革为教师发展中心，转变观念职能，为教师专业发展提供服务。同时实行项目负责制，让有改革愿望和能力的教师先行，并且在待遇方面给予优待支持。

教师是创造性的劳动者，是学校教育生产力水平的根本保障，是学校的第一资源，我们尊重教师的生命完整性。我并不提倡教师将工作放在第一位，而是提出“教职工的身体第一，家庭孩子第二，学校工作第三”“有困难找校长，不幸福找校长”。我积极联系医院为教师们做高规格的体检，已有不少教师因此躲过一劫；教师的户口问题、子女的入学入托问题，我亲自去跑、去求人；我主导装修食堂、提高饭菜质量，让教师们用餐愉快……

我把提升教师们的幸福指数作为最重要的职责之一，教师们也给予了积极回馈，他们用更饱满的热情投入工作。学校改革过程中，中层执行者难免遭遇挑战、困难甚至委屈，也曾有人想放弃改革专注教学，但他们都咬咬牙克服了难关。不少人说这是因为想到我的知遇之恩，也是因为相信我的改革理想。没有爱就没有教育，于校长而言“没有感情就没有管理”，亲其校长才可能信奉其校长的理念。

四、自我革新，构筑理想教育

随着信息时代和全球化时代的到来，学校所处的社会环境发生着剧烈变化。我一直牢记着 2009 年温家宝总理到三十五中调研时指出的“我们的教育还不适应经济社会发展的要求，不适应国家对人才培养的要求”，同时我也清晰地看到当前的学校教育的确无法满足学生生命真实成长的需求。

学校教育已经到了非改不可的时候。学校不能是封闭的象牙塔，而要与社会发展同步，甚至应该有超前性。作为校长不能只有“眼前的苟且，还有诗与远方”——不能只盯着分数和排名，而要着眼学生的全面发展、个性发展和终身发展。

1. 主动想后天的事，主动做明天的事

在我担任三十五中的校长时，三十五中已经是北京市示范性高中，在教育强区西城有着相对靠前的排名。带领学校在传统的轨道中运行，专注于学生一分一分地提升，计较着学校升学成绩的升一名或降一名，这可能是一条最稳妥的道路。但这不符合我对教育的理解与定位，也不符合我“主动想后天的事，主动做明天的事”的个性，我不能容忍学校在原地打转。

目前，中国的经济正在转型。在经济转型背后，说到底是人才的转型。人才的转型背后，是教育的转型。而教育转型的背后，是思想观念、

教育内容、教育方式、人才培养模式和教育评价方式的改变与更新。中国的基础教育尤其是高中教育再也不应该围绕着高考“画圆”了，而应该向前眺望30年，思考在未来20年、30年后，中国需要什么样的人、世界需要什么样的人。基于这样的思考和认识，围绕总理调研时提出的“拔尖创新人才培养”和“素质教育成效”两大难题，我将创新作为学校发展的不竭动力，以创建具有中国特色、中国风格、中国气派的现代学校为共同愿景，带领学校从教育目标和价值系统、教育教学系统、办学资源系统、制度与管理系统等方面，坚定地推行系统性创新与变革，探索适应国家社会发展和生命个体发展需要的学校教育发展模式和育人模式。

教育是民族振兴的基石，基于美国强盛的国力，我特别关注中美教育的比较，尤其是美国著名大学评价和选拔人才的标准——这应该是优秀高中毕业生的标准。不同于中国大学只看一个高考分数，美国著名大学选拔人才采取多维度视角：不仅看你过去优秀不优秀，而且更要看你未来优秀不优秀；不仅看你个人优秀不优秀，而且更要看你是否能够带动你周围的人去创造辉煌；不是看你在学校学了多少知识，考了多少分数，而是看你在高中阶段，学了哪些别人没有学过的知识，做过哪些别人没有做过的实验，有哪些志愿者的经历；假如我这所学校录取你，你能给我这所学校带来些什么？

它山之石，可以攻玉。我认为，高考时代拼的就是分数，但在后高考时代，拼的是一个人的想象力、创造力、领导力、合作精神以及社会责任感。一个有思想的人，会比一个仅有知识的人走得更远。基于这样的判断，我提出了“五有人才”的育人目标，即具有中华民族的文化底蕴和中国情怀、具有国际视野、具有正义感和责任心、具有适应社会的能力、具有科学精神和探究意识的创新型人才。

现实中，人们把成功看得过于重要，其实成功是有条件的，并不是所有的人都能成功。分数对学生和学校固然重要，但是比分数更重要的是要让学生学会成长，学会做人。不会做人，成功也是暂时的；会做人，不成功也是暂时的。抱着这样的成功观，我倡导“会学比学会更重要，学会思考比学会知识更重要”“成长比成绩更重要，成人比成功更重要”。通过日积月累的宣传和引导，这些教育价值观已经逐渐扎根在师生心中。

2. 推进个性化教育

在我看来，1.0版的教育是为学生提供“升学通道”，2.0版的教育是为学生提供“选择的机会”，3.0 版的教育是为学生的成长和发展提供“私人定制”。要实现教育的“私人定制”，不仅要打破普通课程的划一性，为学生提供丰富多元的课程，还要有支撑“私人定制”的配套制度。

伴随着课程改革的深入，我们出现了一些问题，例如要充分实现课程的选择必须打破传统的行政班教学制度。改革改到深处必然是制度重建，且行且思之下，我提出了“五制”改革的整体构想，希望通过教育教学管理制度的综合改革，营造个性化教育环境，让每个孩子都能在三十五中找到自己的发展路径，主动地奔跑起来。

2013 年，当我首次提出“五制”改革的设想时，多数干部、教师还无法准确地理解这个改革构想的意图，而改革是自己革自己的命，一些抵触的声音传出来，好多人感觉“朱校长怎么这么能折腾啊”，他们希望我这个想法“随风而逝”。可我认准了这是未来教育发展的道路，大会小会常“吹风”，给大家“洗脑”，慢慢地大家意识到“五制”改革不可能只是说说而已，是要动真格的。

在大家从理念上理解、熟悉“五制”改革后，我采取步步为营、稳打稳扎的策略推动改革。将国际部作为初高中课改的试验田，走班制、学分制、导师制、学长制等改革都先在国际部推行，摸索出经验和教训后再移植到高中部。在高中部的推进也是分步实施，首先从阻力最小的导师制和学长制开始。2014 年开始学部制以及走班制改革，走班制改革先从一个年级、两个学科开始探索，逐步过渡到全面走班制。现在，学校师生已经对“五制”改革形成高度认同。

当然，“五制”改革的过程遇到了不少难题和挑战，例如导师和班主任的权责界限问题，走班制的路径选择问题，等等。有时候，改革的想法也会行不通，不得不走点“回头路”。例如“五制”改革中的学部制，我最初的设想是学部如同大学里的学院，按照培养方向对学生实行纵向管理。但在推行一年多的纵向学部管理后，发现这种管理方式与现行的年级管理需求无法对接，存在着许多冲突和不便。我广泛听取了大家意见，推翻了自己最初的设想，将学部制改为年级学部制，增加年级学部的自主权。

改革肯定不会是一帆风顺的，创新肯定是会有风险的。但是，我相信只要方向正确，没有解决不了的问题。当然，我也意识到改革有先行者和后行者，我们要鼓励先行者，允许后行者，让先行者带动后行者。作为校长，在面对难题时要从容与包容，感染和带动着教职工迎难而上、破解难题。

3. 构建现代学校

担任三十五中校长后不久，学校就面临校舍搬迁。我不想“坐享其成”，而是决定抓住这次机遇，主动构建理想中的学校。2009 年确立了“创办有中国特色、中国风格、中国气派的现代学校”的办学目标后，这个念头更加清晰强烈。我们且行且思、且悟且进，从校园环境建设，到管理文化重构，到育人模式重构，逐渐构建起现代学校的样子。

校园环境是校园文化最为直接的体现。为了打造能够承载办学目标的校园环境，我调动多年积淀、四处取经借鉴，从整体规划、建筑风格的确立，到一砖一瓦、教室桌椅的选择，再到重点建筑的设计、信息技术的运用……经过 6 年多的反复沟通磨合，终于建成体现志成文化传承并突出中国风格、现代功用的新校舍。

构建现代学校，最重要的是确立现代学校的精神内核，我将其总结为人本、科学、民主、开放四个关键词（详细阐释可见第二章），并用其指导办学实践。例如，我们根据学校改革和学生发展的需求，重新梳理学校管理架构，着眼点从传统的管理事物转变为现在的服务于人。以学生和教师的发展为中心，我们对传统学校的四大处室进行整合改革：原有的教学处和教务处合并，设置课程与教学中心，突出课程整合与建设的职能，更好地实现课程与教学的统一；将德育处更名为学生发展（指导）中心，突出从学生需求出发、以学生发展为根本原则；将科研处更名为教师发展中心，强调教科研服务于教师发展的理念，以项目引领、促进教师发展。

近两年，几乎每天三十五中都会接待来自全国各地甚至世界各地的同行前来参观交流。充满中国风格的现代化校舍，尤其是十大高端科学探究实验室；与高考改革要求不谋而合、已经推行数年的“五制”改革，尤其是走班制改革；选课走班配套支持系统的建设，尤其是信息技术平台的建设……学校的众多特色和创新，给来访者留下了深刻印象。作为这一系列改革创新的“总设计师”，我终于带领着底蕴深厚的三十五中攀上了新的高度。

“创新是一个过程，创新的实质在于变革、超越和发展。”我非常认同这句话，学校教育创新要以学校发展为核心，敢于突破和超越不合理的思想观念及体制机制等，通过新的思维、新的构想、新的手段以及新的体制，带领学校跳出发展僵局，促进学校不断创新和发展。

五、追梦而行，大爱大勇，大志大成

“路遥知马力，日久见人心”，时间的推移与事业的发展为我赢得了口碑。我的所作所为大家都看在眼睛里。“朱校长脑子特别好使，总能敏感快速地抓住事情的关键。”“朱校长看上去不是特别平易近人，有点儿严肃，其实特别细心、重感情，主动为老师排忧解难，有时候还有点儿冷幽默。”“朱校长是个有底线的人。有段时间教职工食堂的餐饮因为经费问题有点质量下降，食堂负责人建议从收取的学生餐饮费中挪用部分到教师餐厅，朱校长愤怒地喝止了，说无论如何都决不能从学生嘴里抠钱。”……师生们认为我是个有着独特个人风格的校长，在他们对我的很多强烈的感受中尤以勇于创新和坚忍不拔为甚。

1. 冒险与责任，眼光与心念

几乎每年，我都会对学校发展提出新的想法、规划和举措，三十五中创新的频度和力度可以说同行里难有望其项背者。像科技教育，我们历时 8 年就从“资源匮乏”到“富甲天下”，与中科院联手举办科技创新人才早期培养班，与多家科研院所联合建立高端科学探究实验室，将实验室课程上线分享……我推动着科技教育跨出的每一个重要的步伐，现在大家公认这是创新、执着，但如果行不通、没搞好呢？

创新其实从来都是意味着风险的。谁不知道舒适区里安全、舒适呢？但老待在舒适区里怎么能有成长、发展？个人的发展如此，学校组织的发展也是如此。在很多人眼里我是个敢于冒险的人，我自己并不这样认为。对教育事业的强烈责任感，让我不甘于做一个“看摊儿”的校长，而是有着自己的教育理想和追求，有着带领学校“更上一层楼”的强烈欲望。而“跳出教育看教育，跳出教育思考教育，跳出教育发展教育”的思维方式和行事方式，促使我对学校教育不断反思、常有创新。在“跳出”与开门办学的过程中形成整体观、大局观，在这样的视界下提出的创意于很多人而言很多时候都是超前的，有些被大家认为是冒险的举措在我眼里却是合理的选择。

许多创新举措落地的过程中会遇到各种各样的问题，但大家发现我对于自己认为正确的道路有着异乎寻常的坚持。像在高端科学探究实验室的建设过程中，实验方案无数次推倒重来，但我从未想过放弃，聚合能量“逢山开路，遇水搭桥”，一个一个的难题被解决掉。很多事情可能你想到的同时别人也想得到，但是有的人不一定敢做。如果一个校长没有突破力，前怕狼后怕虎，很多事情都做不成。“只要我想做的事情，没有做不成的。”我秉持这样的信念，也用这样的信念鼓励大家。

对于有人称道我“眼光敏锐”，我有自己的理解。当一个校长心里头装着师生的成长、学校的发展、民族的振兴，则“念念不忘，必有回响”，自然就能够“耳聪目明”。这时候一切困难也就不足道哉，“乌蒙磅礴走泥丸”，困难不过是前进路上的石头，一脚一脚踢开它，齐心协力搬走它。因此我以为，要想成为一个有胆有识的校长，必须从有责任担当开始。

2. 实干与舍得，开放与共享

“凡事都要脚踏实地去做，不驰于空想，不骛于虚声，而惟以求真的态度，做踏实的工夫。以此态度求学，则真理可明；以此态度做事，则功业可就。”志成中学校建校董事李大钊先生的这几句话，一直鞭策着我。“事情不是说出来的，而是做出来的”“想干事、能干事、干成事”是我对自己提出的要求，以身作则之下也这样要求校级领导和中层干部。如今，“一级做给一级看，一级带着一级干”这种实干精神，已经成为三十五中的一种行动文化。

有了无畏的责任感和善于发现的眼睛，再加上果敢的行动，我们在不长的时间里积聚起丰厚的资源，形成了多样化特色。有同行看到我们积聚近 10 年资源建成的高端科学探究实验室说“朱校长这辈子值了”，我却并不知足。

我牢记教育资源社会化的初衷，大校和名校拥有更多的优质资源，有责任做出分享——现在学校每年都要免费接待大量来自国内外教育同行的参观交流，坦诚地向他们介绍我们改革的经验和教训；成立北京三十五中科技教育创新协作体，将学校拥有的科技教育资源和渠道与协作体的学校共享；正在着手将高端科学探究实验室的课程上线，向北京市甚至全国有兴趣、有潜力的学生开放……我不在乎学生来自哪个学校甚至哪个省份，只要是三十五中的实验室能够为学生成为国家栋梁之材做出培养支持，我费尽周折地建设这些实验室就值了。

三十五中取得的飞跃式发展赢得了社会各界的瞩目。我很清楚，一方面大家公认我是“办学能手”，一方面我是一个争议性人物。许多人对我的改革和实践表示了敬佩赞赏，但也有不少人并不认同我带领三十五中走的办学之路，认为这个校长花费太多精力在外面跑资源，有点儿“不务正业”，“高大上”的新校舍造成了新的教育不均衡。此外，也有人对我提出的将学校优质教育资源面向全市甚至全国开放不理解。

对于争议，我选择高调做事、低调做人。在现实环境和体制下，不可能什么事都是一帆风顺，统筹各方面的关系，整合各方面的资源，需要校长的智慧与价值坚守，甚至有时候还要做出一些牺牲，受些委屈。以前我们舍利得资源，今后我们舍独据得更广泛学生的受益。我走我路，由人说去。校长必须要有包容心、承受力，懂得舍得之道：有舍有得，不舍不得，小舍小得，大舍大得；一个人能承受多大的压力，就能做多大的事。

3. 诚与信，好校长与正能量

三十五中每年都“折腾”，令人“意外”的是没惹出什么事。很多时候，教师们甚至中层干部并不能很快理解、接受我的改革思路和举措。但是，他们对于我这位当家人有一种信任，这很大程度是因为我的“诚”：我真诚地相信改革的价值，我坦诚地表达自己的意见，我竭诚地为教职工解决难题，我虔诚地想把学校办得更好。我于学校而言其实简单得很，用心用心再用心，付出付出再付出，发展发展再发展，如此而已。

在近 10 年的快速发展和拓展中，学校产生了机构臃肿和人员超编的问题。2017 年上半年，我选择“纠偏”，大力推进用人制度和分配制度改革与创新，重新设岗，确定薪酬。尽管这是项得罪人的工作，但为了学校长远发展必须要做，不能把问题留给继任者。

“知我者谓我心忧，不知我者谓我何求。”跟我一起整合资源的中层干部“表扬”我，说我的校长气质很像志成中学校建校董事之一的张伯苓，在三十五中的改革很像张伯苓当年建设南开动用各种资源为学校发展服务。当年有的师生不理解张伯苓为什么要接受有的名声不太好的官员、商人对南开的捐助，认为那些钱不干净，甚至冲到校长室质问。张先生说，你们是国家的未来，是花朵，那些钱并不一定都干净，但是你们就当我是一个挑粪工，我挑着粪水给你们施肥。“有些人不理解学校为什么有那么多校外活动和校外服务，其实朱校长这是用瓦片换资源。没有这些校外资源的支持，三十五中不可能发展成这样，什么高端实验室、什么音乐厅、什么鲁迅书院，想都不要想。”对于这夸张的赞誉我是见贤思齐、力有不逮，但同志们的理解、支持，于我却是最好的激励。

如今，让我欣慰的是，随着资源的汇聚、整合、重构，这些年来三十五中的办学版图实现长足的拓展，延伸了学生成长的足迹，他们享受资源的广度、高度与深度都得到提升，“海阔凭鱼跃，天高任鸟飞”，三十五中营造出“万类霜天竞自由”的教育生态。

任何生态系统都需要能量输入，“一位好校长就是一所好学校”成立的前提是校长要生产正能量。要能持续为学校发展注入正能量，校长要具有教育家的视野与胸怀、具有教育激情与教育理想、具有教育智慧与教育胆识，既要仰望星空，也要脚踏实地。

我与许多清醒的教育人一般，志存高远，竭力为人之成长提供“巨人之肩”，力求不辜负每一个学生的人生。一步一步地去接近、去实现自己的理想，虽然辛苦，却是一件很幸福的事情。现在我已届耳顺之年，但伏枥老骥，壮心不已。“教育要向前眺望 30 年”，我希望在有生之年看到三十五中培养出来的学生成为行业领军人物，成为国家栋梁之材，这样才是“这辈子值了”。

参考文献

外文文献

WEADE, REGINA, 1987. Curriculum'n'instruction: The Construction of Meaning [J]. Theory into Practice, 26 (1): 15-25.

WHITEHEAD A N, 1929. The Aims of Education and Other Essays [M]. New York: The Free Press.

中文文献

阿兰兹，2007. 学会教学 [M]. 6 版. 丛立新，等，译. 上海：华东师范大学出版社：106.

曹阳，2008. 二十一世纪科学与艺术的结合探析 [J]. 理论观察 (2)：56.

陈向明，张玉荣，2014. 教师专业发展和学习为何要走向"校本" [J]. 清华大学教育研究 (1)：36-43.

第斯多惠，2001. 德国教师培养指南 [M]. 袁一安，译. 北京：人民教育出版社：177.

杜威，1999. 民主主义与教育 [M]. 王承绪，译. 北京：人民教育出版社.

方明，2006. 陶行知名篇精选 [M]. 北京：教育科学出版社.

冯建军，2004. 论个性化教育的理念 [J]. 教育科学 (2)：11-14.

冯虞章，1998. 试谈人文精神 [J]. 清华大学学报：哲学社会科学版 (2).

怀特海，2012. 教育的目的 [M]. 庄莲平，王立中，译. 上海：文汇出版社.

黄天中，2017. 生涯规划：理论与实践 [M]. 北京：高等教育出版社.

黄政杰，1997. 课程改革的理念与实践 [M]. 台北：台湾汉文书店：20.

加德纳，1999. 多元智能 [M]. 沈致隆，译. 北京：新华出版社：13.

教育大辞典编纂委员会，1999. 教育大辞典：第 3 卷 [M]. 上海：上海教育出版社：19.

科尔伯格，2000. 道德教育的哲学 [M]. 魏贤超，等，译. 杭州：浙江教育出版社.

李玉芳，2010. 疏离与回归：从教育与生活的关系检视现代学校教育 [J]. 教育导刊 (2)：17-18.

联合国教科文组织总部中文科，2001. 教育：财富蕴藏其中 [M]. 联合国教科文组织总部中文科，译. 北京：教育科学出版社.

刘奕湛，吴晶，2016. 努力培养出更多更好的人才：习近平总书记在北京市八一学校考察时的讲话引起热烈反响［N］. 人民日报，09-11（1）.
潘懋元，2010. 潘懋元文集·讲课录［M］. 广州：广东高等教育出版社：120.
裴娣娜，2004. 主体教育理论研究的范畴及基本问题［J］. 教育研究（6）：13-15.
裴娣娜，2015. 变革性实践与中国基础教育的未来发展［M］. 北京：教育科学出版社.
裴娣娜，2017. 领导力与学校课程建设的变革性实践［J］. 教育科学研究（3）.
钱梦龙，2006. 钱梦龙与导读艺术［M］. 北京：北京师范大学出版社.
萨乔万尼，2002. 道德领导：抵及学校改善的核心［M］. 冯大鸣，译. 上海：上海教育出版社：5.
斯腾伯格，1999. 成功智力［M］. 吴国宏，钱文，译. 上海：华东师范大学出版社.
苏霍姆林斯基，2000. 给教师的建议（修订版　全一册）［M］. 杜殿坤，译. 北京：教育科学出版社：341.
孙宽宁，2017. 学科课程建设的边界与整合［J］. 当代教育科学（4）：5.
孙铭铸，2017. 学生发展指导框架下的高中生涯指导教育内涵、理念和路径［J］. 新课程评论（10）：10-20.
孙培青，2009. 中国教育史［M］. 3 版. 上海：华东师范大学出版社：378.
唐江澎，2014. 学校，一个学习的地方［M］. 北京：首都师范大学出版社：9.
涂尔干，2003. 教育思想的演进［M］. 李康，译. 上海：上海人民出版社：231.
汪行福，2000. 走出时代的困境：哈贝马斯对现代性的反思［M］. 上海：上海社会科学院出版社：26.
王岳川，尚水，1992. 后现代主义文化与美学［M］. 北京：北京大学出版社：10.
肖起清，2003. 论个性教育与创新教育的统一性［J］. 复旦教育论坛（3）：53-58.
谢维和，2011. 从基础教育到大学预科：新时期高中教育的定位及其选择［N］. 中国教育报，09-29（3）.
许敏，2009. 舒伯的发展理论在职业生涯辅导中的应用［J］. 职业技术.（4）：17-18.
叶澜，2007. 教育学原理［M］. 北京：人民教育出版社：89.
余胜泉，胡翔，2015. STEM 教育理念与跨学科整合模式［J］. 开放教育研究（4）.
张华，2000. 课程与教学整合论［J］. 教育研究（2）：52-58.
张铁道，2011. 引领教师在建构教学知识中发展实践能力［J］. 人民教育（6）：55.
赵祥麟，王承绪，2006. 杜威教育名篇［M］. 北京：教育科学出版社：104.

钟启泉，2012. 教师发展课程创新的基石［J］. 基础教育论坛（29）：46.

周文玖，1998. 铁肩担道义　妙手著文章：中国马克思主义史学的奠基者李大钊［J］. 文史知识（5）：78.

朱忠琴，等，2014. 课程效能与普通高中国家课程校本实施［J］. 当代教育科学（14）：13.

朱仲敏，2017. 教育转型背景下普通高中生涯教育内容设计与实施路径研究［J］. 教育发展研究（6）：77-82.

佐藤学，2016. 教师花传书：专家型教师的成长［M］. 陈静静，译. 上海：华东师范大学出版社.

附件：项目成员单位的组成

首席专家：裴娣娜

核心成员：

（1）来自15所高校及科研单位：

刘志军　张红霞　王振存（河南大学）；
项贤明（中国人民大学）；
劳凯声　孟繁华　张景斌　林培英　张　菁　吴晗清（首都师范大学）；
鲍东明　郑　葳　郭　华　桑国元　梁　威　綦春霞　刘夏蓓
李春密　王　蔷　俞子恩　王鸣迪（北京师范大学）；
王祖浩（华东师范大学）；
宋乃庆（西南大学）；
李松林（四川师范大学）；
郝京华（南京师范大学）；
邬志辉　秦玉友（东北师范大学）；
杨旭东（中国传媒大学）；
戴忠信（华北电力大学）；
李伟健　周跃良　张维忠　钱旭升　李润洲　李　伟　周国华
周晓燕　潘　涌　王国均　童志斌　朱　哲　杨光伟　唐恒钧
陈碧芬　陈秉初　黄　晓　林新事　蔡志良　郑流爱　李云星
陈伟强　张丽霞　夏洪文　龚　伟（浙江师范大学）；
刘　力（浙江大学）；
孙智昌　郑庆贤　杨　清（中国教育科学研究院）；
王　漫　许　艳（北京教育学院）。

（2）来自16个省市教育行政部门：

韩　平　方红峰　任学宝（浙江省）；
李　奕　桑锦龙　杨德军　马　可　李　政　江　峰　黄晓玲（北京市）；
陆云泉　吴颖惠　李艳莹（北京市海淀区）；
肖　汶　王　彪　王月胜　陆志望（北京市朝阳区）；
冯洪荣　周玉玲（北京市东城区）；
李永生　李东梅　白丰莲　刁致力（北京市门头沟区）；
吴海乐　贺　慧（成都市锦江区）；

刘子科　荆　华　孙岩梅　徐文虹　齐　华　石明晶（郑州市二七区）；
李开海　熊　瑛　谢桂华（四川阿坝藏族羌族自治州理县）；
张力鸣（宁波市）；
王幸平（嘉兴市）；
贺晓敏　丁初效　李建忠　鲍国潮　范信子（绍兴市）；
金毅伟（湖州市）；
戴冠福（台州市）；
朱福金（衢州市）；
范寿仁（丽水市）。

（3）中小学校长（来自100所中小学）：

来自北京（21所）：
王殿军　刘　沪　郭　涵　尹　超　刘　畅　景小霞　窦桂梅　王　群
袁　靖　田树林　张德庆　曲建华　刘国雄　蒋立红　赵　欣　刘　飞
陈立华　齐振军　祖雪媛　付晓洁　于冬云
来自上海（1所）：
张志敏
来自成都（8所）：
胡文武　何伦忠　阳　波　赵万华　刘　娟　秦　梅　张　璇　蒲春燕
来自郑州二七区（7所）：
李　琳　郭军英　张艳丽　冯　华　张卫东　贾　勇　王任峰
来自浙江省（48所）：
其中，42所省高中课改实验基地校（第二届）成员：
叶翠微　吴金炉　周　斌　申屠永庆　尚　可　邱　锋　周千红　吴国平
李永培　袁湛江　杨亢尔　孙国虎　陆炳荣　卢　明　赵其刚　黄丽君
陆国民　朱建民　周国平　何通海　周生民　傅美华　王新伟　邓加富
张增明　戴一仁　刘定华　孙亦器　潘自强　程卫东　朱　雯　杨　军
张惠民　洪仙瑜　郑志湖　陈才琦　潘建中　李树河　叶文杰　黄发锐
刘习渊　方　军
6所绍兴市柯桥区项目校成员：
李华琴　魏让尧　章国华　金明东　濮朝阳　傅海炎
来自四川理县（15所）：
高志全　周　强　曾　林　代祝康　王　平　张世龙　张静秋　郭　勇
杨步卫　周德瑞　赵兴文　宛永平　王　建　陈　蓉　王学军

这是一个由15所高校和科研单位、16个教育行政部门、100所中小学的核心骨干组成的跨学校、跨学科的优势互补的学术团队。

后　　记

经过两年多的酝酿、撰写、修改，《勇毅笃行　大志大成——北京市第三十五中学课程建设与学校发展研究》终于成稿，我们既如释重负，又意犹未尽。

学校这10余年的课程改革中有丰富的思考、探索与实践，将这些形成文字落到纸面上是一个艰难的过程，尤其是当作为一份研究报告来要求时。所以，写作的过程中我们一直希望能够快点儿“过审”。但是，真正要定稿时，我们好像又觉得恋恋不舍。因为，写作的过程其实也是我们总结的过程、学习的过程、反思的过程，而这个过程是没有终点的。正如三十五中的课程建设与学校发展，其实一直在前进的路上。

本书的撰写凝聚了三十五中集体的智慧。本书由朱建民、黄鹏、王红军、宋京红总体统筹，全书内容由陈翠组稿，各部分撰写分工如下：第一章由胡晓梅、恽阮、陈翠完成，第二章由朱建民、陈翠完成，第三章由黄鹏、王红军、王娉婷、王威完成，第四章由何兰、刘静、李虹、桑宝国、李懿、杨冬梅、马辉辉等完成，第五章由陈翠、孙淑萍、杜春燕、吴静瑾、郭轶琼完成，第六章由何兰、李懿、马辉辉完成，第七章由黄鹏完成，第八章由董艳菊、刘艳艳完成，第九章由田红完成，第十章由朱建民、陈翠完成。另外，杜广运、钟竺、李虹、王影、李佳、李冰等老师为本书提供了精彩案例。

由于时间和水平有限，本书定有错漏不足之处，恳请读者批评指正。

朱建民

2018年5月

出 版 人　李　东
责任编辑　欧阳国焰
版式设计　杨玲玲
责任校对　贾静芳
责任印制　叶小峰

图书在版编目（CIP）数据

勇毅笃行　大志大成:北京市第三十五中学课程建设与学校发展研究／朱建民等著.—北京：教育科学出版社，2018.10

（"追梦者的探索:读懂学校的变革性实践"系列论丛）

ISBN 978-7-5191-1699-6

Ⅰ.①勇…　Ⅱ.①朱…　Ⅲ.①中学—课程建设—教学研究—北京　②中学—学校管理—研究—北京　Ⅳ.①G632.3　②G637

中国版本图书馆 CIP 数据核字（2018）第 221460 号

"追梦者的探索：读懂学校的变革性实践"系列论丛
勇毅笃行　大志大成——北京市第三十五中学课程建设与学校发展研究
YONGYI DUXING DAZHI DACHENG——BEIJING SHI DI-SANSHIWU ZHONGXUE KECHENG JIANSHE YU XUEXIAO FAZHAN YANJIU

出版发行	教育科学出版社		
社　　址	北京·朝阳区安慧北里安园甲 9 号	**市场部电话**	010-64989009
邮　　编	100101	**编辑部电话**	010-64989527
传　　真	010-64891796	**网　　址**	http://www.esph.com.cn
经　　销	各地新华书店		
制　　作	北京大有艺彩图文设计有限公司		
印　　刷	保定市中画美凯印刷有限公司		
开　　本	169 毫米×239 毫米　16 开	**版　　次**	2018 年 10 月第 1 版
印　　张	21.5	**印　　次**	2018 年 10 月第 1 次印刷
字　　数	346 千	**定　　价**	60.00 元